New Perspectives
in Business
Administration Studies

経営学研究の新展開

共創時代の企業経営

立正大学経営学部 [編]
RISSHO UNIVERSITY
Faculty of Business Administration

中央経済社

序

　今日，経営学研究の意義は，大変高まっている。産業社会の高度化により，企業の活動領域はますます拡がり，公共的性格を持つ領域を含む様々な領域に深く浸透している。また，組織管理のあり方は，人の生き方や社会の価値観の形成に決定的な影響を与えている。もはや，企業活動の分析なしに，社会のあり方を解明することは難しいとさえ言える。

　立正大学経営学部は，本学四番目の学部として，1967年に創設され，2017年に50周年を迎えた。この間，「心豊かな産業人」の養成という学部理念のもとに，常に先進的な経営教育を行い，数多くの卒業生を社会に輩出してきた。

　50年前の日本は「いざなぎ景気」のただ中にあり，高度経済成長を続けていた。その一方で，高度成長のひずみが社会問題化し，公害対策基本法が制定された。

　そのような時期に，経済学部の商経・経営分科を母体とし，我が国における経営学の草分け的存在であった平井泰太郎先生をはじめとする18名のスタッフで本学部は開設された。

　その後，50年の間に日本の産業社会を取り巻く状況は大きく変わった。高度成長時代が終わり，「安定成長」と称された時期を迎え，バブル経済およびその崩壊を経て，明確な目標が見えず閉塞感の強い時代へと推移してきた。そうした環境変化を背景に，経営学における課題も大きく変わった。米独を中心とする海外理論の輸入・解釈を中心としたものから，日本経済への世界的関心を背景にした日本企業の実態分析へ，単純化されたグローバル・スタンダード論を経て，より冷静な視点での企業研究へと焦点を移してきた。また，この間に大きく進んだ国際化，情報通信革命といった波は，従来の経営観を大きく揺るがし，学問領域としての経営学の枠を大きく拡げた。このことは，新たな研究課題を多く導き出すと同時に，時代変化に翻弄されない普遍的な部分について

考察する重要性の認識を高めることともなった。

こうした時代変化を受け，本学部は，教育上の基本的課題として，「共創力」の育成を掲げている。「共創」とは，現代社会において解決が迫られる多彩な課題に対応するために，組織メンバーが，それぞれの個性・長所を活かしつつ，協力し合って付加価値を創出する活動である。共創の必要性は，組織内の活動にとどまらず，提携等を通じた他社との共創，さらには，公的なセクター，NPO，NGO等，様々なステークホルダーとの共創まで，大きく拡がっている。

本学部では，共創力の育成のため，外国語を含むコミュニケーション力の形成，基本スキルとしての情報リテラシーの形成，現役経営者をはじめとする実務家の方々による授業を通じた実践的思考の形成，多様な個性をもつゼミナール等を通じた主体的行動力の形成を通じて，時代の要請に応える経営教育を進めている。そして，単に4年間の大学での「学び」で終わらせず，社会に出た後，他者と「共生」し，自己を高め続け，時代変化にしなやかに対応できる人材の養成を目指している。

さて，本書は，本学部創設50周年記念事業の一環として，学部所属の専任教員が，経営学における現代的なテーマに，多様なアプローチで挑んだものである。

本書は，テーマが異なる4部から構成されている。

まず，第Ⅰ部は，経営組織・経営戦略における現代的課題についての理論分析および実態分析である。組織アイデンティティ，ダイナミック・ケイパビリティ論，非正規雇用をめぐる人的資源管理に加え，企業へのグローバル人材の供給における大学の役割が論じられている。

第Ⅱ部では，企業の社会との関わりについて論じている。現代企業にとって重要性が高いコーポレート・ガバナンス，株式市場，CSRといった問題を論じている。こうした領域は，従来は，いずれかといえば経営学の周辺部に位置づけられていたが，今日では中核的なテーマになっている。

第Ⅲ部は，会計領域の諸論文である。会計制度を表層的に分析するのではなく，その前提となる基盤に踏み込んで，論考がなされている。そのため学際的

研究の色彩が強く表れている。また，会計教育法についての実践的論考が含まれている。

　第Ⅳ部では，マーケティングにおける現代的なテーマを取り上げている。消費者間ネットワークに注目した新製品の普及の分析に加え，「おもてなし」，「ユーモア」といった伝統的な分析手法では扱いにくかった問題群を取り上げた論考が含まれている。

　本学部が記念論文集をまとめたのは，20年ぶりのことであるが，本書は，いわば現時点における本学部の研究上のポートレートである。それぞれの論文には，研究者としてのアイデンティティが織り込まれているが，全体を通してみると本学部の教員構成のコンセプト，さらには教育上のコンセプトが強く映し出されている。ただ，それは，本学部50周年の単なる「記念写真」にとどまるものではない。経営学領域に関心を持っておられる方々の関心に応え，さらにその関心を深める「社会的訴求力」を持っていると考えている。ここにこそ本書出版の根本的な意義がある。

　現代の経営学研究は，研究者の個人の力のみで遂行できるものではない。研究を進めていく中で，学内外の多くの方々にご支援・ご協力をいただいたことと思われる。そうした方々のお名前をお一人お一人挙げることはできないが，この場を借りて，心より御礼申し上げる。

　本書の出版にあたっては，㈱中央経済社ホールディングスの山本継会長と㈱中央経済社　経営編集部の市田由紀子副編集長に大変なご尽力をいただいた。ここに感謝したい。

2018年2月

立正大学経営学部長　宮　川　　満

目次

序 ———————————————————————— 宮川 満

第Ⅰ部　組織論・戦略論

第1章　組織におけるアイデンティティのマネジメント— 2
松村 洋平

はじめに　2

1. 組織におけるアイデンティティ研究の潮流　2
    1.1　組織アイデンティティ論　2
    1.2　組織アイデンティフィケーション論　4
2. 組織アイデンティフィケーションの概念整理　6
    2.1　社会的アイデンティティ理論と自己カテゴリー化理論　6
    2.2　アイデンティフィケーションと内面化の違い　7
    2.3　アイデンティフィケーションとコミットメントの違い　10
3. 組織アイデンティフィケーションのマネジメント　12

おわりに　14

第2章 経営戦略論における知識の成長 ── 18
永野 寛子

はじめに 18

1. Popperによる世界3論と知識の成長理論 19
1.1 世界3の概念 19
1.2 世界3の自律性 20
1.3 知識の成長理論 21

2. 経営戦略論の理論進化と知識の成長 22
2.1 経営戦略論の理論進化 22
2.2 理論進化における知識の成長 24
2.3 ダイナミック・ケイパビリティ論の限界 25

3. さらなる知識の成長に向けて 26
3.1 認知的アプローチ導入の主張 27
3.2 認知的アプローチ導入への批判 28
3.3 ダイナミック・ケイパビリティ論の展望 29

おわりに 31

第3章 非正社員の雇用形態の多様化と人材ポートフォリオ ── 35
西岡 由美

はじめに 35

1. 先行研究：正社員と非正社員の二分論の限界 36
1.1 変化しつつある日本の人材ポートフォリオ 36

1.2　非正社員の人材ポートフォリオの分析枠組み　37

2．分析に用いるデータ　38

3．非正社員ポートフォリオの類型化　39

　　　3.1　量的拡大　39
　　　3.2　基幹労働力化　40
　　　3.3　量的拡大と基幹労働力化との関係　43

4．非正社員ポートフォリオの規定要因　44

　　　4.1　分析に用いる主な変数　44
　　　4.2　分析結果　47

5．考察：正社員への転換ルートの多元化　50

おわりに　52

第4章　グローバル人材教育への貢献　　56
　　　　　工藤　紅

はじめに　56

1．英語学習へのモチベーション　56

2．グローバル人材教育　60

　　　2.1　英語によるプレゼンテーション　61
　　　2.2　海外旅行への興味を活かしたアクティビティ　62

おわりに　64

第Ⅱ部　企業とステークホルダー

第5章　次世代につなぐ法人（コーポレート）ガバナンス改革 ─── 74
関 孝哉

はじめに　74

1. コーポレート・ガバナンスの考え方　75
2. 社会における会社の存在とその統治　76
   - 2.1　あいまいな所有権　76
   - 2.2　信託の慣習と仕組み　77
   - 2.3　営利を目的とする事業会社　79
   - 2.4　法人と法人の特徴　81
3. 受託者責任を考える　82
   - 3.1　法人組織のチェック・アンド・バランス　82
   - 3.2　アカウンタビリティ　85

おわりに　89

第6章　日本の株式発行市場の現状 ─── 95
高見 茂雄

はじめに　95

1. 集計データベースからの暦年別発行状況表　97
   - 1.1　東証データベースの発行状況表　97
   - 1.2　日証協データベースの発行状況表　98

2．日経NEEDSデータベースからの暦年別発行状況表　100

3．基本属性別発行状況表　102

 3.1　業種別発行状況表　102

 3.2　企業規模表　104

 3.3　社齢平均表　107

4．結論　109

第7章　日本における「企業―社会関係」の課題―― 112
宮川 満

はじめに　112

1．「企業―社会関係」の国際的差異　112

2．日本型「企業―社会関係」　114

3．国際的CSRフレームワーク　116

4．日本型「企業―社会関係」と課題群　117

おわりに　119

第Ⅲ部　会計学

第8章　批判理論的方法論に基づく会計の学際的考察についての概説―― 124
杉原 周樹

はじめに　124

1. CMSのアジェンダ 126
2. マネジリアリズムの正体 128
3. 操縦手段としての会計と法制化 131
4. 会計に関するヘゲモニー，正統性，保守性 134

おわりに 136

第9章　監査制度の正統性の補修戦略における課題 —— 142
嶋津 邦洋

はじめに 142

1. 正統性と監査制度 143

1.1　正統性の定義と監査制度の正統性 143
1.2　正統性の補修戦略 145
1.3　分析枠組みと研究目的 146

2. 監査の失敗事例の概要 146

2.1　カネボウ事件 147
2.2　東芝事件 147

3. 監査制度の正統性の補修戦略 149

3.1　一般的な監査の失敗事例における正統性の補修 149
3.2　東芝事件の正統性の危機の特徴 151

おわりに 153

第10章　簿記における縦割り教育 ——————— 157
城 冬彦

はじめに　157

1. 簿記教科書の構成と内容　157
    1.1　現在までの構成　157
    1.2　各章の内容　159

2. 縦割り教育　163
    2.1　商品に関する勘定の整理　163
    2.2　貸し倒れの見積もり　164
    2.3　減価償却　165

3. アンケート調査　166
    3.1　アンケート調査の結果　166
    3.2　アンケート結果の分析　167

おわりに　168

第Ⅳ部　マーケティング

第11章　新製品の普及にみる消費者間ネットワークの影響 ——————— 174
木村 浩

はじめに　174

1. イノベーションの普及　175

2．ネットワークモデルを用いたマーケティングへの
　　アプローチ　176
　3．イノベーションの普及記述における消費者の態度変容
　　181
　4．新たなイノベーションの普及モデルの提示　187
　おわりに　191

第12章　消費者ベースの「おもてなし」マーケティング戦略 ―― 195
浦野　寛子

　はじめに　195
　1．先行研究　196
　　1.1　「おもてなし」概念の源流　196
　　1.2　「おもてなし」と「ホスピタリティ」　197
　　1.3　「おもてなし」への接近　198
　2．調査方法　199
　3．分析　200
　　3.1　求められている「おもてなし」とは　200
　　3.2　「おもてなし」要素の体系化　207
　4．企業による「おもてなし」マーケティング戦略　211
　おわりに　211

第13章 不調和に基づいた広告におけるユーモア表現の方法 ── 214
畠山 仁友

はじめに 214

1. ユーモアを認知する構造 215

    1.1 ユーモアへの認知アプローチ 215
    1.2 ユーモア認知と不調和 216
    1.3 不調和と不調和解決の認知構造 217

2. 広告におけるユーモア表現の方法と分類 220

    2.1 認知構造としての不調和 220
    2.2 不調和に基づいたユーモア表現の方法 220
    2.3 ユーモア表現の分類 224

おわりに 226

第 I 部

組織論・戦略論

第 1 章

組織における
アイデンティティのマネジメント

松村 洋平

はじめに

　我々は，自分を意識するとき，他者と異なる自己のみならず，他者と同じ自己があることに気づく。自己を他者と同一のカテゴリー（例えば，エンジニア）に分類するのである。数あるカテゴリーのうち所属する組織も当然，カテゴリーになり得る。このとき組織のメンバーであることを意識するのである。組織におけるアイデンティティ（identity）について研究することで組織に対するメンバーの一体感や忠誠心といったものに接近することができる。以下，プロセスとしてのアイデンティフィケーション（identification）について概念整理し，組織におけるアイデンティティのマネジメントについて可能性を探ることを目的として考察を進めていく。

1．組織におけるアイデンティティ研究の潮流

1.1　組織アイデンティティ論

　組織におけるアイデンティティに関する研究には，2つの潮流がある。1つは，Albert & Whettenの論文から始まる組織アイデンティティ論，もう1つは，社会的アイデンティティ理論（social identity theory）をベースとし，Ashforth & Maelの論文から始まる組織アイデンティフィケーション論である

（山田 2013）。

　組織アイデンティティ論の嚆矢となったAlbert & Whettenは、数ある組織の特徴のうち、①中心性（central character）、②識別性（distinctiveness）、③連続性（temporal continuity）の基準を満足するものを組織アイデンティティと呼んだ（Albert & Whetten 1985, p.265）。山城慶晃によれば、これら①から③にもとづき、組織アイデンティティは、①（唯一無二である、のではなく）宣言されるものであり複数存在しうる、②（ユニークである、のではなく）他者と比較可能であり自己分類される、③（時が経っても変わらない、のではなく）時が経つにつれて変化しうる、ものであるという（山城 2015）。

　組織アイデンティティ論は、環境と組織という文脈における組織レベルのアイデンティティが対象であることが特徴である。また、アイデンティティは1つの存在とは限らず、むしろ複数のアイデンティティが存在し、組織が置かれた状況によってどれが支配的になるかという問題が組織アイデンティティ論においてしばしば議論される。例えば、Dutton & Dukerichは、ニューヨーク・ニュージャージー港湾管理委員会の組織アイデンティティについて検討し、アイデンティティの変化がメンバー（内部者）のホームレス問題に対する解釈や行為に影響をもたらすこと、そしてメンバーの解釈や行為の結果、ステークホルダー（外部者）が港湾管理委員会に対して抱くであろうとメンバーが考える組織イメージが、複数のアイデンティティのなかでどれが支配的になるかに影響を与えることを突き止めたのである（Dutton & Dukerich 1991）。

　組織レベルのアイデンティティを取り扱う性質上、組織アイデンティティ論においては、しばしば集合的アイデンティティとも言うべきもの、すなわち個人レベルのアイデンティティのアナロジーが使用される。例えば、Hatch & Schultzは、組織アイデンティティが組織文化と組織イメージの永続的な会話とダンス（比喩表現）のなかで組織アイデンティティが形成されると考えている（Hatch & Schultz 2002）。組織文化との関係においてメンバーの内省によってアイデンティティが文化に埋め込まれ、逆に、文化の理解においてアイデンティティが表出することで組織アイデンティティが内的に定義される。一方、

組織イメージとの関係においてアイデンティティがステークホルダーの抱く（組織に対する）イメージに印象をもたらし，逆に，イメージにアイデンティティが映し出されることで組織アイデンティティが外的に定義される。Mead, G. H. の社会的自我論における主我（アイ）のアナロジーが前者であり，客我（ミー）のアナロジーが後者である。

1.2 組織アイデンティフィケーション論

組織アイデンティフィケーション論の先駆者であるAshforth & Maelによれば，「個人は集団の顕著な成員性（membership）によって（部分的にではあるが）彼もしくは彼女を定義し」ており，組織アイデンティフィケーションとは，「集団との一体性（oneness）もしくは帰属性（belongingness）の認知」であり，そして「直接的あるいは間接的にその（集団の）成功や失敗を経験することを含むもの（括弧内筆者）」である，という（Ashforth & Mael 1989, p.34）。

既述のように，我々のなかには他者と異なる自己と他者と同じである自己が共存しており，後者において我々は，他者に同一化している（これがまさにアイデンティフィケーションである）[1]。我々は，幼少の頃から数多くの他者にアイデンティフィケーションをしながら成長していくが，アイデンティフィケーションの対象は，必ずしも具体的な人物であるとは限らない。Brewer & Gardnerが「我々が自分自身を社会心理学者と考えるとき，我々が他の社会心理学者たちのあいだで共有している，そしてその他の社会学や行動科学の学者たちと違っていると考える特徴や性格に帰属しようとする」と例示しているように，（社会心理学者という）集合的あるいは社会的カテゴリーのプロトタイプがアイデンティフィケーションの対象になるのである（Brewer & Gardner 1996, p.85）。

組織アイデンティフィケーション論の特徴としてまず言えることは，組織と個人の文脈における個人レベルのアイデンティティが対象である，ことである。そして，複数のアイデンティティが存在することは，組織アイデンティティ論

と同じであるが，入れ子構造のような，重複するアイデンティティという有り様の点で異なる。Ashforth & Johnsonは，組織全体から事業部門，職能部門，作業集団，そして職務へと上位集団から下位集団へと入れ子構造で複数のアイデンティティが存在するのである（このような公式組織だけではなく，非公式組織あるいはジェンダーなどデモグラフィックなカテゴリーも存在し，それらを横断的アイデンティティと呼んでいる）。「医者は，病気の患者を診療している時，職業アイデンティティに焦点が当てられているが，インターン候補生を面接している時，（上位の）病院アイデンティティに焦点が当てられている（括弧内筆者）」というように，（いかなる状況下で）複数あるアイデンティティのうちいったいどれが呼び起こされるのか，いわゆる顕現性（salience）が問題になる（Ashforth & Johnson 2001, p.38）。

また，Elsbach & Bhattacharyaは，全米ライフル協会の実証研究のなかで，組織ディスアイデンティフィケーション（organizational disidentification）を発見している。ディスアイデンティフィケーションは，①自分自身のアイデンティティと組織のアイデンティティの知覚に認知的（接続ではなく）分離，②自分自身と組織の（肯定的ではなく）否定的な関係的カテゴリー化（例えば，敵とかライバルとか）にもとづく自己知覚と定義されている。ちなみに，接続しているのでもなければ，分離しているのでもない認知的無関心は，ノン（あるいはニュートラル）アイデンティフィケーションとも呼ぶべきもので，ディスアイデンティフィケーションではない（Elsbach & Bhattacharya 2001, p.397）。以上のことから組織アイデンティフィケーション論の特徴として，アイデンティティの程度や状態に研究の関心があることが理解できよう。

組織アイデンティティ論と組織アイデンティフィケーション論の比較を図表1-1にまとめておく。

図表1-1◆組織アイデンティティ論と組織アイデンティフィケーション論の比較

	組織アイデンティティ論	組織アイデンティフィケーション論
主要な定義	組織の特徴のうち、中心性、識別性、連続性の基準を満足するもの	集団との一体性もしくは帰属性の認知(成員性についての認知)
分析レベル	社会と組織の文脈における組織レベルのアイデンティティ(マクロな視点)	組織と個人の文脈における個人レベルのアイデンティティ(ミクロな視点)
関心の対象	アイデンティティの内容	アイデンティティの程度や状態
主要テーマ	どのアイデンティティが組織において支配的になるか	どのアイデンティティが個人のなかで顕現化するか
複数の意味	組織の置かれている状況にもとづくアイデンティティの多様性	所属やカテゴリーにもとづくアイデンティティの多重性

出所：筆者作成。

2. 組織アイデンティフィケーションの概念整理

2.1 社会的アイデンティティ理論と自己カテゴリー化理論

　組織アイデンティフィケーション論の源流である社会的アイデンティティ理論と自己カテゴリー化理論（self-categorization theory）について触れておこう。

　社会的アイデンティティ理論は、Tajfel, *et al.*による最小条件集団実験に端緒をなす。最小条件集団実験とは、まったく会ったことのない、名前さえ知らない、唯一、些細な条件（例えば、クレーの絵とカンディンスキーの絵のどちらが好きか）によって、自分とグループが同じかどうかしかわからない人々に対して、被験者がどのように報酬を配分するかの実験である。いずれの被験者においても自分と異なるグループ（外集団）の人々を冷遇し、自分と同一のグループ（内集団）の人々を厚遇する内集団ひいき（in-group favoritism）を示す実験結果であった（Tajfel, *et al.* 1971）。

　内集団ひいきは、被験者が自分自身を内集団にカテゴリー化していることか

ら生じる，と考えられている。そして，自己の評価をできる限り高くしたいという欲求（自己高揚動機）から内集団に対して肯定的な評価を，外集団に対して否定的な評価をする。内集団に対して肯定的な評価ができるような次元や特徴において，内集団と外集団の差異が強調される（ステレオタイプ化）。そして，自己と内集団の他者をステレオタイプ的に同一とみなすことで，相手に魅力を感じ，さらに内集団の規範や行動といったものに同調するようになる，という（Hogg & Abrams 1988（吉森・野村訳 1995））。

　自分自身を内集団にカテゴリー化することで，内集団の人々と同一である自己が認識される（社会的アイデンティティ）。もちろん1人ひとり独自の存在であるので，内集団の他者と異なる自己も認識される（個人的アイデンティティ）。内集団と外集団という集団間関係によって社会的アイデンティティが，内集団内の集団内関係によって個人的アイデンティティが認識されるのである。社会的アイデンティティと個人的アイデンティティのどちらが顕現化するか，によってその時々の行動が決まるのである。

　社会的アイデンティティ理論から生まれた自己カテゴリー化理論においては，いかなる（社会的）アイデンティティが顕現化するか，メタ・コントラスト比（meta-contrast ratio）によって決まると考えられている（Turner 1987（蘭・磯崎・内藤・遠藤訳 1995））。ある「まとまり」が認識されているとする。まとまり内における差異が，まとまり外との差異に比べて小さい（メタ・コントラスト比が小さい）とき，まとまりがカテゴリーとして機能し，カテゴリーに対するアイデンティティが顕現化するのである。また，個人的アイデンティティより社会的アイデンティティがまさる時，個人は，独自の存在としてではなく，同一カテゴリーの他者と置き換え可能な存在として自分自身を知覚する，脱個人化（deindividuation）が促される，という。

2.2 アイデンティフィケーションと内面化の違い

　組織のなかで共有される価値や信念，規範といったものを個人が自分のものとして受け入れ，結果として個人が組織にとって望ましい思考や行動をとる

ようになる。内面化あるいは内在化（internalization）と言われるものである。内面化については古くから言及されている。例えば，態度変容に関する研究のなかでKelmanは，以下の3パターン（段階とも考えられる）のひとつとして内在化について触れている。Kelmanによれば，人々が他者や集団による影響を受け入れ，態度を変容させるのは，①他者や集団からの報酬や承認を獲得したり，罰や不承認を回避するため，②他者や集団と自分の関係を維持するため，③他者や集団の価値と自分のそれとを一致させることで問題解決に役立ったり，自分のニーズを満たすことができるためである，という（Kelman 1958, p.83）。Kelmanは，②をアイデンティフィケーション，③を内在化として区別している。

さて，組織アイデンティフィケーション論においてアイデンティフィケーションと内面化は，いかなる関係にあると考えられているのか。

Prattは，「彼もしくは彼女の組織に対する自分の信念が自己参照あるいは自己定義になるとき」組織アイデンティフィケーションが生まれるとし，具体的に「①組織と同様の価値を共有していると認識する自己概念を喚起するか（類似性がある），②自己の価値と信念が組織とより類似するよう自己概念を変革するか（エミュレーションをする）のどちらかである」と考えている（Pratt 1998, pp.172-175）。②エミュレーションは，内面化のことであり，アイデンティフィケーションの一部（一面）が内面化であることを示唆している[2]。

一方，Ashforth & Maelは，「アイデンティフィケーションが社会的カテゴリーに関する自己に言及する（私は…である）のに対して，内面化は，自己の価値や態度といったものを指導原理として取り込むことに言及する（私は…を信じる）」として，アイデンティフィケーションと内面化を区別している（Ashforth & Mael 1989, p.21）。

社会的アイデンティティ理論のルーツである最小条件集団実験がまったく会ったことのない，名前さえ知らない，唯一，自分とグループが同じかどうかしか知らされていない人々に対して被験者がどのように報酬を配分するかの実験であったことを考えれば，アイデンティフィケーションと内面化が異なる

ものであるというAshforth & Maelの主張は頷ける。そしてアイデンティフィケーションにとって内面化が必ずしも必要でないこともわかる[3]。自己カテゴリー化理論においてもメタ・コントラスト比が小さければ，まとまりがカテゴリーとして認識され，アイデンティティが顕現化するのであり，まとまりのなかに幾ばくか類似するものがありさえすれば，価値や信念，規範といったものが必要にならないことも理解できる（価値や信念，規範を共有することでまとまりにおいて類似するものがより明確になることはあり得る）。

それでは反対に，アイデンティフィケーションによって内面化が生じやすくなるのであろうか。既述のように，個人は，自己高揚動機から内集団に対して肯定的な評価を，外集団に対して否定的な評価を下せるような次元や特徴を強調し（ステレオタイプ化），内集団の他者に対してステレオタイプ的に魅力を感じる。同時に，内集団の規範や行動に同調していく。すなわち，内面化が生じるのである。

組織におけるアイデンティティの存在は，複数であることも注意しなければならない。複数あるアイデンティティのうちいったいどれが顕現化するのか，が問題になる。例えば，あるメンバーのなかで，入れ子構造のアイデンティティのうち組織全体レベルのものが頻繁に顕現化されているとしよう。彼もしくは彼女は，組織全体との関わりで自分自身について考えるようになり，組織全体にまつわる出来事を（他人事ではなく）自分の問題としてとらえ，主体的に取り組むようになるであろう。肯定的な感情の助けもあって組織全体で共有される価値や信念，規範がスムーズに受け入れられるようになるであろう。内面化が促されるのである。彼もしくは彼女の社会的アイデンティティが組織全体に対して顕現化されていなければ，経営理念といったものとの関わりは，他人事のように（自分とは関係がないと）思ってしまうかもしれない。（高尾・王 2012）。

いずれにせよアイデンティフィケーションの結果，内面化が促されることは否めないのである。

2.3 アイデンティフィケーションとコミットメントの違い

続いて，組織アイデンティフィケーションと組織コミットメント（organizational commitment）の関係について検討しよう。

組織コミットメントの定義のうち代表的なのがMowday, et al.によるもので，「組織に対するアイデンティフィケーションおよび関与（involvement）の相対的な強さ」と定義され，さらに「①組織の目標や価値に対する強い信念や受容，②組織のために相当な努力をする意欲，③組織の成員でありたいという願望」と具体的に記述されている（Porter, et al. 1974）。なお，Mowday, et al.が開発したOCQ（organizational commitment questionnaire）尺度はことに有名で，現在でも使用される。

Allen & Meyerは，Porter, et al.が定義するコミットメントを情緒的（affective）コミットメントとし，その他の存続的（continuance）コミットメント，規範的（normative）コミットメントとあわせて組織コミットメントとしている（Allen & Meyer 1990）。存続的コミットメントとは，組織を去るにあたりかかるコストの認識にもとづくものである（失うものが大きい）。組織に残りたいから残る，という情緒的コミットメントに対して，存続的コミットメントは，残る必要があるから残る，というものである（田尾1997）。他方，規範的コミットメントは，例えば，組織に残って努力し続けるべきである，など義務感・倫理観から生じるコミットメントである。

Ashforth & Maelは，「アイデンティフィケーションの概念は，しかしながら，あくまで一体性の認知であり，行動や感情といったものではなく，（むしろ）行動や感情は，認知（アイデンティフィケーション）の先行要因や結果要因であると言ってよい（括弧内筆者）」としている（Ashforth & Mael 1989, p.35）。しかし，Tajfelが社会的アイデンティティを「メンバーシップに対する価値や感情的な意味づけをともなう，1つ（あるいは複数）の社会集団のメンバーであるという知識から生まれる個人の自己概念の一部」（Tajfel 1978, p.63）と定義するように，アイデンティフィケーションを認知的要素のみならず，情緒的要素や評価的要素を含む概念である，とする研究者もいる（例えば，van

Dick 2001)。たしかに自己高揚動機から内集団ひいきが生まれたことを考えると，認知的要素のみに限定するのには無理がある。

小玉一樹・戸梶亜紀彦によれば，①持続性や安定性，②ベースとなる理論，③（集団内の）他者との関係においてコミットメントとアイデンティフィケーションに相違があるという（小玉・戸梶 2010）。

①（複数あるうち）いかなるカテゴリーのアイデンティティが顕現化するか，個人の志向もあるかもしれないが，状況によって折々に変化する，というのがアイデンティフィケーションの特徴である（たとえ情緒的要素を含むとしても）。Porter, et al.の定義にあるように内面化の部分が色濃い，そして良好な人間関係などによっても生まれる情緒的コミットメントと比較して，アイデンティフィケーションは，持続的とは言えない。

②コミットメントとアイデンティフィケーションとでは，ベースとなる理論が違う。前者が社会的交換理論であり，後者が社会的アイデンティティ理論である。Prattの表現を借りれば，前者が「この組織にいてどのくらい幸せであり，満足しているか」を問題にするのに対して，後者は「この組織との関係から自分自身のことをどのように知覚しているか」を問題にする（Pratt 1998, p.178）。

③コミットメントが集団内の他者とのコミュニケーションや協力関係などによって生まれてくるのに対して，アイデンティフィケーションは，集団内の他者とコミュニケーションなどやりとりを必ずしも必要としない。同窓生だとわかると否や，親近感を覚えるようになる，というアイデンティフィケーションにとって同窓生というカテゴリーこそがなによりも重要なのである。

集団に対するアイデンティティの顕現化＝アイデンティフィケーションは，個人による集団の目標や価値の受け入れ＝内面化を容易にし，内面化は，集団内の他者との相互作用と相俟って，持続的で安定的な集団との情緒的な繋がり＝コミットメントを生み出す。結果としてパフォーマンスが向上し，遅刻や欠勤，さらに離職といった逃避的行動が減少し，組織市民行動（organizational citizenship behavior）など役割外行動が増加する（田尾 1997）。

3. 組織アイデンティフィケーションのマネジメント

　組織アイデンティティと組織アイデンティフィケーションは，分析レベルが異なるものである。しかし，Dutton, *et al.* が「ひとりの人間が自分自身を組織アイデンティティ（中心性，識別性，連続性の基準を満足するもの）と同様の特徴をもってして定義するとき，（組織と個人の）認知的なつながり（括弧内筆者）」を組織アイデンティフィケーションと定義するように，両者の接近を図る研究もある（Dutton, *et al.* 1994, p.239）。両者の接近にいかなる意味があるのだろうか。

　アイデンティフィケーションはあくまで1人ひとりの内面の問題である。人々のあいだで顕現化するアイデンティティが異なる，すなわちアイデンティファイする対象はまちまちである。仮にアイデンティファイする対象が一致していたとしても，自分と他人が同一の特徴をもってしてアイデンティファイしている保証はない。しかし，たくさんの人々が同一の対象に同一の特徴をもってしてアイデンティファイする，アイデンティティの共有（すりあわせ）ができれば，マネジメント上，効率が良いことは確かである。同窓生だとわかると否や，親近感を覚えるようになる，というアイデンティフィケーションにおいて同窓生というカテゴリーが，さらに同窓生の特徴（学生気質など）が，脳裏をよぎるかどうかが大切である。

　自己にあてはめる組織の特徴なるものが，他者も同様に組織の特徴として考えているのか，という組織アイデンティティの共有に関して，①主観的要素，②間主観的要素，③中核的要素の3層構造モデルが考えられており，アイデンティティの共有（①から②，そして③）は，「コミュニケーションから相手の考えを読み取り，あるいは周囲からの期待を感じ取り，学習していく」ことで可能になる（林 2017, p.53）。

　組織アイデンティフィケーションをマネジメントする上で，組織アイデンティティ（我々の組織はいかなるものか）が共有されることが望ましい。組織

アイデンティティの共有は，職場における日常のコミュニケーション，例えば，経営理念が従業員に浸透するプロセスなどによって可能になると考えられよう。組織アイデンティフィケーションによって，経営理念が従業員に浸透していく（内面化する）ことは既述のとおりである。そして，経営理念が従業員に浸透していくことによって，組織アイデンティティが共有されるようになり，組織アイデンティフィケーションを効率良くマネジメントできるようになるのである。

組織アイデンティフィケーションの中身に関わるマネジメントとは別に程度に関わるマネジメントも考えられる。組織アイデンティフィケーションが強められるか（弱められるか）の問題は，先行要因と関わると考えられる。組織アイデンティフィケーションの先行要因としてPrattは，社会的アイデンティティ理論をベースに①カテゴリー化の視点，②自己高揚の視点から，自己カテゴリー化理論をベースに③メタ・コントラスト比の視点から整理している（Pratt

図表1-2◆組織アイデンティフィケーションの先行要因

	組織アイデンティフィケーションが強められる	組織アイデンティフィケーションが弱められる
①カテゴリー化の視点		
内集団の独自性	独自性がある	独自性がない
外集団の顕現性	顕現性がある	顕現性がない
内集団と外集団の関係	競争がある	競争がない
②自己高揚の視点		
内集団の威信	威信がある	威信がない
内集団に対するイメージ	魅力的である	魅力的でない
アイデンティティの知覚	自尊心を高める	自尊心を高めない
③メタ・コントラスト比の視点		
比較対象となる集団の存在	存在する	存在していない
内集団のメンバー同質性	同質性がある	同質性がない
外集団のメンバー類似性	類似性がない	類似性がある

出所：Pratt 2001, pp.17-19の内容を筆者がまとめたもの。

2001）（図表1-2を参照のこと）。

　例えば，サウスウエスト航空のように，もともと非常にオリジナリティあふれる組織文化があって，しかも格安航空運賃の航空会社を目の敵にするメガキャリアという強力なライバルが存在し，ライバルとの熾烈な競争が繰り広げられているような場合，組織アイデンティフィケーションは強められるであろう（カテゴリー化の視点）（Freiberg 1996）。組織文化や経営戦略といったマクロな要素が，（ミクロな）組織アイデンティフィケーションに影響を与えるのである。

おわりに

　アイデンティフィケーションは，自己のなかの他者と同一の部分，組織をはじめとするカテゴリーに自己をあてはめることから始まる。様々なカテゴリーが顕現化するなか，組織が対象になるとき，組織に所属する自分が意識され，自己を評価しようとする気持ちから組織に対して肯定的な評価をする。そして，組織を意識した思考や行動が喚起される。

　組織の目標や価値といったものも受け入れやすくなり，コミュニケーションなどメンバー間の相互作用もスムーズになる。結果として，持続的で安定的なコミットメントが生まれる。コミットメントが形成されるプロセスにおいて中心性・識別性・連続性があるアイデンティティの共有がメンバー間でなされ，1人ひとりのアイデンティフィケーションが強固なものになる。

　アイデンティティの共有いかんが，アイデンティフィケーションの中身を左右し，競争ポジションや独自の組織文化といったものが，アイデンティフィケーションの程度を左右する。

　なお，組織におけるアイデンティティのマネジメントにおいて留意すべき点がある。組織にとって望ましい行動をもたらすアイデンティフィケーションが過剰なものになってしまうとダークサイドが露見してしまう。自己喪失感覚にさいなまれたり，組織の命令に依存し過ぎてしまったり，道徳的でない反社会的行動を取ってしまったりと否定的な結果を招いてしまうことがある（Pratt

2001)。また，アイデンティティの共有は，アイデンティフィケーションのマネジメントの効率に貢献する一方で，組織文化論における議論と同様，メンバーの同質性による組織の環境適応障害を引き起こすことになりかねない。

　本論文は，組織アイデンティフィケーションの概念を整理することで，組織におけるアイデンティティのマネジメントに接近する試みであった。モデルをより精緻化する必要があるし，なによりも実証研究につなげていかなければならない。研究課題はまさに山積しているがひとまずここで閉じることにしたい。

〔注〕

1　アイデンティティという言葉を世の中に浸透させたのは，間違いなく心理学者のErikson, E. H. である。Eriksonは，青年期の発達課題としてアイデンティティの問題（自分とは何か）をとらえる。Eriksonによれば，思春期を迎え，身体的な変化を伴う青年期において，それまでの様々な人々に対する同一化，すなわちアイデンティフィケーションから，オリジナルな自分自身をつくりあげていくことがアイデンティティである（Erikson 1959）。
2　エミュレーション（emulation）のニュアンスに注意したい。Prattは，コミットメントが組織の価値や信念の受容（acceptance）であるのに対して，アイデンティフィケーションが組織の価値や信念の共有する（sharing）あるいは所有する（possessing）ことであるとし，両者を区別している（Pratt 1998, p.178）。
3　山田真茂留による記述を以下に引用しておく。「人々が価値を共有したり相互に魅力を感じていなくても，成員性の認知という条件さえ満たされていれば，集団が形成され（成員性の認知は集団存在の十分条件），またその反対に成員性の認知が存在しなければ，共有価値や相互の魅力があったとしても，集団は形成されない（成員性の認知は集団存在の必要条件）ということ…」（佐藤・山田 2004, pp.97-98）。

〔参考文献〕

Albert, S. and D. A. Whetten (1985), Organizational Identity. in Cummings, L. L. and M. M. Staw (eds.), *Research in Organizational Behavior* 7, pp.263-295.
Allen, N. J. and J. P. Meyer (1990), 'The Measurement and Antecedents of Affective, Continuance and Normative Commitment to the Organization,' *Journal of Occupational Psychology* 63, pp.1-18.
Ashforth, B. E. and S. A. Johnson (2001), Which Hat to Wear? The Relative Salience of

Multiple Identities in Organizational Contexts. in Hogg, M. A. and D. J. Terry (eds.), *Social Identity Processes in Organizational Contexts*, Ann Arbor: Taylor & Francis, pp.31-48.

Ashforth, B. E. and F. Mael (1989), 'Social Identity Theory and the Organization,' *Academy of Management Review* 14(1), pp.20-39.

Brewer, M. B. and W. Gardner (1996), 'Who Is This "We"? Levels of Collective Identity and Self Representations,' *Journal of Personality and Social Psychology* 71(1), pp.83-93.

Dutton, J. E. and J. M. Dukerich (1991), 'Keeping an Eye on the Mirror: Image and Identity in Organizational Adaptation,' *Academy of Management Journal* 34, pp.517-554.

Dutton, J. E., J. M. Duckerich, and C. V. Harquail (1994), 'Organizational Images and Member Identification,' *Administrative Science Quarterly* 39(2), pp.239-263.

Elsbach, K. D. and C. B. Bhattacharya (2001), 'Defining Who You Are by What You're Not: Organizational Misidentification and the National Rifle Association,' *Organization Science* 12, pp.393-413.

Erikson, E. H. (1959), *Identity and the Life Cycle*, W. W. Norton & Company (西平直・中島由恵訳『アイデンティティとライフサイクル』誠信書房 2011年).

Freiberg, Kewin and Jackie (1996) *Nuts!: Southwest Airlines' Crazy Recipe for Business and Personal Success*, Bard Press (小幡照雄訳『破天荒！ サウスウエスト航空―驚愕の経営』日経BP社 1997年).

Hatch, M. J. and M. Schultz (2002), 'The Dynamics of Organizational Identity,' *Human Relations* 55(8), pp.989-1018.

Hogg, M. A. and D. Abrams (1988), *Social Identifications: A Social Psychology of Intergroup Relations and Group Processes*, Routledge (吉森護・野村泰代訳『社会的アイデンティティ理論―新しい社会心理学体系化のための一般理論―』北大路書房 1995年).

Kelman, H. C. (1958), 'Compliance, identification and internalization: Three processes of attitude change,' *Journal of Conflict Resolution* 2, pp.51-60.

Porter, L. W., R. M. Steers, R. T. Mowday and P. V. Boulian (1974), 'Organizational Commitment, Job Satisfaction, and Turnover among Psychiatric Technicians,' *Journal of Applied Psychology* 59, pp.603-609.

Pratt, M. B. (1998), To Be or Not to Be: Central questions in organizational identification. in Whetten, D. A. and P. C. Godfrey (eds.), *Identity in Organizations*, Thousand Oaks, CA: SAGE, pp.171-208.

Pratt, M. G. (2001), Social Identity Dynamics in Modern Organizations: An Organizational Psychology / Organizational Behavior Perspective. in Hogg, M. and D. J. Terry (eds.),

Social Identity Processes in Organizational Contexts. Philadelphia: Psychology Press, pp.13-30.

Tajfel, H. (1978), Social Categorization, Social Identity, and Socal Comparison. in Tajfel, H. (eds.), *Differentiation between Social Groups: Studies in the Social Psychology of Intergroup Relations.* London; New York: Academic Press.

Tajfel, H., M. G. Billig, R. P. Bundy and C. Flament (1971), 'Social categorization and intergroup behavior,' *European Journal of Social Psychology* 1, pp.149-178.

Turner, J. C. (1987), *Rediscovering the Social Group: A Self-Categorization Theory.* Oxford: Blackwell（蘭千壽・磯崎三喜年・内藤哲雄・遠藤由美訳『社会集団の再発見：自己カテゴリー化理論』誠信書房 1995年）.

van Dick, R. (2001), 'Identification in Organizational Contexts: Linking Theory and Research from Social and Organizational Psychology,' *International Journal of Management Review* 3(4), pp.265-283.

小玉一樹・戸梶亜紀彦（2010）「組織同一視の概念研究―組織同一視と組織コミットメントの統合―」『広島大学マネジメント研究』10号, pp.51-66.

佐藤郁哉・山田真茂留（2004）『制度と文化―組織を動かす見えない力』日本経済新聞社.

田尾雅夫（1997）『会社人間の研究―組織コミットメントの理論と実際』京都大学学術出版会.

高尾義明・王英燕（2012）『経営理念の浸透―アイデンティティ・プロセスからの実証分析―』有斐閣.

林　祥平（2017）「組織アイデンティティの認識と共有」明治学院大学『経済研究』第153号, pp.45-64.

山城慶晃（2015）「組織アイデンティティの三つの基準とは何だったのか？―経営学輪講 Albert and Whetten（1985）―」『赤門マネジメント・レビュー』14巻2号, pp.77-88.

山田真茂留（2013）「組織アイデンティティ論の地平」組織学会編『組織論レビューⅡ―外部環境と経営組織―』白桃書房, pp.37-40.

第 2 章

経営戦略論における知識の成長

永野 寛子

はじめに

　経営戦略論においては，ポジショニング・アプローチ以降，ゼロ利潤条件回避による競争優位の追求がなされ，資源ベース論を経てダイナミック・ケイパビリティ論へと理論が進化してきた。しかし，経験的批判の結果として生じたダイナミック・ケイパビリティ論においては，その理論的フレームワークがいまだ脆弱であり，新たな進化の可能性を模索している状況にある。

　この点に関して，ネオ・カーネギー学派の研究を中心とした認知的アプローチをダイナミック・ケイパビリティ論に導入することで，フレームワークの精緻化を目指すべきとする主張も見られる。しかし，そのような方策は，本当に経営戦略論の領域において知識の成長をもたらすものであるのか。

　本章は，Popperによる知識の成長理論を基礎として，経営戦略論のこれまでの進化を評価し，今後の展開についての提言を行うことを目的としている。第1節においては，まずはメタ理論としてのPopperによる知識の成長理論を概説する。それをもとに，第2節では現在までの経営戦略論の理論進化を分析し，評価する。さらに第3節では，認知的アプローチの導入について批判的検討を行い，今後の経営戦略論の方向性について1つの道を示す。

1. Popperによる世界3論と知識の成長理論

　理論間の関係を客観的に分析し，経営戦略論という領域における理論進化の意義を考察するためには，より高次のメタ理論が必要である。そのようなメタ理論として，本章ではPopperによる世界3論を基礎とした知識の成長理論に依拠する。ここでは，まずは，Popperの世界3論において想定されている各世界について概説する。その上で，世界3は自律性を有するというPopperの主張に着目しながら知識の成長という概念について明らかにする。

1.1　世界3の概念

　Popperは，「知識とはいかなるものか」という問いに答えるには，世界を心（mind）と身体（body）の2つの世界から理解しようとする従来からのデカルト的な心身二元論では不十分であり，認識論的にも重大な問題を抱えていると主張している。つまり，科学的理論，芸術作品，論理学や数学，法律，社会制度といった自律的な人間精神の産物を，心か身体のどちらに入るかという二元論の範疇で扱うのは困難であるとする。そのため，あくまで多元論的世界観に立ち，この2つの世界に加え，物的世界や主観的経験の世界と区別された客観的世界として世界3という概念を示している（Popper 1976, Chapter 38）。

　彼は，事物（物的対象）の世界を世界1と呼び，人間の五感，感情，思考過程のような主観的経験の世界を世界2と呼ぶとすれば，人間精神の産物（客観的知識）の世界は世界3と呼べるとしている。そして，それら3つの世界は，世界3は世界2に，世界2は世界1にそれぞれ還元することはできないという意味で，それぞれが閉じた体系であるが，それらは世界2を通じて互いに交流することができ，その意味で開かれた関係となっているとされる。

　Popperによれば，世界2の住人である個人の主観的な感覚・観察といったものは，それがいかに当該個人にとって確信を持ったものであっても，間主観的（客観的）に議論が可能なものではない。そのため，世界3の住人である客

観的知識は，言明形式による定式化によって，他者との批判的な議論が可能な形式にされることが必要となる。したがって，後述のように，世界3には問題，理論，そして批判的議論といったものが入ることになる。

それらの世界3の住人がいかなる存在論的性格を持っているかについて論ずる際，Popperは自らが実在論者の立場に立っていることを明確にしている。Popperは，まず第1に物的事物に注目し，そのようなものに作用を及ぼし，また物的事物によって作用を及ぼされうるものならば，実在的と呼べるとしている。また物的事物の世界の実在性を論じるとともに，物的事物自体も世界3の諸対象によって大きな影響を受けるということから，世界3の諸対象はその意味でも実在的であると捉えられるとする。

1.2 世界3の自律性

Popperは，人間精神の構築物である世界3における論理的または知的領域として，問題，理論，そして批判的議論を挙げる。Popperは，世界3の第1の性格をその自律性に求めたが，その世界の住人の中でも，とくに客観的真理およびその増大という価値に基づくものとして，科学的理論とその進化に注目し，これを世界3の最も奥深い中核的部分としている（Popper 1976, Chapter 40）。なぜならば，それらが，一連のプロセスとして経験と間主観的に対応しながら，世界3における自律的な知識の成長にかかわることになると捉えるからである。そしてその自律性の実現のためには，問題や理論だけでなく，批判的議論という概念が必須であるとする。

Popperは，われわれは理論を作り出せるが，そこにはつねに予期せぬ，あるいは予知しなかったもろもろの結果があり得ると主張する。つまり，われわれは諸理論から自分がそれまでに諸理論に与えたよりも多くの知識を入手しうるため，理論は批判的議論を通じて作り手の意図を離れて自律的に変化していくのである。

このようなPopperの世界3の自律性についての見解は，彼自身も認めるようにダーウィン主義的な進化論に根ざすものである（Popper 1976, Chapter

37)。ダーウィン主義的進化論は，多くの系譜があるものの，共通する観点が2つある。第1の共通概念は，地上のきわめて多様な生命形態はごく少数の形態から発生しており，進化的な系譜や進化の歴史があるとする共通起源説である。この視点は，それぞれの生物体に固有の進化の経路があるという主張をするラマルク的進化や，この経路が歴史的に運命づけられているといった歴史法則主義的な進化論ではなく，あくまでも進化における偶然性を主張するものである。そして，第2の共通概念は，進化は，遺伝，変異，自然淘汰，変異性といった諸要素から成り立ち，とくに自然淘汰が進化の原動力になるというものである（Popper 1976, Chapter 37）。

1.3 知識の成長理論

　Popperは，そのようなダーウィン主義的進化論を最も広い意味での試行と誤り排除の理論として位置づけて議論を展開しているが，とくに注目されるのは，この議論を世界3の問題について展開していることである。つまり，生物体ではない知識，とくに科学的理論についても，問題を踏まえて理論が提示され，それに対して反駁がなされるという，トライアル・アンド・エラーによるプロセスとして，その進化をみることが可能であると主張するのである。

　したがって，Popperの見解によれば，理論進化のプロセスは，「問題（P_1）→理論→誤り排除（批判的議論）→問題（P_2）→…」という形で示すことができる。この時，問題や暫定的解決である理論といったものは，われわれの独創的な発想から得られるものであり，その個々のメカニズムについては，世界2の主観的思考を通じて示されるもののため，その論理的・合理的な説明はできず，あくまで後知恵として解釈できるものである。この時，世界3は世界2の主観的世界と相互作用を起こすのであるが，それと同じように世界2を通じて，世界1である現実の物理現象とも相互作用を行うのである。

　このプロセスにおいて，Popperは，もし古い問題と新しく生じた問題が異なっている場合，知識の成長が生じると述べている（Popper 1972, p.288）。なぜならば，いままで知らなかった新しい問題を知ることになるので，われわれ

の知識は前よりも成長していることになるからである。

　これに対して，もし古い問題と新しい問題が同じならば，退化的となる。というのも，環境が変化しているにもかかわらず，知識の動きは同じ状態にあるからである。知識自体は同じだが，環境の変化を考慮すると，相対的にその知識は退化しているのであり，このような知的活動は環境に適応できず，淘汰されることになるだろう。

2．経営戦略論の理論進化と知識の成長

　経営戦略論の領域においては，ポジショニング・アプローチ，資源ベース論，知識ベース論，そしてダイナミック・ケイパビリティ論と称される研究群が，一般的に代表的なものとして挙げられる。本節では，これらの諸研究群における解くべき問題，暫定的解決としての理論的主張，および誤り排除としての批判的議論を明確化し，経営戦略論の進化プロセスを明確化する。さらに，一連のプロセスにおける知識の成長について評価する。

2.1　経営戦略論の理論進化

　完全競争における均衡状況では，すべての企業の利潤はゼロとなる。このようなゼロ利潤を回避し，いかにして競争優位を獲得すべきか。ポジショニング・アプローチ以降の経営戦略論の領域においては，この問題が中心的に論じられてきた。

　まず，Porter（1980）に代表されるポジショニング・アプローチは，ハーバード学派のS―C―P（構造―行為―成果）パラダイムにもとづくものである。このアプローチでは，企業は資源を市場で容易に入手できることが前提となっている。それゆえ，業界状況の違いが企業の収益性を規定することになる。

　しかし，実際には，企業による資源の獲得には制約があるはずだという批判がなされた（Wernerfelt 1984, p.172）。さらに，多くの実証研究の結果からも，必ずしも業界構造や業界状況が企業の戦略行為や収益性を決定しているわけで

はないことが問題として明らかになり，ポジショニング・アプローチへの批判がなされることとなった。

　この批判を受け，企業の外部要因としての業界構造ではなく企業の内部要因としての資源に競争優位性の源泉を求める資源ベース論が生じることになった。この資源ベース論の理論的主張は，問題移動に着目すると大きく3つのフェーズに分けられる（永野 2010, 2015）。

　まず，第1フェーズでは，企業内部の個別資源が競争優位性を決定するという主張が展開された。たとえば，Barney（1986, 1991）は戦略的要素市場の概念を踏まえ，経済価値，稀少性，模倣困難性，代替不可能性を有する個別資源をいかに獲得できるかが企業の優位性を左右するとした。また，隔離メカニズムについて述べたRumelt（1984）や，市場において取引不可能な資産に着目したDierickx and Cool（1989）は，Barneyが指摘した個別資源の性質のなかでも，とくに模倣困難性や代替困難性に着目した研究として位置づけられる。

　このような第1フェーズの研究に対して，個別資源を獲得しようとする組織メンバーの努力が個人単位あるいは部門単位であまりに狭い範囲に絞られ過ぎると，逆に内部補完性が崩れて優位性を喪失する可能性が生じるという批判がなされた（Prahalad and Hamel 1990, p.82; Hamel and Prahalad 1994, p.128）。この批判を受け，競争優位を生み出す企業内部の個別資源を強化すれば，その逆機能が発生するという新たな問題が明らかになった。そして，この問題を解決するために，資源ベース論は第2フェーズへと移行する。

　第2フェーズでは，個別資源強化の逆機能を克服するために，個別資源を活用するための資源に焦点が当てられた。たとえば，Prahalad and Hamel（1990）およびHamel and Prahalad（1994）によるコア・コンピタンス，Stalk et al.（1992）によるケイパビリティ，そして知識ベース論の論者であるKogut and Zander（1992）による統合ケイパビリティといった概念が挙げられる。コア・コンピタンスは技術的な側面を，ケイパビリティは社会的な側面を強調しているが，両者とも個別資源間の補完性を高める組織的能力であり（Ulrich and Smallwood 2004, p.480），Leonard-Barton（1992, 1995）の述べる「コア・

ケイパビリティ」に含まれるだろう。したがって，第2フェーズは，企業がコア・ケイパビリティを強化するほど競争優位性が高まるという主張として理解できる。そして，このように考えると，知識ベース論と称される研究群も資源ベース論の第2フェーズに含まれると言えるだろう。

この第2フェーズの研究に対して，Leonard-Barton（1992, 1995）によって，コア・ケイパビリティ強化の逆機能としてのコア・リジディティの指摘がなされた。成功的に競争優位の源泉となっていたコア・ケイパビリティが柔軟性を失ってコア・リジディティへと変異した場合，環境変化の局面でイノベーションを阻害されて企業が優位性を喪失する可能性が示されたのである。これを受け，競争優位を生み出すコア・ケイパビリティを強化すればするほど，逆にそれはコア・リジディティ化するという新たな問題が発生した。この新しい問題を解決するために，資源ベース論は第3フェーズへと移行することになる。

第3フェーズでは，市場変化に適応することこそがコア・リジディティを克服して優位性を持続する鍵であるとみなされ，市場変化への適応を可能にするための内部資源について説明することに焦点が当てられた。この新たな問題に対して，いくつかの理論的方向性が示されたが，その1つがTeece et al.（1997），Zollo and Winter（2002），Teece（2007, 2009），そしてHelfat（2007）といった論者に代表されるダイナミック・ケイパビリティ論である。

後述のように，ダイナミック・ケイパビリティの概念は論者によって若干異なってはいるが，ダイナミック・ケイパビリティがコア・ケイパビリティ自体を変更・更新する能力であるという点では共通している。そして，企業はダイナミック・ケイパビリティを有することで，進化的適合を高め，コア・リジディティの問題を克服することができるとされるのである。彼らの解決は，企業特殊的なダイナミック・ケイパビリティを強化するほど持続的な競争優位性が高まるという主張としてまとめることができるだろう。

2.2 理論進化における知識の成長

ポジショニング・アプローチから資源ベース論の各フェーズを経てダイナ

ミック・ケイパビリティ論へと至る理論進化の中で，経営戦略論研究が扱ってきた一連の問題の内容は明らかに変化しており，同じ問題を扱っているわけではない。

つまり，企業外部の要因に競争優位の源泉を求めたポジショニング・アプローチに対し，当初の資源ベース論は「業界状況が企業の競争優位行動を決定するというが，経験と一致しない」という問題を起点とし，企業内部の個別資源に着目した解決策を示した。次に「競争優位を生み出す個別資源を強化すれば，その逆機能が発生する」という問題へとシフトし，コア・ケイパビリティに着目した解決案が示された。さらに，「競争優位を生み出すコア・ケイパビリティを強化すれば，逆にコア・リジディティ化する」という問題へのシフトに伴い，ダイナミック・ケイパビリティ論が１つの解として示されている。

したがって，経験的事象と照らし合わせた批判的議論を通して各フェーズで新しい問題が明らかにされ，それに対して新しい解決案が示されていることがわかる。そのため，ダイナミック・ケイパビリティ論へと至るこれまでの経営戦略論の理論進化においては，知識の成長が見られると言えるだろう。

2.3　ダイナミック・ケイパビリティ論の限界

しかし，その一方でダイナミック・ケイパビリティ論への理論進化は知識の成長を阻む要因を内包しているとも考えられる。これは，とくにTeeceのような見解をとった場合に課題となる。

ダイナミック・ケイパビリティ論において，Zollo and Winter (2002) やHelfat (2007) の見解とTeece (2007, 2009) の見解は，ダイナミック・ケイパビリティの主要構成要素に関して違いがある。前者は，組織のルーティンを変更・更新するためのより高次のルーティンをダイナミック・ケイパビリティと位置づけている。これに対して，後者はルーティンを超えた経営者の企業家精神がダイナミック・ケイパビリティの核であると捉え，それをルーティンとしてのミクロ的基礎がサポートしていると考えている。

Zollo and Winter (2002) やHelfat (2007) のような見解においては，市場

変化への適応という視点が追加されているものの，反復可能（再生可能）なルーティンとしての組織的知識のみに着目している。そのため，知識ベース論において主張された統合ケイパビリティ等の概念と基本的には同様のものであると解釈することが可能である。したがって，経営戦略論の新たな理論的フレームワークとしてより独自のダイナミック・ケイパビリティの概念を示しているのは，Teeceによる見解であるとも言える。

しかし，Teeceのような見解をとった場合に，ダイナミック・ケイパビリティ論が戦略的インプリケーションを与えるために十分なフレームワークを有しているとは言い難い。Teeceは資源ベース論以外にWilliamsonの取引費用経済学を知的基礎としているものの，彼が基礎とする人間観には揺らぎが感じられる側面があり，また，ダイナミック・ケイパビリティの構成要素について，ミクロ的基礎としてのルーティンやシステムについての研究が進められる一方で，核となるべき企業家精神についてはいまだ明確化されていない。

ダイナミック・ケイパビリティの核となる企業家精神の概念が曖昧なままとどまっている結果として，ダイナミック・ケイパビリティ論の「企業特殊的なダイナミック・ケイパビリティを強化するほど競争優位性が高まる」という理論的主張は「競争優位性が高い企業は企業特殊的なダイナミック・ケイパビリティを有している」というトートロジーに陥り，それ以上の議論を深めることができなくなっているように考えられる。これは，具体的な企業努力の方向性としてのインプリケーションを示すことを目的として経験的事象を踏まえた批判的議論によって理論進化してきた経営戦略論において，今後の知識の成長を阻害する大きな要因であるといえよう。

3．さらなる知識の成長に向けて

このようなダイナミック・ケイパビリティ論の限界を克服するための解決策として，ダイナミック・ケイパビリティ論に補完的に認知的アプローチを導入しようとする見解が存在する。しかし，認知的アプローチの導入は方法論的に

有用と言えるのか。ここでは，第1節で述べたPopperによる世界3論をもとに，世界3における知識の成長という観点から認知的アプローチの導入に対して批判を行ったうえで，経営戦略論の目指すべき方向性について1つの道を示唆する。

3.1 認知的アプローチ導入の主張

　ダイナミック・ケイパビリティ論に補完的に認知的アプローチを導入しようとする中心的存在として，ネオ・カーネギー学派が挙げられる。ネオ・カーネギー学派は，近年，カーネギー学派の研究を源流として，Gavetti, Rivkin, Levinthal, Ocasioといった研究者によって展開されている研究活動のことをいう。そして，その源流であるカーネギー学派は，人間の完全合理性と利潤（効用）最大化仮説にもとづく新古典派経済学を批判したSimon (1947) の研究から生じたものである。

　Simon (1947) によると，人間は限定合理的であり，満足化原理に従って行動するものと仮定される。人間は限定合理的なので瞬時に最適解を得ることができず，満足化原理のもとに満足な解に至る意思決定プロセスが存在する。この認知的な意思決定プロセスを解明することなくして，人間行動は理解できないという立場である。このような認知論的観点から企業の意思決定プロセスを分析しようとする代表的な研究としては，March and Simon (1958), Cyert and March (1963), そしてMarch and Olsen (1976) などが挙げられる。

　ネオ・カーネギー学派は，このような認知的研究を基礎として，環境変化の中でパフォーマンスを高める企業行動を分析するために，組織理論，行動科学，そして社会科学における研究を幅広く取り込んできた。環境変化における経営者の役割の重要性に焦点を当てながら，認知論的分析から組織の行動理論を構築しようと試みている点が，ネオ・カーネギー学派の大きな特徴であると言えるだろう。

　ネオ・カーネギー学派とTeeceのダイナミック・ケイパビリティ論は，ともに「変化する環境のもとで企業のパフォーマンスを高めるための意思決定とは

いかなるものか」という問題意識を有している。そして，その中心として，経営者の役割を考えていることも共通している。このことから，依然不明瞭であるダイナミック・ケイパビリティの核としての企業家精神を，ネオ・カーネギー学派の認知的アプローチによって明確化すべきとする主張がなされることになる。

たとえば，ネオ・カーネギー学派のTripsas and Gavetti (2000) は，ダイナミック・ケイパビリティ論が学習プロセスにおける局所的性質に関する慣性力について扱う一方で組織の適応力に影響を与える経営者の認知の側面を軽視していると指摘し，認知的側面について扱うことの重要性を主張する。つまり，戦略リーダーの認知・行動的側面と企業のパフォーマンスの関係を分析することで，ダイナミック・ケイパビリティ論を補完し，より精緻な理論体系を構築することが可能となると述べているのである。

3.2 認知的アプローチ導入への批判

知識の成長は，Popperの世界3論を基礎とした世界3における批判的議論によって生じるものである。したがって，議論の対象が世界3における間主観的な概念として示されることなしには，批判的議論がなされることもなく，知識の成長が生じることもない。

そもそも，Teeceのダイナミック・ケイパビリティ論において知識の成長を阻む原因となっていた企業家精神の概念の不明瞭さは，その性格に依存するものであった。従来の資源ベース論において競争優位の源泉とされてきた個別資源およびコア・ケイパビリティという概念は，経験科学的性格が強いこともあり，世界3の住人として批判的議論に晒されるものと考えられる。

これに対し，Teeceのダイナミック・ケイパビリティ論で扱われる企業家精神は，経営者の個人的知識であり反復不可能で暗黙的なものであるように捉えられる。その場合，企業家精神は世界3ではなく，世界2の住人として位置づけられる。そのため，それらの概念を含んだ言明をインプリケーションとして示すことは，理論的主張に対するテスト可能性をより脆弱なものにする可能性

があることから，知識の成長を阻むものとなっていたのである。

このように考えると，ネオ・カーネギー学派のような認知的アプローチをダイナミック・ケイパビリティ論に導入して補完しようとする試みは，より知識の成長を阻む危険性をはらんでいると言える。なぜならば，ネオ・カーネギー学派の扱う概念は，基本的に世界2に属するものだからである。

前述のように，ネオ・カーネギー学派は，Simon（1947）の限定合理性に基づく満足化原理による意思決定プロセスを基礎とし，March and Simon（1958），Cyart and March（1963），およびMarch and Olsen（1976）らを源流として展開されている。これらは世界2に注目した心理主義的なアプローチであり，ある意味，帰納主義的な色彩も有している。そのため，それらの理論体系自体，世界3におけるテスト可能性が非常に脆弱である。したがって，ネオ・カーネギー学派のような認知的アプローチをダイナミック・ケイパビリティ論のフレームワークに導入することは，世界3における企業家精神や経営者の役割といった概念をさらに不明瞭なものとすることにつながり，知識の成長のために決して有用とは言えない。

とくに，ネオ・カーネギー学派は，経営者の役割を認知的な領域において分析するなかで，経営者による「発見の論理」自体を心理学的に明らかにしようとする傾向がみられる。かつて，Popperが論証したように，「発見の論理」を科学的に示すことは不可能であり，さらなる理論的破綻を導く可能性がある。

3.3 ダイナミック・ケイパビリティ論の展望

Teeceのダイナミック・ケイパビリティ論における知識の成長のためには，心理主義・帰納主義的性格を有するネオ・カーネギー学派のような認知的アプローチを導入するよりも，本来の知的基礎に立ち返り，より経済学的な観点からフレームワークを精緻化することが有用となるだろう。Teeceのダイナミック・ケイパビリティ論は，本来，資源ベース論の流れにWilliamsonの取引費用経済学の流れを合わせた非心理学的な経済学的アプローチであり，あくまで仮説演繹的に理論を展開しようとするものだからである。

Teeceのダイナミック・ケイパビリティ論を取引費用経済学の流れから見た場合，ネオ・カーネギー学派の議論と同様に，新古典派経済学的の完全合理性への批判から生じたSimonの限定合理性の概念を基礎としている。しかし，ともに限定合理性という用語を用いていても，Simon以降の発展プロセスが異なるため，両者の理論的性格には差異がある。

　ネオ・カーネギー学派は，Cyert and March (1963) やMarch and Olsen (1976) から発展してきたのに対し，Teeceのダイナミック・ケイパビリティ論はWilliamsonの取引コスト経済学から発展してきた。そして，後者は前者のような満足化原理にもとづく記述的でプロセス的なものではない。Williamsonは，Simonの限定合理性を基礎としながらも，機会主義および取引コスト節約原理にもとづく限定合理的な行動選択モデルを示すことで，インプリケーションを強化しようとしたからである。

　取引費用経済学からの流れとして，Teeceは，限定合理性を受け入れ，ある程度，機会主義も受け入れる。それゆえ，企業が変化に対応するとき，機会主義が出現し，取引コストが発生すると考える。しかし，同時に，企業は，環境変化の中に，機会を感知し，それを補足し，そして持続的優位性を得るために絶えず変容する能力つまりダイナミック・ケイパビリティを持つとする。このとき，一方で変化に伴う取引コストが発生するが，他方でダイナミック・ケイパビリティによって機会を利用し，企業内外の資源を再構成することによってメリットを得ることもできるのであり，こうして企業は変化する環境の中でも生き残れるとするのである。

　しかし，現在のTeeceのフレームワークにおいては，ダイナミック・ケイパビリティに関連する人間観を含む経済学的諸要素が明確化されていないことから，世界3における批判的議論が困難な状態となっているのである。したがって，表層的に企業家的精神という概念を明示しようとしてネオ・カーネギー学派のような認知的アプローチを導入するのではなく，むしろ演繹的な経済学的理論体系として経営者に関わる要素について精緻化することこそが，経営戦略論としての知識の成長につながると考える。

おわりに

　本章においては，Popperによる知識の成長モデルをメタ理論として用いて，経営戦略論という領域を分析した。そして，今までの経営戦略論における理論進化に対する評価を行うとともに，今後の知識の成長に向けた提言を行った。

　経営戦略論の進化を再構成すると，そこに知識の成長が見られる一方で，理論進化の結果として生じたダイナミック・ケイパビリティ論には知識の成長を阻む要因が内在していた。しかし，ダイナミック・ケイパビリティ論の限界を克服するために認知的アプローチを導入することは，より世界2の概念を扱うことにつながることから理論的混乱を招き，さらに知識の成長を阻害することになる。したがって経営戦略論における知識の成長のためには，認知的アプローチではなく経済学的アプローチによりダイナミック・ケイパビリティ・フレームワークを精緻化することが，方法論的に優位であることが示された。

　もちろん，このような方向性だけが経営戦略論の目指すべき道であるわけでは決してない。そもそも，ダイナミック・ケイパビリティ論以外の研究からの進化もあり得るし，ダイナミック・ケイパビリティ論からの進化においても他のアプローチを用いることは可能である。しかし，そのような方向性を考えるにあたっては，つねに表層的な類似性に惑わされることなく，一貫した論理体系のもとで世界3における知識の成長を目指すことに留意し続けることが最も重要であると考える。

〔参考文献〕

Barney, J. B. (1986), 'Strategic Factor Markets: Expectations, Luck, and Business Strategy,' *Management Science* 32(10), pp.1231-1241.

Barney, J. B. (1991), 'Firm Resources and Sustained Competitive Advantage,' *Journal of Management* 17(1), pp.99-120.

Cyert, R. M. and J. G. March (1963), *A Behavioral Theory of the Firm*, Prentice-Hall（松田武彦監訳，井上恒夫訳『企業の行動理論』ダイヤモンド社 1967年）.

Dierickx, I. and K. Cool (1989), 'Asset Stock Accumulation and Sustainability of Competitive Advantage,' *Management Science* 35(12), pp.1504-1511.

Gavetti, G. (2012), 'Toward a Behavioral Theory of Study,' *Organization Science* 23(1), pp.267-285.

Gavetti, G., D. A. Levinthal and J. W. Rivkin (2005), 'Strategic Making in Novel and Complex Worlds: The Power of Analogy,' *Strategic Management Journal* 26(8), pp.691-712.

Gavetti, G., D. A. Levinthal and W. Ocasio (2007), 'Neo-Carnegie: The Carnegie School's Past, Present and Reconstructing for the Future,' *Organization Science* 18(3), pp.523-536.

Gavetti, G. and J. W. Rivkin (2005), 'How Strategics Really Think: Trapping the Power of Analogy,' *Harvard Business Review* 83(4), pp.54-63.

Grant, R. M. (2002), *Contemporary Strategy Analysis: Concepts, Techniques, Applications*, 4 th edition, Blackwell.

Hamel, G. and C. K. Prahalad (1994), *Competing for the Future*, Harvard Business School Press.

Helfat, C. E. (2007), 'Dynamic Capabilities: Foundations,' in Helfat, C. E., S. Finkelstein, W. Mitchell, M. A. Peteraf, H. Singh, D. J. Teece and S. G. Winter, *Dynamic Capabilities: Understanding Strategic Change in Organizations*, Blackwell, pp.1-18.

Helfat, C. E. and M. A. Peteraf (2003), 'The Dynamic Resource-based View: Capability Lifecycles,' *Strategic Management Journal* 24(10), pp.997-1010.

Kogut, B. and U. Zander (1992), 'Knowledge of the Firm, Combinative Capabilities, and the Replication of Technology,' *Organization Science* 3(3), pp.383-397.

Kogut, B. and U. Zander (1996), 'What Firms Do? Coordination, Identity, and Learning,' *Organization Science* 7(5), pp.502-518.

Leonard-Barton, D. (1992), 'Core Capabilities and Core Rigidities: A Paradox in Managing New Product Development,' *Strategic Management Journal* 13(S1), pp.111-125.

Leonard-Barton, D. (1995), *Wellsprings of Knowledge*, Harvard Business School Press（安部孝太郎・田畑暁生訳『知識の源泉―イノベーションの構築と持続』ダイヤモンド社 2001年）.

Levinthal, D. and J. March (1993), 'The Myopia of Learning,' *Strategic Management Journal* 14, pp.95-112.

Levitt, B. and J. G. March (1988), 'Organizational Learning,' *Annual Review of Sociology* 14, pp.319-340.

March, J. G. (1991), 'Exploration and Exploitation in Organizational Learning,' *Organization Science* 2(1), pp.71-87.

March, J. G. and H. A. Simon (1958), *Organizations*, John Willy & Sons.

March, J. G. and J. P. Olsen (1976), *Ambiguity and Choice in Organizations,* Universititetsforlaget (遠田雄志・アリソン・ユング訳『組織におけるあいまいさと決定』有斐閣 1994年).

March, J. G. and J. P. Olsen (1975), 'The Uncertainty of the Past: Organizational Learning Under Ambiguity,' *European Journal of Political Research* 3, pp.147-171.

Nelson, R. R. (1991), 'Why Do Firms Differ, and How Does It Matter?,' *Strategic Management Journal* 12(S2), pp.61-74.

Nelson, R. R. and S. G. Winter (1982), *An Evolutionary Theory of Economic Change,* The Belknap Press of Harvard University Press.

Peteraf, M. A. (1993), 'The Cornerstones of Competitive Advantage: A Resource-Based View,' *Strategic Management Journal* 14(3), pp.179-191.

Popper, K. R. (1963), *Conjectures and Refutations: The Growth of Scientific Knowledge,* Routledge and K. Paul (藤本隆志・石垣壽郎・森博訳『推測と反駁―科学的知識の発展―』法政大学出版局 1980年).

Popper, K. R. (1972), *Objective Knowledge: An Evolutionary Approach,* Clarendon Press (森博訳『客観的知識―進化論的アプローチ』木鐸社 1974年).

Popper, K. R. (1976), *Unended Quest: An Intellectual Autobiography,* Open Court (森博訳『果てしなき探求（下）―知的自伝―』岩波書店 2004年).

Porter, M. E. (1980), *Competitive Strategy,* Free Press.

Prahalad, C. K. and G. Hamel (1990), 'The Core Competence of the Corporation,' *Harvard Business Review* 68(3), pp.79-91.

Rumelt, R. P. (1984), 'Towards a Strategic Theory of the Firm,' in R. B. Lamb (ed.), *Competitive Strategic Management,* Prentice Hall, pp.131-145.

Simon, H. A. (1947), *Administrative Behavior,* Free Press.

Stalk, G., P. Evans and L. E. Shulman (1992), 'Competing on Capabilities: The New Rules of Corporate Strategy,' *Harvard Business Review* 70(2), pp.57-69.

Teece, D. J. (2007), 'Explicating Dynamic Capabilities: The Nature and Microfoundations of (Sustainable) Enterprise Performance,' *Strategic Management Journal* 28(13), pp.1319-1350.

Teece, D. J. (2009), *Dynamic Capabilities and Strategic Management: Organizing for Innovation and Growth,* Oxford University Press (谷口和弘・蜂巣旭・川西章弘・ステラ・S・チェン訳『ダイナミック・ケイパビリティ戦略―イノベーションを創発し，成長を加速させる力』ダイヤモンド社 2013年).

Teece, D. J., G. Pisano and A. Shuen (1997), 'Dynamic Capabilities and Strategic Management,' *Strategic Management Journal* 18(7), pp.509-533.

Tripsas, M. and G. Gavetti (2000), 'Capabilities, Cognition, and Inertia: Evidence from Digital Imaging,' *Strategic Management Journal* 21(10-11), pp.1147-1161.

Ulrich, D. and N. Smallwood (2004), 'Capitalizing on Capabilities,' *Harvard Business Review* 82(6), pp.119-127.

Wernerfelt, B. (1984), 'A Resource-Based View of the Firm,' *Strategic Management Journal* 5(2), pp.171-180.

Williamson, O. (1975), *Markets and Hierarchies: Analysis and Antitrust Implications*, Free Press.

Zollo, M. and S. G. Winter, (2002), 'Deliberate Learning and the Evolution of Dynamic Capabilities,' *Organization Science* 13(3), pp.339-351.

永野寛子 (2008)「資源ベース理論におけるコア・リジディティ概念の意義」『立正経営論集』41(1), pp.93-119.

永野寛子 (2009)「ダイナミック・ケイパビリティ・アプローチについての資源ベース理論からの一考察—Teece, Pisano, and Shuen (1997) およびTeece (2007) に着目して—」『経営哲学』6(2), pp.53-66.

永野寛子 (2010)「戦略論の系譜—資源ベース論からダイナミック・ケイパビリティへ—」渡部直樹編著『ケイパビリティの組織論・戦略論』中央経済社, pp.176-193.

永野寛子 (2015)『資源ベース論の理論進化—企業における硬直化を巡る分析』中央経済社.

第 3 章

非正社員の雇用形態の多様化と人材ポートフォリオ

西岡 由美

はじめに

　本稿の目的は，非正社員の雇用形態の多様化に着目し，同一職場内における雇用形態が異なる非正社員の雇用の組み合わせ（以下，「非正社員ポートフォリオ」）の実態を概観した上で，その規定要因を職場特性と正社員への転換制度の観点から明らかにすることにある。

　1990年代半ば以降，非正社員の雇用が拡大している。厚生労働省『平成26年就業形態の多様化に関する総合実態調査』によると，約8割の事業所に正社員以外の労働者がいる。さらにその内訳を正社員以外の就業形態別にみると，「パートタイム労働者」が60.4％と最も多いものの，前回調査（平成22年）と比較すると，契約社員（専門職）を除くすべての就業形態で[1]，当該労働者のいる事業所の割合は上昇している。つまり，非正社員の雇用の拡大に伴い，その中心はパートタイム労働者であるものの，それ以外の就業形態の非正社員も雇用する事業所が拡大している。また西村・守島（2009）によると，企業内の非正社員の雇用区分数は2区分（34.7％）が最も多く，3区分（22.1％）がこれに続いており，平均すると2.4区分と正社員の平均2.2区分よりも多い。このように非正社員の雇用形態の多様化が進行し，非正社員のなかに複数の雇用区分が設定されている日本企業の現状を踏まえると，従来の正社員と非正社員といった雇用契約の違いによる二区分の枠組みで企業の非正社員の活用の実態を

把握することが難しくなっている。
　では，こうした非正社員区分の多様化を踏まえ，職場の非正社員ポートフォリオはどのように編成されているのか。本稿では，第1に，職場のフルタイム非正社員，パートタイム非正社員を対象とした非正社員のポートフォリオに着目し，量的拡大，量的基幹化，質的基幹化の3つの側面から非正社員の活用実態を類型化する。第2に，職場特性や正社員転換制度の観点から非正社員ポートフォリオの規定要因を検討する。

1. 先行研究：正社員と非正社員の二分論の限界

1.1　変化しつつある日本の人材ポートフォリオ

　これまで日本では，雇用形態を伝統的に期間の定めのない長期雇用の正社員と，そうでない非正社員といった雇用契約の違いによる二区分で捉える傾向が強かった。だが，現状の日本企業をみると，伝統的な二区分を越えて正社員と非正社員のそれぞれについて雇用形態の多様化が進む傾向にある（佐藤・佐野・原 2003；西村・守島 2009；西岡 2016）。特に非正社員について，従来はパート・アルバイトなど短時間就業中心型の非正社員（以下，パートタイム非正社員）の活用が中心であったが，短時間就業中心型の非正社員と異なるフルタイム型非正社員（以下，フルタイム非正社員）の契約社員・派遣社員の割合が高まっている（仁田 2011）。さらに島貫（2011）によると，非正社員の活用は，正社員は中核的業務に従事し，非正社員は周辺業務に従事するという伝統的な組み合わせから多様化している。また日や週といった短期的な繁閑に対応する労働力として，パート・アルバイトへのニーズが高いのに対して，季節的な変化や臨時的な雇用調整には契約社員や派遣社員を活用する傾向が確認されており，企業は雇用形態の異なる非正社員を使い分けている可能性が高い（労働政策研究・研修機構 2017）。
　異なる雇用形態の活用の組み合わせは，人材ポートフォリオとして議論され，類型ごとの最適な人事管理のあり方が検討されてきた（例えば，Atkinson

1985; Lepak and Snell 1999)。だが，これらの研究の多くは内部労働市場と外部労働市場との境界，つまり外部労働力の活用に着目しており，同一企業内部の雇用形態の多様化の現状を必ずしも説明できるものではない。また人材ポートフォリオを説明する主な仮説としては，取引費用仮説と解雇コスト仮説があり，内部労働市場と外部労働市場の境界の規定要因について実証的な研究が進められてきた（平野 2009; 阿部 2011など）。しかしながら，日本企業では正社員は全社一括採用，非正社員は事業所別・部門別採用が多く，非正社員の雇用は事業所や部門に予算と権限が与えられており，雇用形態によって管理主体は異なる（労働政策研究・研修機構 2012; 中村 2015）。そのため，非正社員内部の多様化に焦点をあてた非正社員ポートフォリオの規定要因を検討する際には，労働市場の状況や全社レベルの人材活用方針だけでなく，非正社員が働く事業所・部門の仕事内容，業務特性といったより職場レベルの要因を考慮する必要がある。

さらに非正社員の活用には，正社員への転換制度の影響が想定される。島貫（2011）では，正社員転換制度は正社員と同じ仕事に従事する非正社員により多く導入される傾向が明らかにされている。正社員転換制度は，非正社員の積極的な活用を果たすための人事管理制度の1つであり，その導入の有無は非正社員だけでなく正社員を含めた人材の採用・配置・任せる仕事の範囲といった企業側の人材活用戦略によると考えられる（原 2009; 佐野 2011）。そこで，本稿では非正社員ポートフォリオの規定要因として，正社員転換制度の導入の有無についても検討する。

1.2　非正社員ポートフォリオの分析枠組み

本稿では，管理職を対象とした既存の調査データを用いて，主に次の2点を行う。

第1に，フルタイム非正社員，パートタイム非正社員といった異なる非正社員グループの活用実態を，量的拡大，量的基幹化，質的基幹化の3つの側面から類型化する。日本の非正社員雇用の大きな特徴は，非正社員数の増大（以下，

量的拡大）に加えて，基幹労働力化が挙げられる。基幹労働力化とは，非正社員の労働の重要性の高まりを指し（本田 2004），管理業務や指導業務，判断を伴う，いわゆる非体系的な業務を担っていく動きであると定義される（武石 2003）。非正社員の基幹労働力化については，すでに多くの研究が蓄積されており，日本企業では量的基幹化に加えて質的基幹化が進展し，その結果，非正社員雇用の問題が浮上している。本田（2004）によると，量的基幹化とは「職場における量的な拡大とそれがもたらすパートタイム労働の重要性」であり，質的基幹化とは「職場におけるパートタイマーの仕事内容や能力が向上し正社員のそれに接近していること」である。非正社員の基幹労働力化に関する既存研究のなかには，量的基幹化を検討する際に，単なる非正社員の雇用比率を用いたものも少なくない。だが，本田の定義が示すように，量的基幹化は，職場における量的な拡大にとどまらず，労働の重要性を含むものである。そこで，本稿の分析では職場における雇用比率を「量的拡大」[2]，正社員と同等の仕事をしている割合を「量的基幹化」，担当する仕事のレベルの高さを「質的基幹化」として用いる。

第2に，第1で明らかにした量的拡大，量的基幹化，質的基幹化による類型化を用い，フルタイム非正社員とパートタイム非正社員のポートフォリオの規定要因を検討する。正社員とは異なり，非正社員の採用および活用は現場の職場レベルの要因で決定される傾向が強いことから，本稿では職場の仕事内容と業務特性の影響について検討する。さらに，先行研究で非正社員の活用に影響を及ぼすことが指摘されている正社員転換制度の影響についても検討する。具体的な分析枠組みとしては図表3-1に示すとおりである。

2．分析に用いるデータ

分析に使用するデータは，2015年2月に民間企業の管理職を対象に実施した「働き方に関するアンケート調査」（以下，「働き方に関する管理職調査」）[3]のデータである。同調査は，公務，宗教団体を除く全業種の従業員数100人以

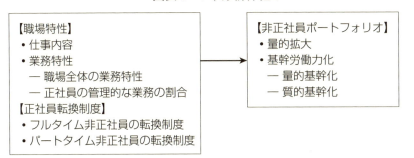

図表3-1◆分析枠組み

上の企業に勤務する管理職を対象としており，インターネット調査会社のモニター会員933名のデータが回収された。このうち課長以上の管理職（役員は除く）の641名のデータを分析対象とする。

同調査は，①正社員（一般職レベル），②フルタイム非正社員，③パートタイム非正社員のすべてのタイプの部下を各1名以上持つ管理職のみが回答する形式をとっている。そのため同調査における職場とは，管理職である回答者が管理している範囲を指しており，企業によって管理職の位置づけや権限の範囲が大きく異なる点，3つの社員タイプの部下が1名以上いる職場のみが調査対象である点に留意が必要である。

3．非正社員ポートフォリオの類型化

3.1 量的拡大

以下では，フルタイム正社員とパートタイム非正社員の活用状況をもとに職場における非正社員ポートフォリオの実態を確認する。

まず，職場でのフルタイム正社員とパートタイム非正社員の雇用比率（対職場全体の従業員数）をみると，フルタイム非正社員が平均21.8％（S.D.＝16.0），パートタイム非正社員が平均23.2％（S.D.＝21.3）である。これら雇用比率をクラスター分析した結果，3つの職場タイプが抽出された（図表3-2参照）[4]。

図表3-2◆量的拡大（雇用比率）

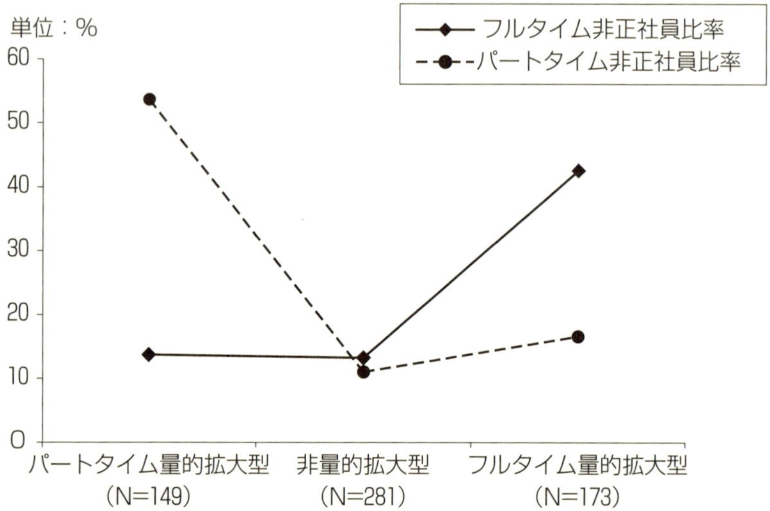

凡例：フルタイム非正社員比率、パートタイム非正社員比率

横軸：パートタイム量的拡大型（N=149）、非量的拡大型（N=281）、フルタイム量的拡大型（N=173）

出所：「働き方に関する管理職調査」をもとに筆者作成。

タイプ1は，パートタイム非正社員の雇用比率が平均53.7％と高い職場であり（以下，「パートタイム量的拡大型」），職場の従業員数の半数をパートタイム非正社員が占めている。タイプ2は，フルタイム非正社員，パートタイム非正社員ともに雇用比率が10数パーセントと低い職場である（以下，「非量的拡大型」）。タイプ3は，フルタイム非正社員の雇用比率が42.6％と高い職場である（以下，「フルタイム量的拡大型」）。このうち，最も職場数が多いのは「非量的拡大型」であり，全体の約半数（46.6％）を占めており，同職場群の正社員比率は平均75.6％と高い。また企業属性との関係をみると，「非量的拡大型」は労働組合のある製造業，「パートタイム量的拡大型」はサービス業の職場で多いといった特徴が確認できる。

3.2 基幹労働力化

次に，単なる非正社員数の拡大ではなく，労働の重要性の高まりを含む量的

基幹化についてみる。全体を100％とした場合の正社員と同等の仕事をしている非正社員の割合は，フルタイム非正社員が平均45.5％（S.D.＝33.0），パートタイム非正社員が平均28.5％（S.D.＝29.2）である。

これらの割合をクラスター分析した結果，量的基幹化の３つの職場タイプが抽出された（**図表３-３**参照）。タイプ１は，フルタイム非正社員，パートタイム非正社員ともに正社員の仕事をしている非正社員の割合が５割を超えており，非正社員の量的基幹化が進んでいる職場群である「以下，「量的基幹化型」）。タイプ２は，正社員と同等の仕事をしているフルタイム正社員の割合が平均75.1％と非常に高い企業群である（以下，「フルタイム量的基幹化型」）。タイプ３は，非正社員の量的基幹化が進んでおらず，正社員と同等の仕事をしているフルタイム非正社員とパートタイム非正社員の割合を平均するとそれぞれ１割前後と低い企業群である（以下，「非量的基幹化型」）。また企業属性との関

図表３-３◆量的基幹化（正社員と同等の仕事をしている社員比率）

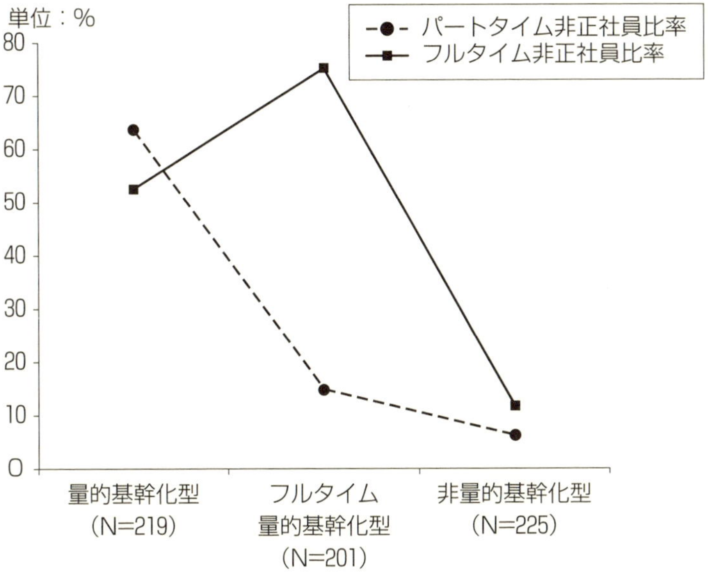

出所：「働き方に関する管理職調査」をもとに筆者作成。

係では,「非量的基幹化型」は300人以上の製造業,「フルタイム量的基幹化型」はサービス業で多い傾向がみられる。

さらに,質的基幹化の視点から非正社員ポートフォリオをみる。「働き方に関する管理職調査」では,フルタイム非正社員とパートタイム非正社員について,担当する仕事レベルが最も高い人の仕事レベルを正社員の標準的な等級レベル(ランク)に対応させる形で調査している。具体的には,「部長相当・それ以上」=13〜「一般職(高卒初任)」=4の10等級,さらに正社員と同等の仕事をしている非正社員がいない場合を想定し,一般職(高卒初任)の仕事と比較して,「やや低い」=3,「低い」=2,「とても低い」=1の3段階の合計13等級を設定した。その結果,職場で担当する仕事レベルが最も高いフルタイム非正社員の仕事レベルは平均8.1等級(S.D.=3.1)と,パートタイム非正社員の平均6.4等級(S.D.=3.0)に比べて高い[5]。

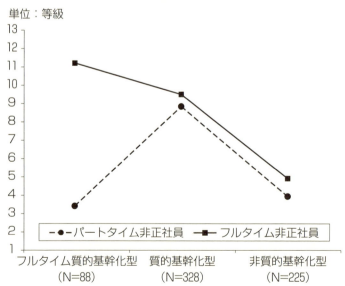

図表3-4◆質的基幹化(仕事レベル)

出所:「働き方に関する管理職調査」をもとに筆者作成。

これらの仕事レベルをもとにクラスター分析したところ，3つの職場タイプが抽出された（**図表3-4参照**）。タイプ1は，フルタイム非正社員の仕事レベルが平均11.2等級と非常に高い企業群であり，課長相当の仕事レベルであることから，専門職型の契約社員や嘱託社員がフルタイム非正社員に多く含まれていると考えられる（以下，「フルタイム質的基幹化型」）。タイプ2は，非正社員の質的基幹化が進んでいる企業群であり，最も多いタイプである。同タイプではフルタイム非正社員が平均9.5等級，パートタイム非正社員が平均8.8等級と，いずれも係長・主任レベル相当の高度な仕事を担当している。タイプ3は，タイプ2とは対照的に非正社員の担当する仕事レベルが低く，フルタイム非正社員が平均4.9等級，パートタイム非正社員が平均3.9等級と，非正社員の担当する仕事レベルは大卒初任格付けよりも低い。企業属性との関係では，「質的基幹化型」は1,000人未満のサービス業，「非質的基幹化型」は製造業で多いといった特徴が確認できる。

3.3 量的拡大と基幹労働力化との関係

最後に，量的拡大の各類型と量的基幹化，質的基幹化の基幹労働力化の各類型との関係を確認する。量的拡大と量的基幹化についてみると，調査対象のなかで最も多い職場パターンは「非量的拡大型」×「非量的基幹化型」の組み合

図表3-5◆量的拡大と基幹労働力化（量的基幹化・質的基幹化）

		量的基幹化			質的基幹化			合計
		量的基幹化型	フルタイム量的基幹化型	非量的基幹化型	フルタイム質的基幹化型	質的基幹化型	非質的基幹化型	
量的拡大	パートタイム量的拡大型	11.9%	5.1%	7.6%	2.7%	12.9%	9.1%	24.7%
	非量的拡大型	12.9%	14.3%	19.4%	6.1%	23.4%	17.1%	46.6%
	フルタイム量的拡大型	8.6%	12.4%	7.6%	4.5%	15.3%	9.0%	28.7%
	合計	33.5%	31.8%	34.7%	13.3%	51.6%	35.2%	100.0%

出所：「働き方に関する管理職調査」をもとに筆者作成。

わせであり，全体の約２割である（図表3-5参照）。残りの8割の職場では，量的拡大もしくは質的基幹化が進んでいるが，集計結果は分散しており，そのパターンは多様である。また量的拡大と質的基幹化についてみると，最も多い職場パターンは「非量的拡大型」×「質的基幹化型」であり，これに「非量的拡大型」×「非質的基幹化型」が続いている。これらに対して，「パートタイム量的拡大型」×「フルタイム質的基幹化型」（2.7％）のパターンをとる職場は非常に少ない。

4．非正社員ポートフォリオの規定要因

4.1 分析に用いる主な変数

以下では，非正社員ポートフォリオの規定要因を検討するために，量的拡大，量的基幹化，質的基幹化の3つの側面から捉えた非正社員ポートフォリオの類型を独立変数，非正社員が就労する職場特性と正社員への転換制度を従属変数とする多項ロジットモデルによって推計する。

4.1.1 独立変数

前述の量的拡大，量的基幹化，質的基幹化のクラスター分析の結果を非正社員ポートフォリオに関する変数として用いる。具体的には，量的拡大は「非量的拡大型」，量的基幹化は「非量的基幹化型」，質的基幹化は「非質的基幹化型」をそれぞれレファレンスとする。

4.1.2 従属変数

人材ポートフォリオの規定要因として，阿部（2011）は，企業の教育訓練のあり方，人的資本の関係性の特殊性の度合い，雇用管理制度の特徴，正社員の定着率，企業の雇用調整や採用行動に対する態度等を用いている。だが，これらはすべて全社レベルの要因である。非正社員は事業所・部門単位での雇用や活用が進められていることを鑑みると，非正社員内部の雇用や活用の組み合わ

せを検討するためには，職場レベルの要因が影響を及ぼすと考えられる。そこで，本分析では，職場の仕事内容と業務特性といった職場特性に関する変数を従属変数として設定した。

職場の仕事内容を示す変数は，「人事・総務経理・広報」をレファレンスとし，「経営企画・調査」「研究・開発・設計，情報処理・情報システム（以下，「研究開発・情報処理」）」「営業」「販売・サービス」「その他[6]」の5つのダミー変数を作成した。

業務特性の変数は2つの調査項目から成る。第1に，「働き方に関する管理職調査」では，中央大学大学院戦略経営研究科ワーク・ライフ・バランス＆多様性推進・研究プロジェクト「管理職の働き方とワーク・ライフ・バランスに関する調査」（2009年度）の課やグループの業務特性に関する質問項目を参考に，職場の業務特性に関する10項目（「当てはまる」＝4〜「当てはまらない」＝1）を設定しており，これを用いる。具体的な質問項目は図表3-6のとおりである。第2に，非正社員の業務内容は，同一職場で就労する正社員の業務内容の影響を受けることから，正社員（一般職レベル）の業務内容に関する変数を作成した。具体的には，正社員（一般職レベル）[7]の仕事全体を100％とした場合の「管理的な業務」の割合を用いる。なお，正社員（一般職レベル）の業務の割合は，「管理的な業務」が28.4％と最も多く，これに「企画的・専門的な業務」が26.8％で続いており，これらの業務が正社員（一般職レベル）の業務の半分以上を占めている。

さらに正社員への転換制度の導入状況は，フルタイム非正社員，パートタイム非正社員それぞれについてダミー変数（導入している＝1，導入していない＝0）を設定した。

4.1.3 コンロトール変数

本分析では，コントロール変数として，企業属性と回答者の個人属性を設定した。企業属性変数は，業種ダミー（「その他」をレファレンスとし，それぞれ該当＝1，非該当＝0），企業規模ダミー（「1,000人以上」をレファレン

図表3-6◆記述統計量

			平均値	標準偏差	n
企業属性	業種	製造業ダミー	.21	.41	641
		サービス業ダミー	.23	.42	641
	企業規模	100人未満ダミー	.26	.44	641
		100～300人未満ダミー	.20	.40	641
		300～1000人未満ダミー	.21	.41	641
	労働組合ダミー		.49	.50	641
回答者属性	年齢		48.20	7.96	641
	性別ダミー		.93	.25	641
	役職ダミー		.57	.50	641
	職種	技術系ダミー	.23	.42	641
		その他ダミー	.29	.46	641
職場特性	仕事内容	経営企画・調査ダミー	.07	.26	641
		研究開発・情報処理ダミー	.14	.35	641
		営業ダミー	.21	.41	641
		販売・サービスダミー	.11	.32	641
		その他ダミー	.18	.39	641
	業務特性	職場の人数に比べて仕事の量が多い	3.01	.79	641
		他の職場に比べて達成すべき目標水準が高い	2.84	.78	641
		仕事の締切や納期にゆとりがない	2.73	.83	641
		チームとして行う仕事が多い	2.78	.84	641
		仕事を進める上で他の職場との折衝が多い	2.73	.83	641
		仕事に必要な能力が明確である	2.96	.76	641
		突発的な業務が多い	2.75	.82	641
		他の人が代わることができる仕事が多い	2.48	.79	641
		時期によって業務の増減が大きい	2.95	.78	641
		各メンバーがここに独立して行う仕事が多い	2.66	.74	641
	正社員（一般レベル）の管理的な業務の割合		28.39	23.45	641
正社員転換制度	フルタイム非正社員の転換制度ダミー		.74	.44	641
	パートタイム非正社員の転換制度ダミー		.50	.50	641

出所：「働き方に関する管理職調査」をもとに筆者作成。

スとし，それぞれ該当＝1，非該当＝0），労働組合ダミー（ある＝1，ない＝0）を作成した。回答者属性変数は，年齢，性別ダミー（男性＝1，女性＝0），役職ダミー（課長＝1，それ以外の職位＝0），職種ダミー（「事務系」をレファレンスとし，それぞれ該当＝1，非該当＝0）を作成した。

分析に用いた変数の平均値と標準偏差は先述の**図表3-6**のとおりである。

4.2　分析結果

分析結果は，**図表3-7**のとおりである。まず，量的拡大の分析結果をみると，「パートタイム量的拡大型」では，仕事内容の「営業」（10％水準）と「販売・サービス」，業務特性の「チームとして行う仕事が多い」（10％水準）と「他の人が代わることができる仕事が多い」（10％水準），「正社員の管理的な業務の割合」でそれぞれ有意な正の影響を示した。「フルタイム量的拡大型」では，仕事内容の「その他」，業務特性の「突発的な業務が多い」（10％水準）で有意な正の影響を示した。

ついで，量的基幹化の分析結果をみると，「フルタイム量的基幹化型」では，業務特性の「仕事の締切や納期にゆとりがない」（10％水準）で有意な負の影響，「正社員の管理的な業務の割合」（10％水準），正社員転換制度のうち「パート非正社員の転換制度」で有意な正の影響を示した。「量的基幹化型」では，職場の特性で有意な影響を示したのは，業務特性の「他の人が代わることができる仕事が多い」の正の影響のみであるが，正社員転換制度は「フルタイム非正社員の転換制度」が有意な負の影響，「パートタイム非正社員の転換制度」が有意な正の影響を示した。

最後に，質的基幹化の分析結果をみると，「フルタイム質的基幹化型」では，仕事内容の「その他」（10％水準）で有意な負の影響，業務特性の「他の職場に比べて達成すべき目標水準が高い」（10％水準），「仕事の締切や納期にゆとりがない」で有意な正の影響を示した。正社員転換制度は「フルタイム非正社員の転換制度」（10％水準）が有意な負の影響，「パートタイム非正社員の転換制度」が有意な正の影響を示した。一方，「質的基幹化型」では，仕事内容の

図表3-7◆非正社員ポートフォリオの規定要因

		量的拡大（ref.=非量的拡大型）			
		パートタイム量的拡大型		フルタイム量的拡大型	
		係数	標準誤差	係数	標準誤差
	定数	-.699	1.264	-.577	1.151
企業属性	業種（ref.=その他）				
	製造業ダミー	-.896**	.358	-.773***	.281
	サービス業ダミー	.203	.280	.412	.264
	企業規模（ref.=1,000人以上）				
	100人未満ダミー	-.460	.365	-.084	.331
	100〜300人未満ダミー	-.332	.354	-.350	.314
	300〜1,000人未満ダミー	-.311	.347	.041	.294
	労働組合ダミー（あり=1）	-1.073***	.291	-.184	.253
回答者属性	年齢	-.002	.015	.006	.014
	性別ダミー（男性=1）	-.226	.481	-.682	.433
	役職ダミー（課長=1）	.187	.247	.095	.218
	職種（ref.=事務系）				
	技術系ダミー	-.846**	.381	-.267	.304
	その他ダミー	.232	.285	-.499*	.279
仕事内容（ref.=人事・総務・経理・広報）					
	経営企画・調査ダミー	-.058	.493	-.043	.424
	研究開発，情報処理ダミー	-.108	.492	-.293	.405
	営業ダミー	.623*	.337	.298	.308
	販売・サービスダミー	1.364***	.424	.471	.421
	その他ダミー	.572	.393	.734**	.334
業務特性	職場の人数に比べて仕事の量が多い	-.044	.203	.009	.184
	他の職場に比べて達成すべき目標水準が高い	.057	.196	.103	.175
	仕事の締切や納期にゆとりがない	.006	.175	-.239	.159
	チームとして行う仕事が多い	.292*	.165	.044	.149
	仕事を進める上で他の職場との折衝が多い	-.260	.171	-.147	.154
	仕事に必要な能力が明確である	.112	.175	-.004	.155
	突発的な業務が多い	-.074	.169	.289*	.158
	他の人が代わることができる仕事が多い	.269*	.157	.211	.136
	時期によって業務の増減が大きい	.049	.161	-.093	.149
	各メンバーがここに独立して行う仕事が多い	-.263	.180	.024	.161
正社員（一般レベル）の管理的な業務の割合		.011**	.005	.000	.005
正社員転換制度					
	フルタイム非正社員の転換制度(あり=1)	-.109	.323	.257	.277
	パートタイム非正社員の転換制度(あり=1)	.124	.272	-.094	.242
	サンプルサイズ	603			
	−2 対数尤度	1132.886***			
	疑似 R2 乗	.214			

注：*** $p<0.01$, ** $0.01<p<0.05$, * $p<0.1$
出所：「働き方に関する管理職調査」をもとに筆者作成。

量的基幹化 (ref.=非量的基幹化型)				質的基幹化 (ref.=非質的基幹化型)			
フルタイム量的基幹化型		量的基幹化型		フルタイム質的基幹化型		質的基幹化型	
係数	標準誤差	係数	標準誤差	係数	標準誤差	係数	標準誤差
.191	1.108	-.832	1.119	-3.753**	1.507	-1.768*	1.004
.379	.264	-.552**	.279	-.183	.343	-.583**	.245
.680**	.271	.345	.266	.610*	.354	.391	.248
-.291	.330	-.110	.325	.815*	.428	.540*	.297
-.047	.313	-.015	.311	.738*	.412	.713**	.287
-.381	.294	-.467	.292	-.037	.407	.340	.263
-.423*	.256	-.245	.254	.443	.343	.143	.231
-.009	.014	-.009	.014	.059***	.020	.008	.013
.001	.398	.790*	.451	.259	.573	.847**	.374
.012	.218	.055	.215	-.226	.286	-.062	.198
.425	.313	.278	.311	.530	.396	-.075	.290
.134	.273	.258	.266	-.852**	.385	-.365	.240
-.163	.408	-.550	.428	-.109	.539	-.097	.393
-.399	.395	-.106	.385	-.894	.546	.310	.366
-.139	.315	-.135	.306	-.422	.402	-.396	.283
-.254	.403	-.288	.394	-.345	.549	-.229	.358
-.076	.340	.005	.337	-.812*	.447	-.663**	.305
.286	.182	.029	.178	-.045	.231	.173	.163
-.077	.173	.175	.171	.424*	.232	.220	.156
-.291*	.158	-.052	.157	.434**	.208	.008	.143
-.003	.147	-.167	.145	-.247	.196	.129	.132
.020	.152	.098	.151	.007	.201	-.124	.137
-.209	.156	-.180	.154	-.337	.207	-.362**	.141
-.031	.152	.014	.150	-.025	.201	-.082	.137
.101	.137	.340**	.135	.036	.178	.078	.122
.201	.145	.178	.143	-.007	.193	.054	.130
-.045	.156	-.194	.157	-.311	.207	.162	.142
.008*	.005	.006	.004	.000	.006	.007*	.004
-.297	.275	-.570**	.270	-.678*	.351	-.197	.249
.741***	.245	.862***	.244	.711**	.334	.534**	.220
641				641			
1328.628**				1152.815***			
.115				.154			

「その他」，業務特性の「仕事に必要な能力が明確である」で有意な負の影響を，「正社員の管理的な業務の割合」（10％水準）と正社員転換制度のうち「パートタイム非正社員の転換制度」で有意な正の影響を示した。

5．考察：正社員への転換ルートの多元化

多項ロジット分析の結果は10％水準で影響を示すものが多く，回帰式の説明力をみても本分析に用いた職場レベルの変数で非正社員ポートフォリオを説明できる部分は限定的であるが，非正社員ポートフォリオの規定要因について以下の点が示唆された。

第1に，量的拡大に注目すると，パートタイム非正社員の雇用比率が高い職場は，販売・サービスや営業を主な仕事内容とし，チームとして行う仕事が多く，他の人が代わることができる仕事が多い職場である。さらに同職場では正社員（一般職）の管理的な業務の割合が高いことから，少数の正社員で多くのパートタイム非正社員を管理していることが想定され，正社員とパートタイム非正社員の間で業務内容が明確に分業されている可能性が高い。これに対して，フルタイム非正社員の雇用比率が高い職場は，生産（建設を含む），運輸・物流，医療・教育等を主な仕事内容とし，突発的な業務が多い職場である。

第2に，量的基幹化をみると，職場特性よりも正社員転換制度の影響が大きい。フルタイム非正社員の量的基幹化が進んでいるのは，パートタイム非正社員の正社員転換制度を導入している職場である。フルタイム非正社員，パートタイム非正社員ともに量的基幹化が進んでいる職場は，パートタイム非正社員には正社員転換制度を導入し，フルタイム非正社員には正社員転換制度を導入していない職場である。これは，フルタイム非正社員とパートタイム非正社員では正社員転換制度による影響が異なる可能性を示唆している。フルタイム非正社員は就労条件が正社員に近いこともあり，正社員転換制度がある場合には，一定水準以上の仕事レベルに達すると，正社員に転換する可能性が高い。その結果，フルタイム正社員の雇用形態のまま正社員と同じ仕事レベルで従事する

割合は少なくなる。これに対して、パートタイム非正社員の場合には、労働時間等の本人の希望する就労条件がそもそも正社員と異なる可能性が高く、正社員転換制度が導入されている職場であっても、全員が必ずしも正社員への転換を希望するわけではない。その結果、正社員への転換者以外に、パートタイム非正社員の雇用形態のまま正社員と同じ仕事レベルで従事する割合が増加する。つまり、**図表3-8**に示すように、正社員転換制度を導入している職場において、パートタイム非正社員の場合には、ある仕事レベルに達し、正社員への転換が可能となった際に、①正社員に転換し、正社員としてより高い仕事に従事する者（ルートⅠ）と、②正社員に転換せず、パートタイム非正社員の雇用形態のままで仕事レベルの高い仕事に従事する者（ルートⅡ）が存在する。それに対して働き方がより正社員に近いフルタイム非正社員の場合には、より高いレベルの仕事に従事する場合には、その大多数は正社員に転換するルートを選択するものと考えられる。

第3に、質的基幹化をみると、フルタイム質的基幹化型と質的基幹化型で、

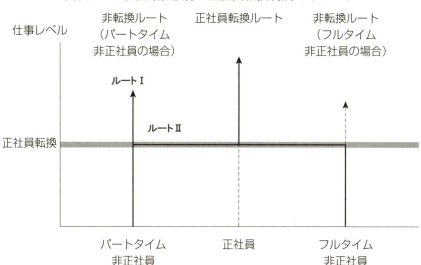

図表3-8◆雇用形態別の正社員転換制度のイメージ

正社員への転換制度導入の影響が確認できるが,対象となる非正社員によって影響の質が異なる。これは,前述の量的基幹化と同様の現象が,質的基幹化で生じているものと考えられる。フルタイム非正社員の場合には,正社員転換制度を整備すると,一定レベル以上の仕事に従事するフルタイム非正社員は正社員への転換ルートを選択する。また分析結果によると,フルタイム質的基幹化型と質的基幹化型ともに,仕事の内容の「その他」が有意な負の影響を示しており,生産(建設を含む),運輸・物流,医療・教育等を仕事内容とする職場で非正社員の質的基幹化が進む傾向にある。ただし,両タイプの業務特性は異なり,フルタイム質的基幹化型は,「仕事の締切や納期にゆとりがない」「他の職場に比べて達成すべき目標水準が高い」といった繁忙な業務の職場の傾向がみられるのに対して,質的基幹化型は,正社員の管理的な業務の割合は高いが,仕事に必要な能力要件は明確でないといった特徴をもつ職場である。

おわりに

非正社員の雇用形態の多様化が進む中で,日本企業においては従来の正社員と非正社員といった大きな枠組みの組み合わせだけではなく,非正社員の多様性を考慮した雇用形態の組み合わせ,さらにそれを踏まえた上での人事管理の検討が重要な課題となっている。本稿では,職場の管理職を対象に実施したアンケート調査のデータを用いて,フルタイム非正社員とパートタイム非正社員の2つの雇用形態を取り上げて,職場の非正社員ポートフォリオの実態を明らかにするとともに,その規定要因について職場レベルの要因と正社員への転換制度を用いて検討した。

まず本稿では,量的拡大,量的基幹化,質的基幹化の3つの側面から,日本企業の非正社員ポートフォリオの実態を確認した。その結果,それぞれ3つに類型化された。非正社員の単なる量的拡大とは異なり,労働の重要性の高まりを含む基幹労働力化の類型では,非正社員の2つの雇用形態のなかでも,特にフルタイム非正社員を中心に基幹労働力化を進める職場タイプは抽出されたが,パートタイム非正社員を中心とする職場タイプは抽出されなかった。このこと

から，パートタイム非正社員とフルタイム非正社員といった2つの雇用形態の非正社員を活用している職場では，パートタイム非正社員に比べてフルタイム非正社員の基幹労働力化により積極的であることが推察される。

次に，非正社員ポートフォリオの類型化に仕事内容や業務特性といった職場レベルの要因について検討した。影響度はそれほど大きくないものの，職場がとる量的拡大，量的基幹化，質的基幹化の類型化に，職場の仕事内容や業務特性が有意な影響を与えていた。また，量的基幹化，質的基幹化は正社員転換制度から有意な影響を受けるが，転換制度が適用される対象がフルタイム非正社員かパートタイム非正社員かによりその影響度合いが異なる。フルタイム非正社員の場合には，正社員転換制度が導入されている職場では，一定水準以上に基幹労働力化が進むと，フルタイム非正社員は正社員に転換するため，結果としてフルタイム非正社員の雇用形態の量的，質的基幹化は進まない。それに対して，パートタイム非正社員の場合には，正社員転換制度が導入されていても，希望する就労条件との違いから正社員への転換を希望しないパートタイム非正社員がおり，その結果，転換制度と並行する形でパートタイム非正社員の量的，質的基幹化も進むことが示唆された。

最後に，今後の課題として以下2点を指摘する。1つには，多様な非正社員の雇用形態の組み合わせのより丁寧な実態把握である。日本企業の職場では派遣社員や請負社員といった外部人材の活用が進んでいる。また同じフルタイム非正社員でも契約社員と嘱託社員では職場での雇用の組み合わせや活用は異なる（西岡 2016）ことから，非正社員の多様な雇用形態をより丁寧に比較検討する必要がある。もう1つは，人材ポートフォリオの既存研究で検討されてきた全社レベルの規定要因と，本分析で着目した職場レベルの規定要因を総合的に検討することである。本稿では，調査データ上の制約により難しいが，別の調査により用いる変数や手法の精査が求められる。

〔注〕

1　同調査では，正社員以外の労働者の内訳として，「出向社員」「契約社員（専門職）」「嘱

託社員（再雇用者）」「パートタイム労働者」「臨時労働者」「派遣労働者」「その他の労働者」を設けている。
2　非正社員の量的拡大を量的基幹化と捉える論文も多いが，本論文では非正社員の活用をより詳しくみるために両者を区分して分析を行う。
3　本調査は，文部科学省科研研究費補助金（基盤研究（A）　課題番号24243049　研究代表者：学習院大学経済学部　脇坂明）により実施されたものである。
4　クラスター分析は，主観性の高いデータ分析手法であり，また調査のサンプルに依存する部分が少なくないことに注意が必要である。
5　両者について，t検定を行ったところ有意な差がみられた（$t=10.239$, $df=1280$, $p<.01$）。なお，フルタイム非正社員の8.1等級は係長・主任担当の1等級下，パート非正社員の6.4等級は，大卒初任の少し上位に相当する。
6　「生産（建設含む）」「運輸・物流」「医療・教育等」「その他」の選択肢に該当するものを「その他」とした。
7　調査票では，回答者の職場における平均的な正社員（一般職レベル）を1人思い浮かべて回答してもらう形式をとっている。

〔参考文献〕

Atkinson, J. A. (1985), 'Flexibility, Uncertainty and Manpower Management,' *IMS Report* No. 89, Brighton: Institute of Manpower Studies.

Lepak, D. P. and S. A. Snell (1999), 'The Human Resource Architecture: Toward a Theory of Human Capital Allocation and Development,' *Academy of Management Review* 24(1), pp.31-48.

Lepak, D. P. and S. A. Snell (2002), 'Examining the Human Resource Architecture: The Relationship among Human Capital, Employment, and Human Resource Configurations', *Journal of Management* 28, pp.517-543.

阿部正浩（2011）「雇用ポートフォリオの規定要因」『日本労働研究雑誌』610, pp.14-27.

厚生労働省（2015）『平成26年就業形態の多様化に関する総合実態調査の概況』.

佐藤博樹・佐野嘉秀・原ひろみ（2003）「雇用区分の多元化と人事管理の課題—雇用区分間の均衡処遇」『日本労働研究雑誌』518, pp.31-46.

佐野嘉秀（2011）「正社員登用の仕組みと非正社員の仕事経験：技能形成の機会への効果に着目して」『社會科學研究』62(3・4), pp.25-55.

佐野嘉秀（2015）「正社員のキャリア志向とキャリア：多様化の現状と正社員区分の多様化」『日本労働研究雑誌』655, pp.59-72.

島貫智行（2011）「非正社員活用の多様化と均衡処遇—パートと契約社員の活用を中心に」

『日本労働研究雑誌』607, pp.21-32.
武石恵美子（2003）「非正規労働者の基幹労働力化と雇用管理」『日本労務学会誌』5(1), pp.2-11.
中央大学大学院戦略経営研究科ワーク・ライフ・バランス＆多様性推進・研究プロジェクト（2014）『「ワーク・ライフ・バランス管理職に関する条件調査」結果報告の概要　第1版』.
中村圭介（2015）「人材ポートフォリオの再編—スーパーと百貨店の事例研究から—」『日本労務学会誌』16(1), pp.4-20.
西岡由美（2015）「契約社員の人事管理と基幹労働力化—基盤システムと賃金管理の二つの側面から—」『日本経営学会誌』36, pp.86-98.
西岡由美（2016）「多様な非正社員の人事管理—人材ポートフォリオの視点から—」『日本労務学会誌』17(2), pp.19-36.
西村孝史・守島基博（2009）「企業内労働市場の分化とその規定要因」『日本労働研究雑誌』586, pp.20-33.
仁田道夫（2011）「非正規雇用の二層構造」『社會科學研究』62(3・4), pp.3-23.
原ひろみ（2009）「非正社員から正社員への転換—正社員登用制度の実態と機能—」佐藤博樹編『人事マネジメント』ミネルヴァ書房, pp.246-272.
平野光俊（2009）「内部労働市場における雇用区分の多様化と転換の合理性—人材ポートフォリオ・システムからの考案—」『日本労働研究雑誌』586, pp.5-19.
本田一成（2004）「職場のパートタイマー：基幹化モデルを手がかりにした文献サーベイ」『JILPT労働政策レポート』Vol.1.
労働政策研究・研修機構（2012）『雇用ポートフォリオ編成の研究—メーカーにおけるIT事業部門・研究部門と百貨店の事例』労働政策研究報告書145.
労働政策研究・研修機構編（2017）『非正規雇用の待遇差解消に向けて』労働政策第3期プロジェクト研究シリーズNo.1，独立行政法人労働政策研究・研修機構．

第4章 グローバル人材教育への貢献

工藤 紅

はじめに

　大学生の英語力低下が指摘される一方，大学のグローバル人材教育への期待は高まってきている。グローバル人材育成推進会議が定義するグローバル人材とは，「要素Ⅰ：語学力・コミュニケーション能力」，「要素Ⅱ：主体性・積極性，チャレンジ精神，協調性・責任感，使命感」，「要素Ⅲ：異文化に対する理解と日本人としてのアイデンティティ」という3つの要素を備える人材である。大学の授業でこのような人材育成に貢献することはできるだろうか。近年の大学生の英語学習を踏まえ，提案する。

1. 英語学習へのモチベーション

　現在までに，大学における英語教育研究において，学生の英語学習に対するモチベーションをどう高めるかに関する研究が進められてきている。2015年の横山悟の研究では，「学習内容への興味・自信が，より英語教育の効果を高めることが確認され」ている（横山 2015）。2015年から2017年に入学した立正大学経営学部の1年生を対象に，英語力と海外への興味に関するアンケートを行い，700名から回答を得た（**資料1**）。対象は，入学時に受験したTOEIC IP試験の平均点が300点程度と，2016年度の全国の大学1年生の平均（430点）より

図表4-1◆英語に対する姿勢

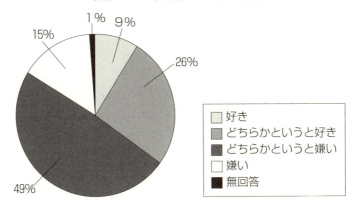

も低い学生である。

　まず,「英語が好きかどうか」という質問をした。あえて,「英語」とすることで,英語という「言語」に対してなのか,「科目」としての英語なのかは明らかにしていない。すると,**図表4-1**のような結果を得た。700人中250人が英語が「好き」,または「どちらかというと好き」と答えた。好きな理由としては,「実際に外国の人に英語が通じた時嬉しかったから」「将来必要だと思うから」など,英語という「言語」に対して「好き」と回答した学生が多かった。また,全体の63.4%に当たる444人は「嫌い」,または「どちらかというと嫌い」と答えた（**図表4-1**）。「嫌い」な理由は,「難しい」「分からない」「頑張ってもできるようにならなかった」「覚えることが多い」などが挙げられ,英語という「科目」に苦手意識を持つ学生が多く見られた[1]。

　次に,学生たちが,自身の英語力をどの程度と考えているのか（**図表4-2**）,大学卒業時にどの程度の英語力を身につけていたいか（**図表4-3**）,将来的にどの程度の英語力を身につけていたいか（**図表4-4**）を聞いた。ここでは,「(1)中学卒業時レベル」,「(2)高校卒業時レベル」,「(3)簡単な日常会話レベル」,「(4)日常会話レベル」,「(5)ビジネス英語レベル」,「(6)ネイティヴ英語レベル」の6レベルで自己判定してもらった。これらのレベルは,前述のグローバル人

図表4-2◆現在の英語レベル

	中学生以下	中学卒業時	高校卒業時	簡単な日常会話	日常会話
英語が好き	5	85	137	18	3
英語が嫌い	28	293	121	11	0

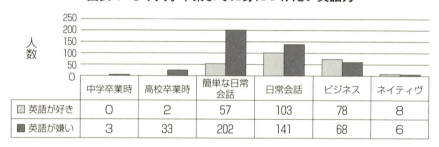

図表4-3◆大学卒業までに身につけたい英語力

	中学卒業時	高校卒業時	簡単な日常会話	日常会話	ビジネス	ネイティヴ
英語が好き	0	2	57	103	78	8
英語が嫌い	3	33	202	141	68	6

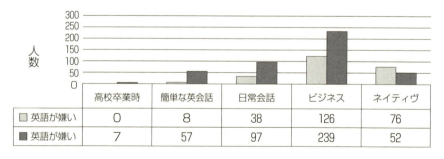

図表4-4◆将来期待する英語力

	高校卒業時	簡単な英会話	日常会話	ビジネス	ネイティヴ
英語が嫌い	0	8	38	126	76
英語が嫌い	7	57	97	239	52

材育成推進会議の目安に照らし合わせると、同会議の「①海外旅行レベル」が「(3)簡単な日常会話レベル」に、「③業務上の文書・会話レベル」が「(5)ビジネス英語レベル」、「④二者間折衝・交渉レベル」「⑤多数者間折衝・交渉レベル」

が「(6)ネイティヴ英語レベル」に相当すると考える。

　現在の自分の英語力がどの程度か，という質問に英語が「好き」と答えた学生に最も多かった答えは「高校卒業レベル」で，大学1年生に求められているレベルの英語力を有していると自覚しているようである[2]。一方，「嫌い」と答えた学生の場合，444人中293人が「中学卒業レベル」または「それ以下」と答えている。英語嫌いの学生のうち，実に66.0％に，中学で英語を学習している時点で，すでに英語という「科目」に対する苦手意識が芽生えてしまっていたことが推察できる。

　次は，大学卒業時にどの程度の英語力を有していたいか，また，将来的に身につけたいかとの質問である。「英語が好き」と回答した学生の40.2％が「日常会話レベル」と回答し，「英語が嫌い」と答えた学生の45.5％が「簡単な日常会話（グローバル人材育成推進会議の目安では「海外旅行レベル」）」を期待しているレベルとした。今回分けたレベルで考えると，それぞれ2レベルずつ向上したいという期待が見られる。将来的にどの程度できるようになりたいかという質問には，英語の好き嫌いにかかわらず，全体の89％が「日常会話レベル」「ビジネスで困らないレベル」「ネイティブレベル」のいずれかを答えている。前述の推進会議の目安とは多少のズレがあるものの，学生たちは，現在の英語力が低いと自覚しながらも，将来的にはもっと英語力をつけたいという意欲が認められる。この意欲を，実際に英語学習をしようというモチベーションに結びつけることが，英語教育に携わる者の課題と言えるかもしれない。

　ここで，授業のための予習復習の時間を含め，授業以外でどのくらいの時間英語の学習に充てるつもりか，という質問をした（図表4-5）。1週間に「0時間」または「1-2時間」と回答した学生は，全体の60.7％であった。半数以上の学生が，1日に15分か，それよりも短い時間しか英語学習に充てるつもりがないということになる。

　言うまでもなく，大学卒業時に身につけたい英語レベルに達するには，一定の学習時間が必要である。では，教室外である程度の学習時間を彼らに確保してもらうにはどうしたらよいのだろうか。そこではやはり，英語学習に対

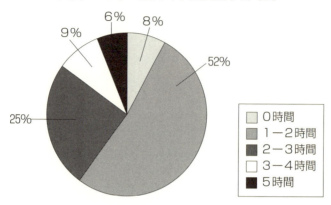

図表4-5 ◆1週間の予定英語学習時間

- 0時間 8%
- 1-2時間 52%
- 2-3時間 25%
- 3-4時間 9%
- 5時間 6%

するモチベーションを高めてもらう必要がある。学生たちに文法等の課題を課し，教室外で学習させることもできるが，それは学生たちにとってあくまでも受け身で与えられるものであり，一時的な単なる学習時間の確保になってしまう。やはり自発的に英語に触れようという時間を作ることが大事である。そのために大学の授業でできることは何だろうか。

2．グローバル人材教育

そこで，グローバル人材に求められる要素を念頭に，それらの要素を伸ばすことができるような活動を取り入れた授業を試した。前述のとおり，グローバル人材とは，「要素Ⅰ：語学力・コミュニケーション能力」，「要素Ⅱ：主体性・積極性，チャレンジ精神，協調性・柔軟性，責任感，使命感」，「要素Ⅲ：異文化に対する理解と日本人としてのアイデンティティ」という3つの要素を備えた人材である。また，経団連によると，企業の2016年の新卒採用時に重視したポイントは「コミュニケーション能力」「主体性」「協調性」「チャレンジ精神」が過去10年間の上位4項目となっている（図表4-6）。特に，「コミュニケーション能力」と「主体性」は2007年以降需要の伸び続けている項目である。

図表4-6◆「選考時に重視する要素」の上位5項目の推移

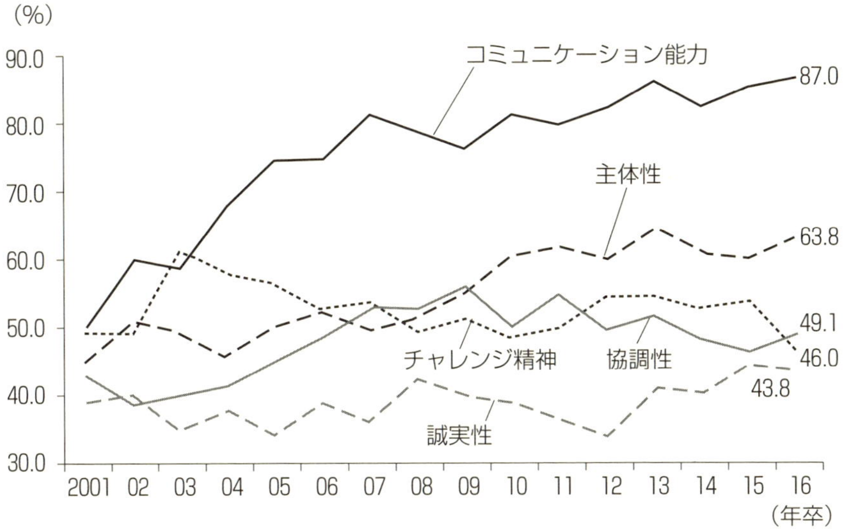

- コミュニケーション能力 87.0
- 主体性 63.8
- チャレンジ精神 49.1
- 協調性 46.0
- 誠実性 43.8

(2001～16年卒)

出所：経団連「2016年度新卒採用に関するアンケート調査結果の概要」。

2.1　英語によるプレゼンテーション

　授業内でどのような活動をすれば，学生の英語学習に対するモチベーションを向上させ，彼らをグローバル人材に導く授業ができるのかを考え，学生からの意見や感想を聞きながら，様々な試みを行った。英語の授業であるので，グローバル人材の要素Ⅰの「語学力・コミュニケーション能力」を高めようというのは自明のことであるが，いろいろな活動を行う中で，学生が最も「英語力がついた」と言うのが，英語によるプレゼンテーションである。中でも効果的に思われたのは，くじ引きでそれぞれ決められた県に，夏休み中に2泊3日の旅行をするというプランを立ててもらい，それをプレゼンテーションしてもらうというものである。1チームは3人で制限時間は3分である。また，全チームのプレゼンテーション終了時には，1番行きたくなった旅行プランを発表したチームをチームごとに決めてもらい，投票で1番を決定した。

　この活動では，グローバル人材の要素Ⅱにある，「主体性・チャレンジ精神・

協調性」などを鍛えることができると考えられる。学生たちからも,「楽しかった」「チームで作業を分担し,協力できてよかった」との感想を得た。また,それぞれの県について調べることで,彼らの住んでいる日本を知ることができる。彼らの感想の中には「よく知らなかった県だが,調べているうちに行きたくなった」「いろいろな県に行ってみたくなった」というものも多く見られた。このような意識は,グローバル人材の要素Ⅲの「日本人としてのアイデンティティ」につながるのではないだろうか。

　また,この授業で初めて英語によるプレゼンテーションをした学生がほとんどであり,感想の中には「良さを伝えるのが難しかった」「もっと練習すればよかった」「次は頑張りたい」との反省もあった。最終的に最もうまくプレゼンテーションができたチームを自分たちで決定させたことで,選ばれたチームは達成感を得,選ばれなかったチームは客観的な評価を知ることができる。2度目からのプレゼンテーションでは,彼らが教室外でも原稿を作り,発音練習をし,タイムマネジメントなどの練習をすることが期待できる。これは教室外で行う課題ではあるが,教師が内容と量を決めて与えるものとは異なり,学生たちが自分たちで決め,主体となって行う学習である。

2.2　海外旅行への興味を活かしたアクティビティ

　グローバル人材育成に貢献できると思われるアクティビティを,もう1つ紹介する。前述のアンケートでは,海外への興味も同時に聞いたが,ここでは特に,学生たちの「海外旅行への興味」に焦点を当ててみる(図表4-7)。「英語が好き」と感じている学生の94.3％が海外旅行に興味があると答え,「英語が嫌い」という学生も80.1％が「海外旅行に興味がある」と答えている。英語が好きな学生が海外旅行に興味があるのは理解に難くないが,英語が嫌いであっても海外旅行に興味のある学生は多いということになる。

　当然,「海外旅行」と言っても,彼らが行ってみたい国はヨーロッパ諸国やアジアの国なども含まれており,英語圏の国だけではなかった。さらに,留学に興味があるとする学生は英語が好きな学生であっても63.8％となり,英語が

図表4-7◆海外旅行への興味

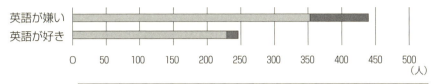

	英語が好き	英語が嫌い
興味あり	230	352
興味なし	16	87

図表4-8◆留学への興味

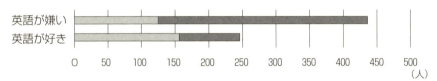

	英語が好き	英語が嫌い
興味あり	157	124
興味なし	89	317

嫌いな学生で留学に興味のある学生となると，その割合は28.1％にまで下がる。しかし，最近の若者が「内向き志向」と言われる中，少なくとも全体でも80％を超える学生たちの海外への興味を英語学習に向けることができれば，それに対する1つのモチベーションとなるのではないだろうか。

　学生たちが海外に興味があると答えた理由は，「料理が美味しそう」「景色がきれいそう」「サッカーが見たい」などであった。まずは海外と海外の文化に興味を持ってもらうことは，英語を学習しようというモチベーションにつながると考えられる。また，海外に興味がない理由として挙げられたのは，「英語ができないから」というものがほとんどであった。英語ができるかどうかとい

うことと，海外に興味を持てるかどうかということは，やはり密接につながっているようだ。

　そこで，イングランドへの旅行ガイドブックを用いた授業を行った[3]。現地の観光地の写真をカラーコピーし，グループごとにその説明文とのマッチングを行う。**資料2**，**資料3**はその作業で配布した資料の抜粋である。それぞれの説明文の中で，ヒントになる表現を読み落とさないことが重要となる。ガイドブックはネイティヴの英語話者向けに作られたものであり，説明文からのみマッチングを完成することは難しい。学生の様子を見ながら，ある程度時間が経ったら，スマートフォン，または携帯電話の使用も許可し，画像を検索して似たような写真を見つけることで，マッチングを完成させる[4]。解答を伝えた後，説明文の中で使われている文法事項を，簡単な英文に直して学習する。また，ガイドブックの「イングランドを旅行する上で必要なこと」のページからの抜粋を訳し，A3の用紙にポスター形式で日本語版のガイドを作ってもらう。それぞれの情報を読み取り，必要な情報を拾い出して日本語にまとめる力を養う（**資料4**）。ここでは，絵を入れたり，色を使ったりして，見やすく楽しそうなポスターを作るように伝える。

　この，グループで行うアクティビティでは，学生たちが日本語訳や絵を描く作業などを分担し，グローバル人材の要素Ⅰの「語学力・コミュニケーション能力」，要素Ⅱの「主体性，協調性」に加え，要素Ⅲの「異文化に対する理解」を養うことができる。旅行のガイドブックで興味を持った学生が，旅行をしようと準備のために英語に触れることになれば，将来的に英語の学習を続けるモチベーションにつながるのではないだろうか。実際，解説の際に用いたイングランド各地の写真には興味を持った学生は多かった。英語が嫌いと感じる学生であっても，この授業をきっかけに，「英語が好き」もしくは「英語を学習しよう」と思えるようになることが可能かもしれない。

おわりに

　グローバル人材を育成するということは，大学にとって新たな課題と言える

だろう。そして，特に英語科目においては，彼らの専門分野に関する資料を読み書きするために英語を学習する以外にも，学内外だけでなく，学生たちからも期待されていることは少なくないように感じられる。そこで本論では，「グローバル人材の育成」という観点から，グローバル人材に必要とされる3要素を念頭に授業を行った。対象となるのは，英語を得意としない学生たちである。英語が得意な学生を対象とすれば，自分の定めた英語レベルに達するためという目的自体が，英語学習のモチベーションになり得るだろうし，他にも異なるアプローチが考えられるだろう。しかし，英語を得意としない学生たちが，将来の自分自身に期待する英語力を満たすためには，「そのレベルに達していたい」という漠然とした希望以外に，具体的なモチベーション維持の方向付けが必要不可欠であると思われる。

　本試みでは，教材を工夫することで学生たちの，「英語に対する興味」をある程度満足させることができたのではないかと思われる。また，それらの教材を用いて行うアクティブラーニングを取り入れることで，「英語に対する自信」と「達成感」を感じさせることが可能となった。「自信」と「達成感」は，語学学習に欠かせない要素である。求められる英語レベルの目安と，彼らの自覚する「現在の英語力」，「将来的に身につけていたい英語力」のズレからわかるように，これらの活動だけでは求められるグローバル人材のレベルには，確かに満たないだろう。しかし，大学1年次の英語授業がグローバル人材育成に貢献することができるという，1つのヒントになったのではないだろうか。今後は社会のグローバル化に伴い，大学でグローバル人材育成が期待されるようになるかもしれない。英語の授業も，英語をどのように学ぶのか，英語以外に何が身につくのかを考え続けなくてはならない。

資料1　アンケート用紙

第1回 アンケート

No.　　　　　　　Name

1. 英語は好きですか。（最も近いものに〇）

　　好き　　　どちらかというと好き　　　どちらかというと嫌い　　　嫌い

2. 1の答えを選んだ理由は何ですか。

3. あなたが大学の英語の授業で力を入れたいのは、どの部分ですか。（3つ以内で）

　　読解　　　英作文　　　リスニング　　　会話　　　発音　　　文法

　　TOEICリスニング対策　　　TOEICリーディング対策　　　その他（　　　　　　　　）

4. あなたの得意な分野はどれですか。（上の例の中から3つ以内で。）

5. 授業以外で1週間に英語の勉強に費やそうと考えている時間はどれくらいですか？
　　　　　　　　　　　　　　　　　　　　　　　　（授業のための予習・復習時間を含む）

　　0時間　　　1〜2時間　　　2〜3時間　　　3〜4時間　　　5時間以上

6. あなたの現在の英語力はどれくらいだと思いますか。（当てはまるもの1つを〇で囲む）

　　中学卒業レベル　　　高校卒業レベル　　　簡単な日常会話ができる　　　日常会話には困らない

　　ビジネスで困らない　　　ネイティブレベル　　　その他（　　　　　　　　　　　）

7. 大学を卒業する頃にはどのレベルになっていることが目標ですか。6の選択肢から1つ選んでください。

8. 将来的にはどのレベルになりたいですか。6の選択肢から1つ選んでください。

9. 大学卒業後の進路はどう考えていますか。

　　就職　　　おそらく就職　　　おそらく大学院進学　　　大学院進学

　　未定　　　その他（　　　　　　　　　　　　　　）

10. 海外へ行ったことがありますか？（どちらかに○）

　　　　はい（→9へ）　　　　いいえ（→10へ）

11. それは、いつ、どこへ、何のために、どれくらいの期間ですか？

12. 海外旅行に興味がありますか？（どちらかに○）

　　　　はい（→13へ）　　　　いいえ（→14へ）

13. 旅行したい国はどこですか？（いくつでも）

14. それはなぜですか？

15. あなたは海外留学に興味がありますか？

　　　　はい（→16へ）　　　　いいえ（→17へ）

16. あなたが留学したい国はどの言語圏ですか？

　　英語　　中国語　　韓国語　　フランス語　　スペイン語　　ドイツ語　　その他（　　　　　　　　）

17. その他、英語そのものや大学の英語の授業について、意見や要望があれば、自由に書いてください。

68　第Ⅰ部　組織論・戦略論

資料2　配付資料①

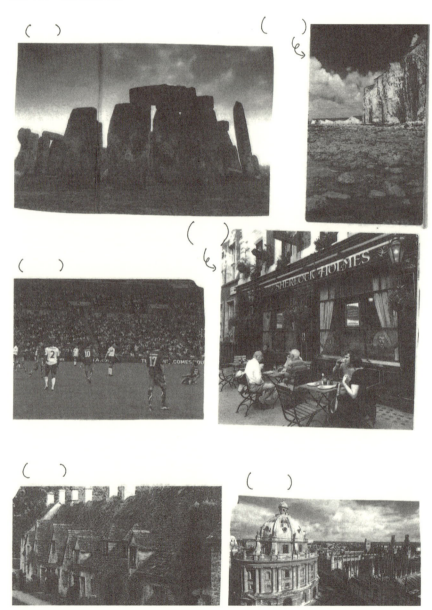

第4章　グローバル人材教育への貢献　　69

資料３　配付資料②

London Eye (p173)

1. You may have eyed up London from altitude as you descended into Heathrow, but your pilot won't have lingered over the supreme views of town that extend in every direction from London's great riverside Ferris wheel. The queues move as slowly as the Eye rotates (there are ways to fast-track your way on), but that makes the occasion even more rewarding once you've lifted off and London unfurls beneath you. Avoiding grey days is the top tip – but with London's notoriously overcast skies that might be a tall order. If you've only a few days in the capital, make this your first stop and you can at least say you've seen the sights. LONDON EYE DESIGNED BY DAVID MARKS AND JULIA BARFIELD

Kew Gardens (p306)

2. Where else in London can you size up an 18th-century 10-storey Chinese pagoda and a Japanese gateway while finding yourself among one of the world's most outstanding botanical collections? Kew Gardens is loved by Londoners for its 19th-century Palm House and other Victorian glasshouses, conservatories, tree canopy walkway, architectural follies and mind-boggling plant variety. You'll need a day to do it justice, but you could find yourself heading back for more. PALM HOUSE, KEW GARDENS

The Lake District

3. William Wordsworth and his Romantic friends were the first to champion the charms of the Lake District (p677) and it's not hard to see what stirred them. The dramatic landscape of whale-backed hills, deep valleys, misty mountain lakes and high peaks (including England's highest summit) makes this craggy corner of the country the spiritual home of English hiking. Strap on the boots, stock up on mint cake and drink in the views: inspiration is sure to follow. Tarn above Elterwater (p695)

Oxford

4. A visit to Oxford (p191) is as close as most of us will get to the brilliant minds and august institutions that have made this city famous across the globe. But you'll catch a glimpse of this rarefied world in the cobbled lanes and ancient quads where student cyclists and dusty academics roam. The beautiful college buildings, archaic traditions and stunning architecture have changed little over the centuries, leaving the city centre much as Einstein or Tolkien would have found it.

Seven Sisters Chalk Cliffs

5. Dover's iconic white cliffs grab the most attention, but the colossal chalky walls of the Seven Sisters (p169) are a much more spectacular affair. This 4-mile roller-coaster of sheer white rock rollicks along the Sussex shore overlooking the waters of the English Channel, an impressive southern border to the South Downs National Park (p169) and most dramatic at the towering headland of Beachy Head. Hikes through the grassy clifftop fields provide wide sea views, breathtaking in every sense.

Bath

6. In a nation packed with pretty cities, Bath (p132) still stands out as the belle of the ball. Founded by the Romans, who established the spa resort of Aquae Sulis to take advantage of the area's hot springs, Bath hit its stride in the 18th century when the rich industrialist Ralph Allen and architects John Wood the Elder and John Wood the Younger, oversaw the city's reinvention as a model of Georgian architecture. Awash with amber town houses, sweeping crescents and Palladian mansions, Bath demands your undivided attention. Great Bath (p313)

The Cotswolds

7. The most wonderful thing about the Cotswolds (p207) is that no matter where you go or how lost you get, you'll still end up in an impossibly quaint village of rose-clad cottages and honey-coloured stone. There'll be a charming village green, a pub with slopping floors and fine ales, and a view of the lush green hills. It's easy to leave the crowds behind and find your very own slice of medieval England here – and some of the best boutique hotels in the country. Arlington Row (p221)

Football

8. Much of the world may call it 'soccer' but to the English the national sport is definitely 'football'. And despite what the fans may say in Italy or Brazil, the English Premier League has some of the finest football teams in the world, with many of the world's best (and richest) players. The most famous club on the planet is still Manchester United (p636), while other big names include rival Manchester City, Arsenal, Liverpool and Chelsea. Tickets to matches are like gold dust, but most stadiums are open to visitors outside match days.

資料4

When to Go

High Season (Jun–Aug)
» Weather at its best. Accommodation rates high, particularly in August (school holidays).
» Roads busy, especially in seaside areas, national parks and popular cities such as Oxford, Bath and York.

Shoulder (Easter–May, mid-Sep–Oct)
» Crowds reduce. Prices drop.
» Weather often good: March to May sun mixes with sudden rain; September and October can feature balmy 'Indian summers'.

Low Season (Dec–Feb)
» Wet and cold is the norm. Snow can fall, especially up north.
» Opening hours reduced October to Easter; some places shut for the winter. Big-city sights (especially London's) operate all year.

Currency
» Pound – also called 'pound sterling' (£)

Language
» English

Driving
» Traffic drives on the left. Steering wheel on the right.

Checklist
» Check the validity of your passport
» Check any visa or entry requirements
» Make any necessary bookings (sights, accommodation, travel)
» Check the airline baggage restrictions
» Put all restricted items (eg hair gel, pocket knife) in your hold baggage
» Inform your credit/debit card company
» Organise travel insurance
» Check mobile (cell) phone compatibility
» Check rental car requirements

Etiquette

» **Manners**
The English have a – sometimes overstated – reputation for being polite, and good manners are considered important in most situations.

» **Queues**
In England, queues ('lines' to Americans) are sacrosanct, whether to board a bus, buy tickets or enter the gates of an attraction.

» **Escalators**
If you take an escalator (especially at tube stations in London) or a moving walkway (eg at an airport) be sure to stand on the right, so folks can pass on the left.

What to Pack
» Passport
» Credit card
» Driver's licence
» Phrasebook
» Plug adaptor (UK specific)
» Personal medicines
» Mobile (cell) phone and charger
» Earplugs
» Toiletries
» Sunscreen
» Sunhat
» Sunglasses
» Waterproof jacket
» Umbrella
» Comfortable shoes
» Padlock
» Torch
» Camera, memory cards and charger
» Pen and paper

Eating

Opening Hours
As a rule, most restaurants serve lunch between noon and 2.30pm and dinner between 6pm and 11pm. Brasserie-type establishments and chains tend to have continuous service from noon to 11pm.

Reservations
→ Make reservations for weekends if you're keen on a particular place or if you're in a group of more than four people.

NEED TO KNOW
Everyone's getting about town on two wheels these days, so why not hop on a Barclays Bike (p405): it's fun, cheap, practical, definitively local and there are docking stations everywhere. All Londoners who travel by public transport invest in an Oyster card, which nets excellent discounts and avoids queues for tickets. On the buses, Routemaster heritage lines 9 and 15 are excellent for sightseeing, so grab a seat upstairs.

Nightlife

Opening Hours
Unless otherwise stated all pubs and bars reviewed in this book open at 11am and close at 11pm from Monday to Saturday and close at 10.30pm on Sunday. Thanks to a change in the law in 2005, some pubs and bars now stay open longer, although most close around 2am or 3am at the latest.
Clubs generally open at 10pm and close between 4am and 7am.

Dress Code
London's clubs are generally relaxed. Posh clubs in areas such as Kensington will want a glam look, so dress to impress (no jeans or trainers); the further east, the more laid-back and edgy the fashion.

〔注〕

1 英語の得意な学生を対象としたアンケートであれば異なる結果が出るのだろうが，「英語が嫌い」という学生に対してどのような英語教育を行ったらよいのかを考えることは，「英語が好き」という学生のモチベーションを高めることを考える以上に有意義なことであろう。
2 これらのアンケートは，いずれも入学直後に4月の英語の初回授業で行っている。
3 イングランドを選択したのは，英語圏の国々の中で，多くの学生たちにとって意外になじみのない土地のようであったことと，近年のイギリスのEU離脱やスコットランドの独立問題など，大きく変化しつつある社会情勢を同時に学習することも可能であるとの考えからである。
4 授業内でのスマートフォンの使用に関しては，拙著（2015）「デジタル機器と共に学ぶ〜学生のスマートフォン利用の現状」『自然・人間・社会』58に考察がある。

〔参考文献〕

England（2013），Lonely Planet Publications Pty Ltd.
London（2014），Lonely Planet Publications Pty Ltd.
Sun, Li（2013），'Culture Teaching in Foreign Language Teaching,' *Theory and Practice in Language Studies* 3(2), pp. 371-375.
駒井洋監修，五十嵐泰正・明石純一編著（2015）『「グローバル人材」をめぐる政策と現実』明石書店．
独立行政法人大学改革支援・学位授与機構編著（2017）『グローバル人材教育とその質保証』ぎょうせい．
西山教行・平畑奈美編著（2014）『「グローバル人材」再考』くろしお出版．
横山悟（2015）「大学における初年時英語教育の効果に関する多角的分析」『千葉科学大学紀要』(8).
吉田文（2014）「『グローバル人材の育成』と日本の大学教育―議論のローカリズムをめぐって―」『教育学研究』81(2).
吉田研作（2017）「英語教育の革新―スキル習得化文化学習化を超えて―」『東北大学高度教養教育・学生支援機構紀要』3．
一般社団法人国際ビジネスコミュニケーション協会（2017）'Data and Analysis 2017'「2016年度受験生と平均スコア」
　　http://www.iibc-global.org/library/default/toeic/official_data/pdf/ DAA.pdf
グローバル人材育成推進会議「グローバル人材育成戦略」
　　http://www.kantei.go.jp/jp/singi/global/1206011matome.pdf

経団連「グローバル人材の育成に向けた提言」
　　https://www.keidanren.or.jp/policy/2011/062shiryo.pdf
―――「2016年度　新卒採用に関するアンケート調査結果の概要」
　　http://www.keidanren.or.jp/policy/2016/108_gaiyo.pdf

第Ⅱ部
企業とステークホルダー

第5章

次世代につなぐ法人（コーポレート）ガバナンス改革

関 孝哉

はじめに

　コーポレート・ガバナンスは「企業統治」の訳が充てられるが，英語でcorporateは営利を目的とする企業のみならず，わが国でいう財団や学校法人等の公益法人も対象となる。今日，法人は1つの大きな社会集団に成長し，その運営体制やプロセスの検討は重要な課題である。このため，組織の統治の本質をとらえ，株式会社であれば利潤の追求といった目的を明確にし，ここから企業価値の最大化を追求する経営が経済活動を活性化させ，株主のみならず従業員，取引先や地域社会といった利害関係者の存在にも大きく貢献するためのコーポレート・ガバナンス論も，単に統治の仕組みを検討するにとどまらない。

　コーポレート・ガバナンス改革は，多くの従業員や取引先を有する巨大な組織である企業を対象とするだけに，改革の実効性を上げるためには企業に大きな影響を持つ消費者，取引先，従業員そして地域社会などの総合的な利益を集約させねばならない。株式会社，特に公開会社の議論では「会社は株主のもの」という主張が根強いが，株式会社は生産手段の所有を認めるという，国民が選択した資本主義の範囲内で認められた存在であり，「会社は株主のものであるがゆえに，株主が優先されるべきで，それ以外の利害関係者の利益は二の次である」との発想は，国民主権のもとではあり得ない。今日の議論では，コーポレート・ガバナンス改革は企業価値の向上につながるとの主張がなされ

第5章　次世代につなぐ法人（コーポレート）ガバナンス改革　　75

ているが，この背景には，戦後，産業資本の供給者としての銀行の役割の変化や，株式持ち合いの縮小などを背景とした株主構成の変化がもたらす株主の客観的な声の高まりもあろうが，企業がみずから引き起こした不祥事等に対する国民の声が強く反映されるようになったこともあろう。

　営利目的および公益を目的とするかを問わず，法人が法人資産の独立性，会社の資産に対する取締役（理事）の責任，株式会社であれば株式の譲渡，残余財産に対する株主の権利といった特徴を持つことは，今では当然のことであるが，歴史を辿ると長い試行錯誤を経て今日の姿にたどり着いていることがわかる。本稿では，コーポレート・ガバナンスを営利企業に限定せず，その管理にあたる者の責任を英国の例に沿い，そして「法人（corporate）ガバナンス」の本質をどう理解し，次世代に引き継ぐべきかを考えることを目的とした。

1．コーポレート・ガバナンスの考え方

　そもそも，コーポレート・ガバナンスはどのように定められるのであろう。1992年に英国の上場会社を対象としてコーポレート・ガバナンスの強化を求めたキャドバリー報告書は，「会社が指揮され，統制されるシステムであり，取締役がその責任を負う」（system by which a company is directed and controlled and directors are responsible）とする定義を採用した[1]。キャドバリー報告書を作成した委員会は，財務諸表の虚偽記載などの不祥事の再発を防ぐため社外からのチェック機能を強化する仕組みとして，取締役会の監督機能と執行機能を明確に分離することを提案している。

　指揮とは戦略の立案であり，統制は指揮を受けて実行された業務執行をチェックし，必要があれば是正することである。すなわち，この定義は経営トップにPDCAを適用したもので，業務執行に対する監督機能としての指揮および統制という，それぞれの役割分担を明確にすることにより，チェック体制の確立を求めたのである。

　さらに取締役がその責任を負う，とした点は，英国の取締役の会社に対する

責任を信託と融合させる考え方から導かれている。会社の本質と，その会社が所有する資産の管理人の責任を明確にするもので，コーポレート・ガバナンスが行き詰まる場合には，この原点に立ち返るよう求めたものといえよう。組織においては，経営者からの指示のもと中間管理層以下には厳格な組織運営が要求されるが，これを指図する経営層にはそのような規律が存在するか，また，存在してもその実効性については疑問が残る。このため，組織の監督にあたる取締役の責任を再確認させた点も重要である。指摘の対象は営利団体である株式会社に限らず，非営利組織や公益団体などにおいても共通するとされ，法人化された資産およびその管理にあたる者の責任が普遍的なものであることを示している。

2．社会における会社の存在とその統治

2.1 あいまいな所有権

　人間は個として生まれ，生きるために食料を求め，外敵から身を守るため住まいを探す。そして安全が確保されると，これを維持し，その蓄えから得られた安定を家族など，周囲の者と共有することがある。また，家族の概念が今日とは異なる社会では，一族の所有という考え方もあっただろう。なぜ，得た蓄えを１人で独占せず仲間と共有するようになったのかは定かでないが，おそらく遭遇した外敵から守るためには，協調が機能するといった事実を経験から学んできたことがあろう。所有という概念が共有されているのである。耕作も複数の人間の協同作業で可能となる。大きな獲物を追い詰めるためには，多くの者が一緒に力をあわせる。そこから獲られたものが１人の人間の所有物ということはないだろう。

　さて，時代が進み，人間社会が拡大すると社会も混雑し，窮屈になれば所有権をめぐる争いも起きる。そこで，自然発生的に所有権をめぐるルールが定められるようになった。法のルールに従う社会の原点である。ただし，法は個人の所有権については明確であるが，共有される財産の扱い，あるいは寿命のあ

る個人が，主に自分の子のために遺す財産の扱いを巡っては，まだ，ひと工夫が必要であった。

　所有権とは，意外に曖昧である。例えば個人商店においても，所有と経営の分離が実在する。一人の経営であれば，自分が所有する店頭に並ぶ商品をみずから勝手に消費しても，だれにも咎められることはない。しかしたとえ家族間であってもその店が複数の人々による共同経営であれば，店頭に並べたものを勝手にとると，それぞれの思惑の異なりから気まずい雰囲気が生じよう。このため店頭に並べてある商品は，「店のモノ」として個人が消費するものと明確に分けておくほうが，店の共同所有者および経営者の間の信頼を維持するためにも，望ましい。

2.2　信託の慣習と仕組み

　所有権の移転に関しては「信託」という，独特の制度が英国にある。一般的に信託とは委託者，受託者，受益者の三者間の関係であること，信託財産の所有権が目的をもって委託者から受託者に移転され，信託された財産の利益を得る者は受益者に属することとされる。慣習上，信託とは設定者（委託者）が信託宣言に基づいて自己の財産を受託者に支配的に帰属させつつ，信託目的に従って，自己あるいは受益者あるいは社会のために受託者をして管理または処分ないし事業の経営をなすべきエクイティの義務（equitable obligation）に従わせる信認関係（fiduciary relation）である[2]。困難な定義[3]に加え，契約にとらわれないためコモンローでは不可能であった救済を与えることに由来するエクイティの法体系は，19世紀半ばにコモンローと統合され今日に至る[4]。

　信託では受託者が中心的な役割を果たす。所有権が移転するので，移転した先の受託者がその財産に対する管理責任，すなわち「受託者責任」という概念が示されることも信託の重要な特徴である。信託の所有権は，一般的な所有権とは変わりないが，受託者の権限は信託目的に従ってのみ行使でき，受託者には大幅な裁量権があるものの，その受託された財産の所有権の行使に際しては厳しい制約の下に置かれる。

信託の先行例としては，英国中世史における十字軍の派遣がしばしば引用される。塩野七生の著書『十字軍物語』に出征兵士の財産管理に関する記述が見られる[5]。十字軍の兵士は，ローマ法王の呼びかけに応じ聖地エルサレムを奪還すべく進軍した。兵士は時の権力者およびこれに属する階層にあって，相応の財産を保有していたが，英国からエルサレムへは往復何年もかかる。このため，当時の最高権力者であるローマ法王は各地の教会に対し，出兵中の兵士の財産，つまり領地や家畜等を教会に移し，教会がそれを管理するよう命じた。出兵中，兵士の家族に領地から得られる農作物等の果実を渡し，彼らの生活を保障する。ここで出征する兵士という委託者，教会という受託者，家族という受益者，この三者の関係を持つ風習ができた。

中世の英国における富裕層の財産は主に土地であり，国王は領主から税を徴収していた。領主は，節税目的で教会の利用（use）のため土地の権利を譲渡するユースと称される仕組みを編み出し，相続や贈与の対策としての効果もあって広がりを見せた[6]。しかし，これを不満とする国王の規制を受けた後，ユースは三者間の関係に姿を変え，やがて今日の信託の仕組みへとつながった[7]。

信託は柔軟な法的考案であるため，定義の如何によっては適用範囲を様々に広げる可能性があり，相続・贈与，慈善（チャリティ）事業などへ応用され[8]，かたちを整えた中世から今日にも活発に利用されている。特に，委託者と受益者が異なる存在であるチャリティは社会制度として定着する過程において，その性格上，信託が最も相応しいと考えられたようだ。1601年に定められたチャリティユース法（1601 Statute of Charitable Uses）はチャリティを貧困救済，教育振興，宗教振興およびその他のコミュニティ利益の増進に分類・再定義し，これらの活動においては登録を求めたが，その背景には信託の考え方がみてとれる。

財産の規模が伴わないチャリティである中等教育学校や慈善団体は，定款にチャリティである目的を明確にすれば，信託の概念に基づくことで設定は可能[9]であった。規模が大きく国の方針に沿った組織の場合は国王の勅許状

（Royal Charter）による法人格を得たものもあるが，後に営利会社に求められた法人化も，チャリティにおいては，巨大な組織を必要とする規模を除き急務ではなかったため，英国ではアメリカのような財団法人が発達せず，本格的に整理されたのは今世紀になってからのことである。

信託が投資や年金制度の世界で幅広く活用されていることは，今日の金融市場において投資信託や不動産信託など，信託の名称を含む金融商品が多数存在していることが示している。英国では産業革命以降，富裕層が拡大したことで金融資産の適切な管理が必要となり，ここに信託が応用された。個人の資産に係る問題であるため，19世紀には投資信託の受託者責任が厳格に明文化され，この考えが信託制度全体に拡大されている。また，資本大衆化とともに年金信託が広がるなか，年金受給者のように受益者がその資産に生活を依存する場合，受託者責任に関する規律も厳格な整備が必要とされた[10]。

2.3 営利を目的とする事業会社

事業活動は人類の歴史のなかでも古くから存在する。また，事業活動に伴う交易も古くはギリシャ，ローマからシルクロードを通じた東西の交流などが知られる。英国の事業会社も，シェイクスピアの「ベニスの商人」を取り上げるまでもなく，地中海諸国の先進経済の影響を受けた。

その英国においては1600年の東インド会社が株式会社の原点とされる。営利を目的とした組織はこれ以前にも存在していたが，東インド会社のコーポレート・ガバナンスは今日の英国，アメリカや英連諸国，それにここから影響を受けた欧州諸国や日本につながる原始的体制を整えていた。東インド会社は当時，制度としては比較的新しいJoint Stock Companyを採用していた。それまで事業を行う際に採用される組織形態は，コモンローのもと出資者が事業を行うPartnershipであったが，東インド会社の場合，所有者と経営者がそれぞれCourt of Proprietors（所有者理事会）およびCourt of Directors（役員理事会）として構成された。前者は今日の株主あるいは株主総会，後者は所有者が選び，その指示を受ける理事であるため，今日の取締役会として位置づけられよう。

当時,東洋との貿易は船により行われていたが,最先端の技術である航海とこれを支配しようとする権力および資金提供者との間を分離する仕組みの都合がよかった。

　貿易を主業とし交易や資本の独占というメリットがある東インド会社のような組織は,特権層に属していたため,会社を設立するためには権力の認可,すなわち当時の英国では国王の許しである勅許状が必要とされた。既述のチャリティにおける勅許状であるが,営利目的の事業会社に与えられる場合,権益の独占といったメリットがあった。

　その後,1689年の名誉革命が議会の地位を確立させたことで,国王による勅許状に加え議会の認可による Joint Stock Company の設立もインフラ強化に必須な基幹産業の間で増え,資本主義を形作る制度の多様化が進んだ。しかし,過剰なバブルによる18世紀初頭の南海泡沫事件の反省から1720年泡沫法が制定され,資本調達と会社設立が規制される。勅許や認可による事業は基幹産業にのみ与えられるようになった。この泡沫法を回避しながら事業を立ち上げるため,複数の投資家が資金を持ち寄り,法人設立に必要であった勅許あるいは議会の認可を避け,法人格を有しないが分割かつ譲渡が可能な証書(Deed)が発行され,所有権が移転された資金は受託者によって管理される仕組みが主流となった。ここでは信託の仕組みが利用され[11],信託とJoint Stock Companyの制度融合が明らかになった。

　18世紀初頭に登場したハノーバー王朝は政治への関心が低く,自由になった経済活動は新規事業分野での活発な起業をみた。この場合,起業家にとってはガバナンス構築が面倒な勅許型Joint Stock Company よりもPartnershipの都合がよかった。蒸気機関の開発で著名なMatthew Boulton およびJames Wattは自らの製品をPartnershipで事業化,大成功を収めた[12]。Stephenson親子も世界初の鉄道に機関車ロケット号を製造するにあたり,Robert Stephenson and Company を設立しているが,これも株式は非公開とされた。

　営利を目的として資金を集めた場合の取締役には,信託の受託者責任との融合が認識されるとともに,株主と取締役の役割の分担から,Partnershipや

Joint Stock Company は，法人格の有無を問わない点，今日の投資信託あるいは投資組合に近い性格を有していたと思われる。

2.4　法人と法人の特徴

　法人の仕組みは，所有権に関するあいまいな点を解決させ得る。例えば食事会から選ばれた幹事が人数分の会費を集め，店に支払うまでの会費の合計の所有権はだれにあるのだろう。他のメンバーは，すでに幹事に対して自分の財布から払っているから，自分の所有権が及んでいるとは考えない。一方，受け取る側のレストランもまだ，合計金額を受領していない。幹事も合計額に対する所有権があるとも思っていない。すなわち，所有権が宙に浮いてしまっているのである。そこで，考えられるのが「法人」の概念である。所有者が明確ではない状態において，だれが所有者であるかを暫定的に決めるため，生身の人ではない「法人」に所有させる考え方につながる。これは，法人としての登記をしない組織における経済活動にもみることができる。

　法人とは，共同企業が外部の個人や企業と結ぶ契約関係を簡素化するために導入された仕組みで[13]，自然人以外で権利・義務の主体たる地位を有するものである[14]。このため法人自体の名において裁判上の権利を行使すること，法人の財産が法人の構成員個人の債権者の責任財産とならないこと，法人の債権者にとって法人自体の財産のみが責任財産となり，法人の構成員個人の財産が責任財産とならないことが挙げられる。法人は生身の人間と異なり永続性が確保されるので，個人的な信頼関係を築く時間的，地理的制約を乗り越えて円滑な社会生活が進められるようになった。今日のように多くの人々が社会生活を営むなか，相互に信頼を築くためルールを定める際に法人制度が果たす意味は大きいが，人格を有しない法人には自然人による管理が必要であり，責任の所在が不明瞭になりやすいという問題がある。管理にあたる者は，法人の財産を処分する権限を与えられるが，管理者および法人財産の間で利益相反が生ずる。このため，法人には法律を通じて社会による承認が必要とされるが，法的な規律がコストとして発生する。

英国においては，勅許が実質的に法人格を与えるものとして機能していたが，小規模のチャリティにおいては法人格を有せず，独自の定款等で運営される場合も少なくなかった[15]。営利事業の場合も産業革命を支えた鉄道，資源などのJoint Stock Companyには勅許，または議会による認可が与えられていたが，この他，法人格を有しないもの，あるいは個人のPartnershipなどが混在していた。しかし一代限りのPartnershipは企業の永続性に不安があり，また同時に発展する金融市場への対応も必要となったことから近代的な法人を規定する仕組みが認識され，1844年には登録制度による法人の設立を認める法が制定された。法はCompanies Actと称され，営利を目的とする商業会社を対象とする印象があるが，英国の会社は，違法な目的のために設立することができないとする消極的要件が規定されているに過ぎない。このため会社法は営利法人に限られず，ここ数年間に整備された英国のチャリティ制度を再編した結果，導入されたCIO (Charitable Incorporated Organisation = 公益法人組織) やCIC (Community Interest Company = 地域利益会社) もこの対象とされる[16]。

3．受託者責任を考える

3.1　法人組織のチェック・アンド・バランス

　法人では，法人資産とこれを管理する者，一般的には受託者であり両者の利害が対立する局面が多々，発生することが指摘される。このため何らかの規律が必要であるが，受託者を律すること，およびそのような利害対立を管理しやすい組織体制の確保が求められる。

　まず，組織体制では主権者によるチェック機能の強化が挙げられる。英国の場合，元来の主権者は「神のご加護による (By the Grace of God)」国王であり，国王はスチュワードシップを負って国を治めるとされた[17]。そして今日，議会が国民を代表する機関となっても，最終的には法人の運営においては主権者に対する説明責任を負う機関が組織のガバナンスに介入できることとされる。

　営利，非営利を問わず社会による承認が必要な法人だが，まだ今日のような

代表民主制が整わない段階では、国王の勅許状が必要であった。勅許状による設立はCambridge（1231年＝第1号）、Oxford（1248年）各大学のようなチャリティから、東インド会社など営利事業会社に対するものが多く含まれた。勅許による法人は今日も新たに設立されるが、19世紀半ばからはチャリティに限定され、活動を続ける約900社はほぼすべてチャリティおよび公益法人で、英国赤十字、英国放送協会（BBC）、British Councilなどの他、病院や教育機関が多い。

一方、勅許や認可を伴わない Partnershipや信託の場合では、受託者を効果的に規律する仕組みが弱い点が指摘される。このため、会社法の対象となる法人はともかく、多くの慈善団体や学校などは勅許、あるいは当局、具体的には19世紀半ばに設立、今日では独立した公的政策執行機関である Charity Commission[18]の管理の下で認可・設立が認められる。

Charity Commissionは、監督の対象となるチャリティのガバナンス体制についてガイダンスを示し、その中心となるのが trustee（受託者）である。これにはdirectors や governors、council、committeeなどが該当し取締役、理事などと訳されるが定訳はない。株式会社における株主のような実質的に影響力を行使しうる社員（member）の存在に欠けるチャリティにおいては受託者の相対的な権限が強く、これを改革する試みも例えば大学のガバナンスにおいてみられるが[19]、一般的には不正行為があった場合に速やかに Charity Commission への報告を義務付けるとともに、公開会社に適用されるコーポレート・ガバナンス・コード[20]に類したチャリティの自主的な取り組みを促すコードが Charity Commissionのオブザーバーのもとに制定され、客観性のある監査委員会の設置や、独立し、かつ多様性を持たせて受託者の任命を最善慣行規範として示される[21]。

一方、株式会社においては出資者、あるいはその後譲渡された株式を取得した株主が取締役を選任する仕組みが制度化されており、受託者を規律する仕組みは株主総会に委ねることで一定の実効性が期待される。勅許制度のもと、所有と経営による二元制度から英国のコーポレート・ガバナンスは、その後、設

立の自由化においても所有者によるチェック体制を維持している。また，強固な規律が求められる営利目的の法人の場合，勅許や議会の承認が必要であったが，1844年の会社法制定以降，登録制とされた法人にはガバナンスの弱点を補強する目的で社員（株式会社の場合は株主）総会，定款自治，情報開示，会計監査，社外理事（株式会社では取締役）といったチェック・アンド・バランスをはかる仕組みが適宜，導入された。

　株式会社におけるガバナンスは，国家のガバナンスの縮図でもある。英国のコーポレート・ガバナンスのモデルともなる国家は，国王を頂点とする既得権益に対する挑戦の歴史であり，マグナカルタを始まりとする国王との定めにより民主主義にたどり着いた経緯を持つ。清教徒革命の一時期を除き一貫して国王の存在を認め続けた発想は，資本主義を貫いて資本家の存在を認めつつ，ここに民主化，および会社を取り巻く利害関係者等への配慮する発想を取り入れたコーポレート・ガバナンス改革を進める流れにも共通しよう。

　このように所有者によるチェック体制が重視されたが，その後の資本主義の展開は資本大衆化および株式保有の分散化から所有と経営の分離という事態を招き[22]，所有者によるチェックが機能しないところが指摘されるようになった。現在はマーケット戦略，財務戦略，人材の活用，内部統制などに長けた経営の専門家が企業経営の主導権を握り，専門経営者の支配が顕著である[23]。株式会社の制度が小さな会社に限られ，かつ社会への影響が限定的な規模における存在であれば，コーポレート・ガバナンスと民主制を比較する意味はないが，会社はきわめて大きな存在であり，大多数の人々は株式会社に勤務し，生活を頼っている。企業も大型化が進み，複雑になると社会的な責任も増大し，企業には民主国家のような合議制に基づいたコーポレート・ガバナンスが求められよう。

　英国とは異なり，民主主義を短期間の革命で勝ち取ったフランスの場合，1807年のフランス商法典は会社の自由な設立を認めたが，あわせて革命の理想であった平等原則・三権分立にならう民主主義的機構を示した[24]。また，ニューヨーク証券取引所も「高度な企業民主主義の維持を上場会社に求め

る[25]」ことを明記している。証券取引所には売上高が中堅国家のGDPに匹敵する企業も上場される。そのような規模の会社であれば，国家並みのガバナンス体制が求められよう。会社制度もこのような考え方に近づいており，現在の体制は18世紀のフランスの哲学者であるモンテスキューが提唱した共和国体制における三権分立[26]にならい，国民が代表を選ぶ議会を株主が選ぶ取締役会，行政府を業務執行，司法を会計監査とする対比がわかりやすい。

　国の運営と企業の運営の間には，存在目的も含めて異なる点が多く存在し，同じレベルで議論するのは正しくないが，会社も規模が大きくなり，社会に与える影響が増大し，多くの株主が存在するようになれば，株主を代表する取締役が集団的な意思決定体制を備え，誤った判断に起因する株主や利害関係者に対する被害を最小限にとどめる責任が伴うと考えるのが自然であろう。会社のコーポレート・ガバナンス体制を選ぶのは，最終的に株主であり，その意思に基づくが，社会に大きな影響を与えうる上場会社のような大規模な会社であればあるほど，取締役会，業務執行それに会計監査の三者がそれぞれ独立し，チェックが機能する組織とするほうが望ましい。

3.2　アカウンタビリティ

　英国における会社法の規律は株式会社に限定されず，財団や教育機関など公益法人も対象とされ，これらの組織を結ぶ重要なキーワードが，信託された財産（資本勘定）に対する受託者の責任である。受託者は信託目的を遂行するために必要な権限を有し，信託目的の範囲内で自己に授与された権限を誠実に行使する限り，何らの抑制を受けない。その責任はフィデュシャリー（fiduciary duty）と称され，注意義務（duty of care）と忠実義務（duty of loyalty）を負う受託者と受益者の間の信認関係（fiduciary relation）で定義とすることも考えられる[27]。

　今日の英国における受託者を律する法はTrustee Actであるが，これが「信託法」ではなく「受託者法」と称される点は，受託者の役割が重視されたことが背景にあるのだろう。風習から発展した信託のため，受託者の責任が成文化

されたのは証券投資信託や不動産信託，あるいは年金信託など信託を応用した金融商品の多様化が進む19世紀以降である[28]が，その考え方はチャリティを含め信託全般に適用される。

19世紀に制定され，2000年に改正された受託者法は，第1条に受託者の義務を以下のように記述する。

> Whenever the duty under this subsection applies to a trustee, he must exercise such care and skill as is reasonable in the circumstances, having regard in particular—
> (a) to any special knowledge or experience that he has or holds himself out as having, and
> (b) if he acts as trustee in the course of a business or profession, to any special knowledge or experience that it is reasonable to expect of a person acting in the course of that kind of business or profession.

信託財産の管理では高潔性や使命感といった本質的には受託者の内面性に依存するものである。しかし，人間の内面は外部から理解しにくいものであるため，これを担保する硬軟とりまぜた2つのアプローチが考えられた。まず，本人の社会的地位の向上あるいはふさわしい報酬の支給というプラスのインセンティブ，第二は義務違反の場合に課す罰則の強化である。

受託者に任命される者の必要条件は，それほど厳格とはされないが，一般的には専門職や組織における経営等の実績を有する者が適当として選ばれる[29]。このため受託者という役割が社会的地位の証であって，各方面で優れた実績を残し，公的な承認として栄誉に浴する者の多くが指名されることが示している。また，その社会的地位および管理する資産との利益相反を適切に管理する意味から，その役割に対しては原則として無報酬[30]であり，有償としても利益とは連動しないとすることが適切とされる。

一方，法制面からの規制は，採用しやすいこともあって広範囲に制定されて

いる。前述した権限の分散といった制度面からの制約に加え，出資者など（社員という）委託者に対する説明責任，すなわちアカウンタビリティの強化が採用されてきた。

アカウンタビリティとは，そもそもアカウント（会計）に対する責任で，株主のような出資者，場合によっては債権者の財産を管理することに伴い発生すると考えられる。株主に対するアカウンタビリティは，基本的には財産管理に伴う責任であるが，これに加え，その財産状況を説明するために求められる情報開示の義務，遂行される職務の統制も含まれると考えられ，このためアカウンタビリティが説明責任と訳される根拠となっている。

情報開示制度は幾多の企業不祥事や市場の暴落を経て，目論見書や年次報告書の整備につながり，アメリカの証券法の制定に大きな影響を与えた[31]。また，資産および情報開示に対して取締役の責任を署名，宣言させることはアカウンタビリティを意識させる効果が期待できる。この方針は，1992年のキャドバリー報告書によって明確にされ，取締役は株主宛て年次報告書でその責任を明記することが求められた。アメリカのサーベンス・オクスリー法もCEOまたはCFOによる宣誓を義務づけ，違反した場合の罰則を強化させることで，アカウンタビリティをより確実なものとさせている。この方法は，統制の費用の増加につながるものの，膨大な情報があふれる資本市場で行われる取引や，勤務先の企業に生計を依存する従業員や取引先など利害関係者に対する安全性および安心感を高める効果も期待される。ただし，罰則によるアカウンタビリティの強化は，市場の高度化や国際化に伴う善管注意義務の多様化に対応しきれるものでもない。加えて要請されたのが，企業が遵守すべき最善慣行規範を示して企業に自主的な遵守を求め，できない場合には説明させる仕組み（Comply or Explain原則）であり，これもキャドバリー委員会の提案によって導入された。

この議論の過程では取締役の役割について，企業の戦略立案とこれにともなう適切なリスク管理，そして組織統制に関わる法令遵守に対する両面が明らかにされた。コーポレート・ガバナンスの定義もこれに伴い，指揮および統制を

担う取締役の責任から，企業価値の最大化に向け，株主以外の利害関係者に責任を果たすべきとの考え方に対する支持が広がっている[32]。キャドバリー報告書を受けて98年に作成されたハンペル報告書は，「取締役は株主に対してはアカウンタビリティを負うが，その他の利害関係者に対してはリスポンシビリティを負う」と示している[33]。同報告書がアカウンタビリティを株主に対する特有の義務であり，その他利害関係者に対する責任とは一線を画すとしたことは注目に値する。

　折しも企業戦略の高度化やコーポレート・ガバナンス体制の強化などから，非財務情報に関する情報開示に対する要望が高まり，財務情報作成の根幹をなす会計基準制度も必要に応じて改訂が進められた。非財務資産の拡大は，残余財産が固定的ではなくなり，評価次第では株主と利害関係者との間のパワーバランスを変化させる可能性を含む。

　2006年に改正された英国会社法はこの点をより明確にし，取締役の責任を明文化するにあたって，近時の企業経営を取り巻く環境と企業に求められる期待を反映するため，会社の繁栄は株主利益に貢献するものであるが，そのためには従業員，取引先および社会全体との強い関係が重要であるとした。「啓蒙的株主価値（enlightened shareholder value）」とされたこの発想は様々な利害関係者の利益を個々に対応するのではなく，エクイティおよびコモンローの判例[34]を包括的にまとめるアプローチを採用し[35]，企業の長期的な競争力の強化およびすべての利害関係者への貢献を目的とした。信託を原点の1つとして持つ株式会社の場合，取締役は株主に対してはコモンロー上の「契約」ではなく，信託の受託者としてのアカウンタビリティを負う。このため，株主に対する責任はすべての契約上の責任を果たした上で評価されるものであるため，株主には残余財産が保証され，損益計算書もこの考えを反映した仕組みとされる。ここは「法人」の本質に迫る議論であり，株主以外の利害関係者と法人である会社の関係が契約で整理されることは理論上可能であっても，実際には多くの従業員が会社の傘下に身を置き，生活を依存することを躊躇しない場合，法人を管理する取締役としても契約では割り切れない対応を迫られる。その過程で取

締役は，幅広い事項に対する注意を払うことによって会社を持続する成功に導く可能性を高めるとの認識であり，幅広い注意には株主の利益のみならず，従業員や環境の利益も考慮しなければならないとする責任が明確にされた。

　このように，従業員をはじめとする利害関係者を取締役の責任とする発想は，信託とコモンローをともに発展させた英国であるから可能であったのだろう。英国では，例えば従業員による経営参加制度もドイツの共同決定法のような手法を不要とし，1970年代には当時の労働党政権によって検討されたこともある[36]。EUとの政策の調和や，従業員に対する責任が契約以上のものであるとの判例[37]もあり，その後，棚上げとされた英国企業に対する従業員参加はメイ政権のもとで仕組みを変え，新たな検討が開始された[38]。株主以外の利害関係者に対する取締役の責任をより，高度化しようとする動きが加速している。

おわりに

　日本のコーポレート・ガバナンス改革は主に公開会社に向けられたものだが，その内容は，従業員，取引先といった利害関係者にも係るものであるため，法令遵守やリスク管理に関する確認のプロセスが大企業から個人や中小企業，あるいは非営利団体等に対して行われるようになった。このため，属性や規模の大小を問わずそのような利害関係者の間にもコーポレート・ガバナンスに対する認識が高まっている。そしてコーポレート・ガバナンス改革の趣旨が社会全体へ浸透するとともに，あらゆる組織を経営する者は自らの責任を一層，意識することになろう。すなわち，「コーポレート・ガバナンス」が「法人ガバナンス」へと拡大することを意味するのである。

　トップに求められる素養は，枠組み作りからその実効性の発揮に求められるようになった。それは法人の本質を信託に求め，ここに由来する受託者責任を意識することである。信託に類した仕組みとしては，日本においても仏教界，藩の制度の一環として委託者および受託者，さらには目的を持った信託に類した制度が存在したといわれる[39]が，そこには，人類の自然の摂理に基づく受託者責任という考え方があったに違いない。英国では中世に遡る信託が今日

の法体系と統合され，受託者責任の本質が今日に続く。日本では明治維新に欧米から法体系を輸入した過程から，日本独自の受託者責任が法制度に編入されなかった[40]。しかし，次世代の育成や災害発生時の助け合いという精神は，信託としてではなくとも日本に歴然と存在する。また，勤勉といわれる国民性は，組織の一員として果たすべき役割を理解している。

組織の上位に立つ経営層の規律は，命令・報告では機能しないため，株主に加え，世間体，従業員の目，取引先，消費者等あらゆる目による監視が必要である。コーポレート・ガバナンスとは，受託者責任につき，その法人をとりまく利害関係者がよく理解し，逸脱する行為がある場合にはこれを正すことができることである。相互理解と尊重こそ，次世代に引き継ぐコーポレート・ガバナンスであるといえよう。

〔注〕

1 Report of the Committee on the Financial Aspects of Corporate Governance（日本コーポレート・ガバナンス・フォーラム訳）p.259
2 海原文雄 p.2
3 Halliwell p.1
4 ベイカー p.86
5 塩野七生『十字軍物語』に「十字軍を主導したローマ法王ウルバン二世は十字軍に発つ者が後に残していく資産，動産・不動産の別なく資産の帰国までの保全は，ローマ法王が保証人になり，その者が属する教区の司祭が実際の監視の責任を負うと公会議で決定している。」の記述がある。当時の法王庁の政治的な思惑を割り引いても，受託者責任の背景には，宗教観に基づく意識が源流にあることが想像されよう。
6 ケッツ p.8
7 田中 p.15
8 Stebbings p.3
9 齊藤 p.6，p.151以降
10 英国法を受け継ぐアメリカでは，信託の体系を明文化させるとともに，年金信託の規律を求めた「従業員退職所得保障法（Employee Retirement Income Security Act）」が1974年に制定されている。
11 Freeman p.54

12　Micklethwait p.48
13　岩井 p.63
14　江頭 p.26
15　齊藤　基金立学校
16　中村信男（2014）「新版英法系諸国の会社法」『国際商事法務』42(9)，pp.1365-1373
17　シェイクスピアは史劇，「リチャード二世」第三幕第三場において，反乱者に対峙する主人公に次のように述べさせている

　　　　　　　Because we thought ourself thy lawful king：
　　　　　　　And if we be, how dare thy joints forget
　　　　　　　To pay their awful duty to our presence?
　　　　　　　If we be not, show us the hand of God
　　　　　　　That hath dismiss'd us from our stewardship;

　　坪内逍遥はキャドバリー報告書も引用した，stewardshipを「御代理」と訳した。神の委託を受けて国王がその代理として国を統治する。国王は神の代理であるが，代理に過ぎない。責任感と謙虚さこそ，受託者に求められる資質であるとシェイクスピアは言いたかったのだろうか。
18　英国チャリティp.48　チャリティに登録を求め，監督や処分等の規制権限を行使する。
19　https://www.timeshighereducation.com/blog/four-ages-uk-university-governance
ウェブ内で引用されたワーキング・ペーパーは以下の通り。
http://www.researchcghe.org/perch/resources/publications/wp13.pdf
20　UK Corporate Governance Code　キャドバリー委員会報告書の勧告が提案。1998年に制定され今日に至る。
21　チャリティ諸団体による策定。実効性強化のためApply or Explain 原則が適用される。
https://www.charitygovernancecode.org/en
22　Berle and Means p.47
23　Chandler p. 5
24　鈴木竹雄（1981）『会社法』有斐閣 p.39
25　New York Stock Exchange, Listing Company Manual, Rule 301.00は次のように示している。

301.00 Investors expect that if a company's shares are listed on the New York Stock Exchange, the company has complied with specified financial standards and disclosure policies developed and administered by the Exchange. In addition, consistent with the Exchange's long-standing commitment to encourage high standards of corporate democracy, every listed company is expected to follow certain practices aimed at maintaining appropriate standards of corporate responsibility, integrity and

accountability to shareholders.
26　モンテスキュー　野田良之他訳『法の精神』（1748年）岩波文庫（1989年）p.291以降
27　樋口範雄『フィデュシャリー「信認」の時代』有斐閣（1999年）p.187
28　Stebbings p.1
29　チャリティ・コミッションのウェブサイトより
　　https://www.gov.uk/guidance/trustee-board-people-and-skills
30　Stebbings p.30
31　黒沼 p.2
32　OECD p.41
33　Directors' relationship with the shareholders is different kind from their relationship with the other stakeholder interests. The shareholders elect the directors. As the CBI put it in their evidence to us, the directors as a board are responsible for relations with stakeholders; but they are accountable to the shareholders.
　　Hampel Report "Committee on Corporate Governance", Gee Publishing Ltd, 1998 p.12
34　Sealy and Worthington p.283
35　Worthington pp.439-458
36　川内克忠「イギリス会社法と経営参加の原理」『早稲田法学』第54巻第1・2号（1978年）p.135
37　University of Nottingham v Fishel, Stafford and Ritchie（2015）p.97
38　2017年8月29日，英国政府は次期コーポレート・ガバナンス・コードの改訂に向け役員報酬と従業員の賃金比率の公表，従業員等の経営参加を含めることを公表した
　　https://www.gov.uk/government/news/world-leading-package-of-corporate-governance-reforms-announced-to-increase-boardroom-accountability-and-enhance-trust-in-business
39　新井 p.25
40　小平 p.4

〔参考文献〕

Berle, Adolf A. and Gardiner C. Means（1932）, *The Modern Corporation and Private Property*, Transaction Publishers, originally by Harcourt Brace & World（北島忠男訳『近代株式会社と私有財産』文雅堂銀行研究社 1986年）.

Cadbury, Sir Adrian（2002）, *Corporate Governance and Chairmanship - A personal view*, Oxford University Press（日本コーポレート・ガバナンス・フォーラム英国コーポレート・ガバナンス研究会専門委員会『トップマネジメントのコーポレート・ガバナンス』

シュプリンガー・フェアラーク東京 2003年).

Cadbury Report: Report of the Committee on the Financial Aspects of Corporate Governance（1992), Gee（キャドバリー報告書)（日本コーポレート・ガバナンス・フォーラム編『コーポレート・ガバナンス―英国の企業改革―』商事法務研究会 2001年).

Chandler, Alfred D.（1977), *The Visible Hand, The Managerial Revolution in American Business,* The Belknap Press of Harvard University Press（鳥羽欽一郎・小林袈裟治訳『経営者の時代』東洋経済新報社 1979年).

Freeman, M., R., Pearson & J. Taylor（2012), *Shareholder Democracies? Corporate Governance in Britain & Ireland before 1850,* The University of Chicago Press.

Halliwell, Margaret, Ed.（2001), *Equity and Trust,* Old Bailey Press.

Holland, Rupert Sargent（1904), *The Modern Law of Charities as Derived from the Statute of Charitable Uses,* The American Law Register.

Micklethwait, John and Adrian Wooldridge（2005), *The Company,* Phoenix.

Organisation for Economic Co-operation and Development（OECD), *Principles of Corporate Governance,* （1999, rev 2004)（日本コーポレート・ガバナンス・フォーラム編、OECD東京センター協力『OECDコーポレート・ガバナンス―改定OECD原則の分析と評価』明石書店 2006年).

Sealy, Len and Sarah Worthington（2008), *Cases and Materials in Company Law,* Oxford University Press.

Stafford, Andrew and Stuart Ritchie（2015), *Fiduciary Duties: Directors and Employees,* Jordan Publishing.

Stebbings, Chantal（2002), *The Private Trustee in Victorian England,* Cambridge University Press.

新井誠『信託法（2014）【第4版】』有斐閣

岩井克人（2003）『会社はこれからどうなるのか』平凡社．

江頭憲治郎（2015）『株式会社・有限会社法【第6版】』有斐閣．

海原文雄（1998）『英米信託法概論』有信堂．

黒沼悦郎（1999）『アメリカ証券取引法』弘文社．

ケッツ，ハインツ著 三菱信託銀行信託研究会訳（1999）『トラストとトロイハント』勁草書房．

（公財）公益法人協会（2015）『英国チャリティ―その変容と日本への示唆』．

小平敦（2002）『信託の源像』紀伊國屋書店．

近藤光男（2002）『最新株式会社法』中央経済社．

齊藤新治（1997）『中世イングランドの基金立文法学校成立史』亜紀書房．

塩野七生（2010）『十字軍物語』新潮社.
鈴木竹雄（1981）『会社法』有斐閣.
田中實・山田昭（1989）『信託法』学陽書房.
樋口範雄（1999）『フィデュシャリー「信認」の時代』有斐閣.
フランケル，タマール著 三菱UFJ信託銀行Fiduciary Law研究会訳（2014）『フィデューシャリー「託される人」の法理論』弘文社.
ベイカー・ジョン著 小山貞夫訳（1975）『イングランド法制史概説』創文社.
ヘイトン，デイヴィッド著 三菱信託銀行信託研究会訳（1996）『信託法の基本原理』勁草書房.
モンテスキュー著 野田良之他訳（1989）『法の精神』岩波文庫.

第 6 章

日本の株式発行市場の現状

高見 茂雄

はじめに

　企業の新株発行による資金調達の実証研究は，負債調達との選択の観点，株式発行時のタイミングの観点，あるいは行動ファイナンス的観点の角度などから行われている。最近の研究としては，Floros and Sapp (2012) は公募増資と私募増資の違いを情報の非対称性の視点で論じている。Boulton and Campbell (2016) は，IPOの成功で経営者が自信過剰になり，以後の公募増資で実需を超える資金調達を行いがちであり，そのことは企業価値減少につながるとしている。Hovakimian and Hu (2016) は，SEO[1]時に既存機関投資家株主が引き受ける事例が多く，企業は必ずしも既存株主が満足するタイミングでは新株発行を行っていないとしている。Duca (2016) は，IPO後公募増資の成功事例が蓄積されることで，投資家は企業を支持する傾向に向かうことを指摘している。Larrain and Urzua (2013) は，多くの大口既存株主が公募増資に参加することにより，発行後のリターンが高くなることを示している。Bengtsson et al. (2014) によれば，PIPEでは，ヘッジファンド等が増資価格の変更権を乱用することから，SECは2002に規制を強化した。そのため新株発行件数は減少したとしている。このように個別マーケットでの新株発行の実証研究は多いが，IPO，IPO後の公募，私募発行の3種のマーケットにおける企業の資金調達行動を横断的に比較した研究は調べた限りではみられない。

一方，日本の株式発行市場の研究は，鈴木（2017）のような体系的研究はみられるものの，ほとんどが法律分野の文献が占めている。そもそも，日本の株式発行市場の実証研究が数少ないことの一つには，活用できるデータが整備されていないこともあると考えられる。そこで，日本の株式発行市場の研究を進める上で，その実態を把握しておく必要がある。戦後の日本の株式発行市場をレビューするいくつかの文献[2]では，暦年別に，公募増資，第三者割当増資，株主割当，新株予約権行使，優先株などを対象に，件数と資金調達額をまとめた表が掲げられている。しかし，そのデータから戦後の大きな流れを説明している範囲にとどまっており，リーマンショック以降9年間をとらえたものはみられない。日本証券経済研究所（2016, p.40）は，「その後〈1996年以降〉も公募増資の低迷は続いていたが，08年からの金融危機を受け，弱体化した財務基盤を強化すべく企業の公募増資が09年に活発化した。」とのコメントにとどまっている。これらの文献で掲げている表は，日本取引所グループ（東証）のホームページの「上場会社資金調達額」のうち「資金調達額」というタイトルの，毎月更新されるExcelファイルデータをもとにしているが，日本企業が海外で発行した分や地方の証券取引所での上場企業の分が含まれていない。また，第三者割当増資の捕捉も不十分であるように思われる。そこで，本研究では個票データベースの日本経済新聞社NEEDS企業ファイナンス関連データのうち，「時価発行増資」と「第三者発行増資」を活用し加工・分類を進め，集計データを補完する。そして，時系列分類に加え，企業属性で日本の株式発行市場の特徴を明らかにする。ただし，株主割当，新株予約権行使，優先株については，件数が少ないため割愛し，3種のマーケット，すなわち，公募のうちIPOとPO（IPO後の公募発行），そして私募発行である第三者割当増資を対象とする。

　本論文の構成は以下の通りである。第1節では，東証データと日本証券業協会の集計データから作成した暦年別の発行状況表を突き合わせる。第2節では日経NEEDS個票データから同様の暦年別発行状況表を作成し，株式発行市場をより詳細に把握する。第3節では，暦年別集計データでは把握できなかった業種別，企業規模別，社齢別ブレークダウンを用いてさらに状況把握を試みる。

そして，第4節では，結論と課題について述べる。

1．集計データベースからの暦年別発行状況表

本論文では，2007年のリーマンショックの直前から現在までの，株式発行市場の現状を明らかにすることを目的と定める。そのため，件数の少ない株主割当（ライツオファリング）や優先株は対象から除き，公募増資と第三者割当増資に絞る。そして，公募増資のうちIPOとPOでは，発行企業と投資家の動機も異なるマーケットと考えられることから2分する。暦年は2004年から2016年までとする。

1.1 東証データベースの発行状況表

図表6-1は前述の日本取引所グループが提供しているExcelファイルのうち，「上場会社資金調達額（年間）」を原データとして，IPO，PO，第三者割当増資に分け，暦年別に件数と資金調達額を掲げている。

一見して，2006年以前のIPOとPOのデータが欠落していることがわかるが，これは原データでのIPO内訳は2007年からしか記載されていないことによる[3]。前述のように，(9)欄を見ると2009年に5.7兆円，2010年に3.8兆円とそれ以前の高々1兆円台に比べると，市場規模が拡大している。そのことはPO（(5)欄）での4.9兆円，3.1兆円に大きく依存する。このように，公募をIPOとPOに分類することで株式発行市場の牽引役が明らかになった。

ただし，2011年以降ではPOの発行額水準は変動し，2016年では0.8兆円に低迷する。件数データも同様の傾向にある。このように，東証データベースだけでも，マーケット別暦年別で特徴が現れているが，2006年以前の公募内訳が不明な点と，第三者割当増資の捕捉が足りない点で限界がある。そこで，日本証券業協会の集計データを次に扱う。

図表6-1◆株式発行状況表（東証）

暦年	公募IPO		公募PO		第三者割当増資		合計	
	件数	調達額合計（億円）	件数	調達額合計（億円）	件数	調達額合計（億円）	件数	調達額合計（億円）
(1)	(2)	(3)	(4)	(5)	(6)	(7)	(8)	(9)
2004					129	5,726	207	13,229
2005					150	7,781	224	14,289
2006					145	4,165	214	18,642
2007	23	709	37	3,861	117	6,621	177	11,191
2008	19	314	8	3,103	93	3,958	120	7,375
2009	9	225	43	49,443	115	7,146	167	56,814
2010	11	2,013	39	31,076	88	5,356	138	38,445
2011	20	1,112	25	8,566	66	3,952	111	13,630
2012	29	320	24	4,197	71	1,593	124	6,111
2013	47	3,735	67	7,402	151	3,719	265	14,856
2014	66	2,347	63	11,433	190	3,928	319	17,708
2015	79	831	52	8,789	187	1,635	318	11,255
2016	72	1,758	23	819	151	6,230	246	8,807
通年平均	37.5	1,336.5	38.1	12,868.9	127.2	4,754.7	202.3	17,873.3

出所：東証「上場会社資金調達額（年間）」を加工。

1.2 日証協データベースの発行状況表

　日本証券業協会もホームページで，「全国上場会社のエクイティファイナンスの状況」のデータを継続的に提供している。集計範囲は地方証券取引所上場の企業の発行，上場企業の海外での発行や投資法人（REIT）の発行も含むので，東証データベースより範囲は広い。また，第三者割当増資の件数，発行額とも大きくなっているが，集計対象は明示していない。**図表6-2**は，これを原データとして，同じフォーマットで集計加工したものである。

　図表6-1で欠落していた2006年以前の公募増資内訳の情報が得られ，リーマンショック以前の2006年でもPO形態での発行は1.6兆円の規模があり（(5)欄），2007，2008年と3,000～4,000億円の規模に縮小することが読み取れる。た

だし，2009年からの動きは，2.7兆円，1.8兆円と拡張することは，図表6-1と同様であるが，図表6-1よりかなり低い水準にある。概して，図表6-2では図表6-1のデータベースより広範囲で，件数，調達額がより大きくなり，特に第三者割当増資の部分が該当するが，ここでは反対に小さくなっている。これは，両者の集計対象が異なることによるが，得られる限りの情報では，両者とも詳細な基準はわからない。そこで，第2節では，新株発行事案ごとの個票データを集計することで，より正確な発行市場の現状を把握する。

図表6-2◆株式発行状況表（日証協）

暦年	公募IPO		公募PO		第三者割当増資		合計	
	件数	調達額合計（億円）	件数	調達額合計（億円）	件数	調達額合計（億円）	件数	調達額合計（億円）
(1)	(2)	(3)	(4)	(5)	(6)	(7)	(8)	(9)
2004	171	4,215	162	9,838	321	22,050	654	36,102
2005	157	4,023	126	8,620	371	25,453	654	38,096
2006	181	5,948	112	16,372	313	12,183	606	34,503
2007	117	1,765	55	4,388	245	21,172	417	27,325
2008	48	432	16	3,289	183	17,422	247	21,143
2009	17	339	46	27,198	234	12,543	297	40,080
2010	21	2,068	44	17,556	220	7,131	285	26,754
2011	37	1,285	38	5,020	194	5,456	269	11,761
2012	45	392	38	3,913	195	13,234	278	17,540
2013	55	3,779	104	10,672	271	5,892	430	20,343
2014	74	3,462	83	12,449	296	6,911	453	22,823
2015	86	913	74	15,234	274	6,166	434	22,313
2016	81	1,906	28	926	271	8,185	380	11,017
通年平均	83.8	2,348.4	71.2	10,421.0	260.6	12,599.8	415.7	25,369.2

出所：日証協「全国上場会社のエクイティファイナンスの状況」を加工。

2. 日経NEEDSデータベースからの暦年別発行状況表

　ここで分析対象とする個票データとは，個々の企業の発行事例の新株発行開示資料であり，目論見書等が原情報にあたる。この情報をExcelフォーマットに転記したのが，日本経済新聞社NEEDS企業ファイナンス関連データであり，このうち「時価発行増資」と「第三者割当増資」を原データとして，加工集計を加えて分析する。これらデータベースは1960年代からの新株発行を中止分も含め網羅しているが，本論文では，第１節の図表と合わせ，2004年１月から2016年12月までの13年間に限定する。関連する財務データが電子的に入手しやすく，かつ2008年のリーマンショック以前の暦年も含むことを意図して，この期間に限定した。新株発行実行分5,113件をカウントする。

　図表６−３は図表６−１と図表６−２と同様のフォーマットで暦年別に集計した結果を示す。加工の過程で特記すべき事柄がある。IPOもPOもオーバーアロットメント分は，概ね１カ月以内に引受証券会社が引受清算しているが，投資家の需要が公募の募集額を上回っていたことを意味する。この分は第三者割当増資に該当し，図表６−１と図表６−２の(6)と(7)欄に含まれている。しかし，これらは公募市場の補完として位置付けられるべきであるから，該当分をIPOやPOに帰属させた[4]。

　図表６−３は図表６−１でのIPOデータの欠落や第三者割当増資の捕捉率の低さを補い，図表６−２での第三者割当増資の過大計上を緩和している。また，図表６−２で指摘した2009年のPOの局所的過少計上は5.2兆円（(5)欄）と図表６−１より多く，問題点を解消している。個々の企業は規模が異なるので，市場の活況度をみるには，年間調達額総額よりも発行件数によるべきである。そこで，まず件数の通年平均でみると，IPO，PO，第三者割当増資は100件台前半でどれもあまり変わらず，３つの市場でとりわけ一つが活況というわけではない。2004〜2006年の時期では合計600件以上の新株発行があったが（(8)欄），どの市場も等しく活況であった。しかし，その後の2008年の金融危機から2011

第6章　日本の株式発行市場の現状　101

図表6-3◆株式発行状況表（日経NEEDS）

暦年	公募IPO		公募PO		第三者割当増資		合計		参考	
	件数	調達額合計（億円）	件数	調達額合計（億円）	件数	調達額合計（億円）	件数	調達額合計（億円）	TOPIX年平均	日経平均年平均
(1)	(2)	(3)	(4)	(5)	(6)	(7)	(8)	(9)	(10)	(11)
2004	225	5,441	237	12,500	150	6,534	612	24,475	1,120	11,179
2005	215	6,853	219	12,793	202	10,102	636	29,748	1,270	12,423
2006	248	11,958	208	21,092	152	4,123	608	37,174	1,626	16,110
2007	148	2,153	121	8,499	167	7,944	436	18,596	1,664	16,996
2008	61	416	36	4,703	156	7,857	253	12,976	1,188	12,151
2009	24	323	109	51,753	169	4,193	302	56,269	869	9,346
2010	27	1,084	104	33,582	119	6,970	250	41,637	885	10,006
2011	53	1,220	90	11,234	71	4,089	214	16,543	821	9,425
2012	77	2,957	82	6,680	63	1,272	222	10,909	769	9,103
2013	101	7,507	218	15,114	92	3,194	411	25,814	1,126	13,578
2014	125	4,597	203	17,725	86	2,716	414	25,039	1,264	15,460
2015	152	2,024	185	15,507	86	917	423	18,448	1,554	19,204
2016	145	4,863	109	6,149	78	5,891	332	16,903	1,356	16,920
通年平均	123.2	3,953.5	147.8	16,718.0	122.4	5,061.7	393.3	25,733.2		

出所：日本経済新聞社NEEDS企業ファイナンス関連データを加工。

年の東日本大震災までは合計件数で200～300台と低迷する。この時期はIPOで100件未満と低迷するが，POと第三者割当増資がIPOの低迷を補っており，株式発行市場は維持されていたといえる。ここまでの流れは，(10)，(11)欄の株価平均の流れとほぼ対応する。ただし，最後に，2012年以降の動きをみると，IPOは100件台（(2)欄）に回復したが，POの2016年で109件（(4)欄）に低迷し，第三者割当増資でも恒常的に100件未満の年度が続いており（(6)欄），株価平均の上昇基調とは必ずしも一致していない。

　一方，調達合計額をみると，3つのマーケットのいずれも，年度ごとの変動は件数より大きい（(3)，(5)，(7)欄）。これは該当年度に大口の発行事例がある場

合に大きく依存するためである[5]。しかし、全期間を通した1件当たりの平均調達額（百万円）を計算すれば[6]、それぞれ、32.1億円、113.1億円、41.4億円と、POの規模が大きく、業種、企業規模、社齢などの発行企業の基本的属性に依存すると考えられる。そこで、第3節ではこれらの基本属性によりブレークダウンを行い、発行状況把握につとめる。

3. 基本属性別発行状況表

企業属性を示す変数は、ROA, ROEなどの利益、株価と関連付けたPER, PBRなどの倍率、株主持株比率など多数あるが、広範囲に網羅し卑近な情報として、業種、企業規模、社齢が挙げられる[7]。

3.1 業種別発行状況表

図表6-4は日経NEEDSデータベースにもとづき、東証分類の業種別に3つのマーケットの発行状況を表している。図表6-4は図表6-3と共通のデータベースにつき合計欄の件数(3), (5), (7), (9)欄は図表6-3の(2), (4), (6), (8)欄に13年を乗じた数値と一致する。一方資金調達額(4), (6), (8), (10)欄は、業種別の変動をみるため、1件当たりの平均調達額（百万円）に替えている。

件数合計(9)欄をみると、200件を超える業種は、電気機器、情報・通信業、卸売業、小売業、不動産業、サービス業、REITである。これらは一般的にリスクの高い業種とされるので、負債調達以外に新株発行に資金調達手段を求めているといえる。ただし、3つのマーケットの比重は異なる。IPOで100件以上の業種は、情報・通信業、小売業、不動産業、サービス業、REIT、POで100件以上の業種は、電気機器、卸売業、小売業、不動産業、サービス業、REITであり、電気機器の企業では新規上場は少ないがその後公募増資を繰り返すことが多く、情報・通信業ではIPO後の公募増資が少ない。POの件数が多い業種は第三者割当増資の件数も多い傾向にあるが、情報・通信業では、291件と多く（(7)欄）、公募増資の代替として第三者割当増資で補っているよう

第6章 日本の株式発行市場の現状 103

図表6-4◆業種別発行状況表

業種	対象社数	公募IPO 件数	公募IPO 平均調達額（百万円）	公募PO 件数	公募PO 平均調達額（百万円）	第三者割当増資 件数	第三者割当増資 平均調達額（百万円）	合計 件数	合計 平均調達額（百万円）
(1)	(2)	(3)	(4)	(5)	(6)	(7)	(8)	(9)	(10)
水産・農林業	6	5	229	3	4,909			8	1,984
鉱業	6	2	3,521	5	105,223	5	2,552	12	45,493
建設業	79	30	698	30	6,517	69	2,807	129	3,179
食料品	50	24	12,308	24	2,449	36	2,659	84	5,356
繊維製品	21	1	407	9	14,777	25	1,878	35	5,153
パルプ・紙	10	3	1,281	6	2,721	6	7,190	15	4,221
化学	77	37	1,151	66	4,734	38	4,625	141	3,765
医薬品	37	39	3,771	32	2,576	30	2,694	101	3,072
石油・石炭製品	6	3	37,611	12	7,676	3	35,193	18	17,251
ゴム製品	4			4	4,904	6	2,177	10	3,268
ガラス・土石製品	20	3	7,587	19	6,317	13	1,312	35	4,567
鉄鋼	14	5	4,030	9	9,772	14	4,823	28	6,272
非鉄金属	24	10	1,647	16	2,779	16	4,729	42	3,252
金属製品	27	11	6,093	21	6,956	8	1,764	40	5,681
機械	83	49	1,125	74	5,802	41	2,848	164	3,666
電気機器	128	49	5,823	112	15,241	120	7,841	281	10,438
輸送用機器	41	9	5,379	46	15,104	23	21,786	78	15,952
精密機器	37	24	939	29	6,525	41	2,439	94	3,316
その他製品	43	32	903	31	1,995	32	1,437	95	1,439
電気・ガス業	12	5	3,765	24	22,300	4	1,149	33	16,928
陸運業	17	5	855	32	7,895	2	797	39	6,628
海運業	7			8	21,929	4	3,072	12	15,643
空運業	6	3	3,462	13	43,931	7	81,093	23	49,963
倉庫・運輸関連業	12	9	1,320	6	1,128	1	5,102	16	1,485
情報・通信業	338	345	1,539	78	4,032	291	1,790	714	1,914
卸売業	155	85	616	116	4,921	115	2,111	316	2,740
小売業	285	191	1,032	211	3,464	208	2,196	610	2,270
銀行業	52	6	1,804	67	83,405	7	50,552	80	74,410
証券，商品先物取引業	37	26	3,055	31	35,010	29	2,704	86	14,455
保険業	9	6	6,699	12	40,336	6	6,073	24	23,361
その他金融業	44	26	1,480	19	7,392	40	17,988	85	10,570
不動産業	149	120	2,478	165	6,688	125	2,741	410	4,253
サービス業	329	326	750	132	4,656	202	1,728	660	1,830
その他（REIT）	74	112	21,475	459	10,083	24	10,083	595	12,228
業種平均または合計	2,239	1,601	3,210	1,921	11,314	1,591	4,136	5,113	6,543

出所：日本経済新聞社NEEDS企業ファイナンス関連データを加工。

に思われる。

　平均調達額(10)欄をみると，件数の傾向とは異なっている。鉱業454億円，空運業が499億円，銀行業が744億円と断トツであり，これらは件数でごく少なく，平均調達額では特にPOで大きい傾向にある。逆に，IPOの件数が断トツであった情報・通信業では19億円と最低水準の業種の一つである。

　図表6-5は業種ごとのIPO後のPOまたは第三者割当増資による資金調達実績を表している。

　(3)欄の「ファンディング回数」とは，企業単位でIPO後何回POやPPを行ったかをカウントし，それを業種単位で集計した数値，(4)欄の「上場維持期間」とは，企業単位でIPOあるいは2004年1月の遅い方を始期，上場廃止あるいは2016年12月の早い方を終期とし上場維持期間（年数）をカウントし，それを業種単位で集計した数値，そして，(5)欄の「年あたり回数」は企業単位で，(3)/(4)を示している。全体標本の「年あたり回数」(5)欄を見ると，特殊要因にもとづく鉱業，空運業，その他（REIT）を除き0.1台の業種が多く，高々0.21の不動産業があるのみである。全体標本をIPOのみの企業とそれ以外に分けてみると，「IPOのみ」の対象社数をみると，**図表6-4**でIPOの件数の多かった情報通信業167件とサービス業179件で突出している（(6)欄）。また，それらは上場維持期間が5.6年，5.9年と短い（(7)欄）。「IPOのみを除く」の「年あたり回数」をみると，企業規模の大きな企業から構成される空運業が0.32と高い（(11)欄）。ただし，情報・通信業も0.23と相対的に高く，業種内の企業規模や社齢のばらつきから業種平均値が押し上げられている可能性もある。そのため，業種の平均的な姿だけでは，発行状況を説明することは難しい。そこで，次節以降は業種内の構成度合いを検討すべく，個別企業の代表的基本属性である企業規模と社齢を考察する。

3.2　企業規模表

　企業規模を示す統計としては，売上高や従業員数もありうるが，多くの研究が用いている総資産額の対数を採用する。ここでは，発行時直前の決算期に

第6章 日本の株式発行市場の現状

図表6-5◆IPO後の資金調達実績（業種別）

業種	全体標本				IPOのみ		IPOのみを除く			
	対象社数	ファンディング回数	上場維持期間	年あたり回数	対象社数	上場維持期間	対象社数	ファンディング回数	上場維持期間	年あたり回数
(1)	(2)	(3)	(4)	(5)	(6)	(7)	(8)	(9)	(10)	(11)
水産・農林業	6	0.67	7.6	0.09	2	8.3	4	1.00	7.2	0.14
鉱業	6	1.67	7.5	0.22	1	7.0	5	2.00	7.6	0.26
建設業	79	1.49	8.5	0.18	15	4.9	64	1.84	9.3	0.20
食料品	50	1.08	9.3	0.12	11	4.8	39	1.38	10.5	0.13
繊維製品	21	1.76	10.1	0.18	3	8.5	21	1.76	10.1	0.18
パルプ・紙	10	1.00	10.7	0.09	19	7.8	7	1.43	11.6	0.12
化学	77	1.10	10.3	0.11	0	0.0	58	1.47	11.1	0.13
医薬品	37	1.27	7.5	0.17	14	4.1	23	2.04	9.5	0.21
石油・石炭製品	6	1.50	11.2	0.13	1	10.1	5	1.80	11.4	0.16
ゴム製品	4	2.25	13.0	0.17	0	0.0	4	2.25	13.0	0.17
ガラス・土石製品	20	1.40	11.2	0.12	1	11.2	19	1.47	11.2	0.13
鉄鋼	14	1.57	11.3	0.14	3	8.2	11	2.00	12.1	0.17
非鉄金属	24	1.13	10.2	0.11	5	7.9	19	1.42	10.7	0.13
金属製品	27	0.96	11.0	0.09	7	8.6	20	1.30	11.8	0.11
機械	83	1.12	10.3	0.11	23	7.5	60	1.55	11.4	0.14
電気機器	128	1.70	10.7	0.16	18	9.1	110	1.97	10.9	0.18
輸送用機器	41	1.41	11.8	0.12	6	9.3	35	1.66	12.3	0.14
精密機器	37	1.65	9.6	0.17	8	6.0	29	2.10	10.6	0.20
その他製品	43	1.21	9.8	0.12	14	7.6	29	1.79	10.9	0.16
電気・ガス業	12	1.83	10.7	0.17	2	6.0	10	2.20	11.6	0.19
陸運業	17	1.06	11.9	0.09	2	9.0	15	1.20	12.2	0.10
海運業	7	1.71	10.7	0.16	0	0.0	7	1.71	10.7	0.16
空運業	6	2.83	9.8	0.29	1	5.0	5	3.40	10.7	0.32
倉庫・運輸関連業	12	0.58	9.0	0.06	7	7.3	5	1.40	11.4	0.12
情報・通信業	338	1.04	7.3	0.14	167	5.6	171	2.05	9.0	0.23
卸売業	155	1.28	10.3	0.12	41	7.7	114	1.75	11.3	0.15
小売業	285	1.29	9.2	0.14	80	5.5	205	1.79	10.7	0.17
銀行業	52	1.83	10.7	0.17	3	3.4	49	1.94	11.2	0.17
証券，商品先物取引業	37	1.38	9.9	0.14	12	8.0	25	2.04	10.7	0.19
保険業	9	1.56	9.8	0.16	3	8.7	6	2.33	10.3	0.23
その他金融業	44	1.41	8.4	0.17	11	6.1	33	1.88	9.2	0.20
不動産業	149	1.67	8.1	0.21	44	5.0	105	2.37	9.4	0.25
サービス業	329	0.91	7.7	0.12	179	5.9	150	1.99	9.8	0.20
その他（REIT）	74	4.05	6.9	0.59	14	1.3	60	5.00	8.2	0.61
業種平均または合計	2239	1.35	8.9	0.15	717	6.0	1522	1.99	10.3	0.19

出所：日本経済新聞社NEEDS企業ファイナンス関連データを加工。

おける総資産額（百万円）の自然対数値を用いる。ただし，次の3.3節も含め，ビジネスが特異な銀行業，証券・商品先物業，保険業，その他金融業，その他（REIT）は除いている。図表6-6は，業種×マーケット別に発行件数と企業規模平均を示している[8]。

図表6-6◆企業規模表（業種×マーケット別）

業種	対象社数	公募IPO 件数	公募IPO 企業規模平均	公募PO 件数	公募PO 企業規模平均	第三者割当増資 件数	第三者割当増資 企業規模平均	合計 件数	合計 企業規模平均
(1)	(2)	(3)	(4)	(5)	(6)	(7)	(8)	(9)	(10)
水産・農林業	6	5	8.1	3	11.8			8	9.5
鉱業	6	2	10.9	5	13.0	5	9.1	12	11.0
建設業	79	30	8.3	29	11.1	67	9.4	126	9.5
食料品	50	23	8.8	24	10.1	35	9.6	82	9.5
繊維製品	21	1	8.8	9	11.4	25	9.4	35	9.9
パルプ・紙	10	2	9.1	6	11.8	6	12.3	14	11.6
化学	77	37	9.1	66	11.3	37	9.9	140	10.3
医薬品	37	39	7.7	32	9.7	30	8.6	101	8.6
石油・石炭製品	6	3	14.6	12	11.0	3	12.8	18	11.9
ゴム製品	4			4	11.0	6	10.1	10	10.4
ガラス・土石製品	20	3	10.5	19	11.4	13	9.6	35	10.7
鉄鋼	14	5	10.6	9	12.4	14	10.9	28	11.4
非鉄金属	24	10	9.3	16	11.3	16	10.8	42	10.6
金属製品	27	11	9.5	21	11.0	8	9.5	40	10.3
機械	83	49	9.2	74	10.9	41	9.8	164	10.1
電気機器	128	49	9.2	112	11.3	120	9.8	281	10.3
輸送用機器	41	9	10.1	46	12.1	23	11.3	78	11.7
精密機器	37	24	8.9	29	10.2	34	9.0	87	9.3
その他製品	43	32	9.1	31	10.2	32	8.7	95	9.3
電気・ガス業	12	5	10.1	24	11.8	4	10.1	33	11.3
陸運業	17	5	10.1	32	11.7	2	10.1	39	11.4
海運業	7			8	13.6	4	9.7	12	12.3
空運業	6	3	10.8	13	13.8	3	9.5	19	12.7
倉庫・運輸関連業	12	9	9.7	6	10.3	1	9.4	16	9.9
情報・通信業	338	339	7.5	78	9.0	287	8.2	704	7.9
卸売業	155	85	8.5	116	10.8	114	8.6	315	9.4
小売業	285	189	8.6	211	10.1	205	9.6	605	9.5
不動産業	149	118	9.1	165	10.7	122	9.9	405	10.0
サービス業	329	325	7.7	131	9.9	196	8.6	652	8.4
業種平均または合計	2,023	1,412	8.3	1,331	10.7	1,453	9.2	4,196	9.3

出所：日本経済新聞社NEEDS企業ファイナンス関連データを加工。

まず(10)欄の合計欄をみると，鉱業，パルプ・紙，石油・石炭製品，鉄鋼，輸送用機器，電気・ガス業，陸運業，海運業，空運業が11以上と断トツに大きく，**図表6-4**で平均調達額の大きい業種であった。ただし，このうち**図表6-5**で年あたり回数が多かったのは0.32（(11)欄）の空運業だけである。これらの業種には設備更新の恒常的ニーズがあるため，平均調達額も大きくなるが，リスクのある新株発行に依存するのは経営が安定的でない空運業のみであることを示唆している。逆に，情報・通信業の平均資産規模は7.9と最低水準にあり，**図表6-4**でも平均調達額は合わせて最低水準であった。ただし，**図表6-5**の年あたり回数は0.23と多い。このことは，企業規模では空運業と対照的ではあるが，共通してリスクの高い企業から構成されている業種と解釈できる。

次に，マーケット別に業界平均欄をみると，IPOが8.3（(4)欄），POが10.7（(6)欄），第三者割当増資が中間の9.2（(8)欄）となっており，IPO以降の新株発行ができる企業はある程度の企業規模が大きく安定的でなければならないことを表している。ただし，リスク度は業種によって異なり，情報・通信業のPOで必要とされる平均企業規模は9.0と水準が10.7より低くなっている。

3.3　社齢平均表

図表6-7は，業種×マーケット別に発行件数と社齢平均を示している。社齢も安定度を表す代理変数とみなされている。

図表6-7の(10)欄で，繊維製品，パルプ・紙，化学，ゴム製品，ガラス・土石製品，鉄鋼，非鉄金属，輸送用機器，陸運業，海運業は50年を超える業種である。これらのほとんどで，資産規模平均の大きな企業と共通しているが，空運業は33.4年と若く，リスクがある業種であるとみなされる。情報・通信業は社齢が最低水準の15.1年にある。なかでも，IPOでの社齢は12.9年と低く（(4)欄），同じくリスクが高い企業とみなされ，**図表6-5**の(6)欄の167社とみたように，IPOだけで終わる企業も多いことを示している。

IPOとPOの社齢の業種平均を比較すると，前者が19.1年，後者が39.7年である。同一企業レベルではIPO後POを行うので，POの方が社齢は大きくなって

図表6-7◆社齢平均表（業種×マーケット別）

業種	対象社数	公募IPO 件数	公募IPO 社齢平均	公募PO 件数	公募PO 社齢平均	第三者割当増資 件数	第三者割当増資 社齢平均	合計 件数	合計 社齢平均
(1)	(2)	(3)	(4)	(5)	(6)	(7)	(8)	(9)	(10)
水産・農林業	6	5	34.0	3	70.8			8	47.8
鉱業	6	2	40.9	5	40.8	5	28.7	12	35.8
建設業	79	30	19.7	29	44.7	67	40.4	126	36.5
食料品	50	23	18.9	24	45.3	35	49.3	82	39.6
繊維製品	21	1	26.7	9	75.4	25	52.4	35	57.6
パルプ・紙	10	2	74.7	6	74.2	6	84.7	14	78.8
化学	77	37	37.9	66	62.8	37	54.6	140	54.0
医薬品	37	39	12.5	32	29.7	30	23.1	101	21.1
石油・石炭製品	6	3	66.0	12	44.6	3	50.3	18	49.1
ゴム製品	4			4	86.3	6	71.3	10	77.3
ガラス・土石製品	20	3	58.8	19	53.6	13	60.7	35	56.7
鉄鋼	14	5	27.4	9	81.5	14	67.8	28	65.0
非鉄金属	24	10	39.7	16	55.8	16	72.7	42	58.4
金属製品	27	11	34.1	21	38.3	8	61.0	40	41.7
機械	83	49	37.1	74	54.2	41	48.5	164	47.7
電気機器	128	49	25.7	112	44.5	120	42.8	281	40.5
輸送用機器	41	9	24.0	46	61.3	23	56.9	78	55.7
精密機器	37	24	29.6	29	44.0	34	45.5	87	40.6
その他製品	43	32	28.3	31	41.5	32	39.7	95	36.4
電気・ガス業	12	5	28.4	24	45.0	4	12.0	33	38.5
陸運業	17	5	41.9	32	60.0	2	63.5	39	57.9
海運業	7			8	101.7	4	70.0	12	91.2
空運業	6	3	6.7	13	41.5	3	25.4	19	33.4
倉庫・運輸関連業	12	9	36.6	6	49.2	1	19.3	16	40.3
情報・通信業	338	339	12.9	78	18.7	287	16.7	704	15.1
卸売業	155	85	26.4	116	42.2	114	30.8	315	33.8
小売業	285	189	17.9	211	28.8	205	32.4	605	26.6
不動産業	149	118	17.4	165	30.4	122	24.0	405	24.7
サービス業	329	325	14.4	131	22.8	196	23.1	652	18.7
業種平均または合計	2,023	1,412	19.1	1,331	39.7	1,453	32.5	4,196	30.3

出所：日本経済新聞社NEEDS企業ファイナンス関連データを加工。

当然のことではあるが，中には会社設立後長い年月が経過したのちIPOを行う企業もあるので全体標本としては一概にいえない[9]。それでも，2倍以上の社齢の開きがあるということは，IPOだけに終わることが多い企業があることと相まって，POが可能となる企業はマーケットから選別されていると考えられる。

4．結論

　本論文は日経NEEDS個票データを用い日本の株式発行市場の現状を把握することを目的と定めた。既存の時系列集計データではデータ捕捉上の問題があり，企業属性とのクロス統計が得られていないからである。第1節では，既存の時系列集計データの問題点を明らかにし，第2節ではオーバーアロットメントの区分で調整をはかることで，個票データから時系列集計データを作成し，既存の集計データを補った。第3節では，業種，企業規模と社齢で株式発行市場の現状把握につとめた。得られた結論は以下の通りである。平均的企業規模が大きく，社齢も古い企業から構成される業種は安定的で，平均調達額が大きい。反面，負債調達を主体とし，IPO後も株式発行市場を活用することは少ない。その典型業種は，鉄鋼，輸送用機器，陸運業，海運業であり，情報・通信業はその対極にある。しかし，例えば空運業のように規模が大きくても安定的とみなされなければ，負債調達に限界があり，IPO後も株式発行市場を活用するものと解釈できる。

　本論文は個票データをもとに，統計を整備した点に一定の貢献はあるが，研究範囲は限定的で，主に業種によるクロス統計をもとに，発行市場の傾向をレビューしたに過ぎず，個々の企業がどのような要因にもとづき新株発行を行うかの因果関係を分析することは次の研究課題に位置付けられる。

[謝辞]

本研究はJSPS科研費17K03901の助成を受けたものです。また，平成29年9月4日，日本経営財務研究学会全国大会での弊職の発表「日本企業の新株発行による資金調達の実態と発行要因」に対し，特にコメンテーターの鈴木健嗣先生より有意義なコメントをいただきました。感謝申し上げます。

[注]

1 IPO後の公募による新株発行のこと。日本ではPOといわれる。また，PIPEとは，公開企業の私募発行のことで日本の第三者割当増資に該当する。
2 日本証券業協会証券教育広報センター，高橋文郎編（2011, p.101），日本証券経済研究所（2016, p.37）が代表的な文献である。
3 2006年以前の合計欄(8)と(9)では，IPOとPOを合わせた公募発行と第三者割当増資の合計を記載している。
4 オーバーアロットメントの事例は数多く，全体で5,113個の標本のうち，IPOに振り分けたものが445個，POには751個あった。
5 IPOでは，2006年の野村不動産ホールディングス1,200億円，2013年のサントリー食品2,768億円，POでは，3大メガバンクと野村ホールディングを合わせ2009年に2.5兆円，2010年に1.6兆円，同じく2010年には国際石油開発帝石が4,889億円，震災前に東京電力が3,124億円，2011年にはりそなホールディングスが5,212億円，第三者割当増資では，日本航空が2008年に2,000億円，2010年に3,500億円，三菱自動車が2005年に1,056億円，2016年に2,374億円，同じく2016年にシャープが2,888億円の発行が代表的である。
6 図表6-3には明示していないが，通年平均欄の調達額合計を件数で割って求めている。図表6-4の合計欄(4)，(6)，(8)，(10)と一致する。
7 例えば，IPOの場合は募集価格時点ではマーケット価格が形成されていないため，PER，PBRなどの倍率データは収集できない。そのため，標本のほとんどを網羅する企業属性情報は限られている。
8 例えば，合計行(10)列の企業規模平均が9.3とあるが，これは$\exp(9.3) = 10,938$百万円 = 109.4億円という意味である。
9 例えば，(4)欄のパルプ・紙では74.7年と社齢が著しく高いが，これは阿波製紙がIPO時96.1年であったことによる。

〔参考文献〕

Bengtsson, O., N. Dai, and C. Henson (2014), 'SEC Enforcement in the PIPE Market: Actions and Consequences,' *Journal of Banking & Finance* 42, pp.213-231.

Boulton, T. and T. C. Campbell (2016), 'Managerial Confidence and Initial Public Offerings,' *Journal of Corporate Finance* 37 pp.375-392.

Duca, E. (2016), 'Do Investors Learn from Past? Evidence from Follow-on Equity Issues,' *Journal of Corporate Finance* 39, pp.36-52.

Floros, L. V. and T. R. A. Sapp (2012), 'Why Do Firms Issue Private Equity Repeatedly? On the Motives and Information Content of Multiple PIPE Offering,' *Journal of Banking & Finance* 36, pp.3469-3481.

Hovakimian, A. and H. Hu (2016), 'Institutional Shareholders and SEO Market Timing,' *Journal of Corporate Finance* 36, pp.1-14.

Larrain, B. and F. I. Urzua (2013), 'Controlling Shareholders and Market Timing in Share Increase,' *Journal of Financial Economics* 109, pp.661-681.

鈴木健嗣 (2017), 『日本のエクイティ・ファイナンス』 中央経済社.

日本証券業協会証券教育広報センター, 高橋文郎編 (2011) 『新・証券市場2011』 中央経済社.

日本証券経済研究所 (2016) 『図説日本の証券市場 2016年版』 日本証券経済研究所.

第 7 章
日本における「企業―社会関係」の課題

宮川 満

はじめに

　企業―社会関係は，現代の経営学においては，主要なテーマの1つである。
　企業は，多様なステークホルダーとの相互作用関係を通じ社会システムを形成している（例えば，Lawrence *et al.*, 2014）。そのため，企業の行動は，社会から制約・影響を受けると同時に，社会に対して制約・影響を与えている。結果として，社会における企業のあり方は，相互適応的に形成され，その関係性のあり方から，企業の社会的役割が規定される。
　本稿においては，日本型「企業―社会関係」と日本企業が受容することを求められている国際的CSR（企業の社会的責任）フレームワークを検討し，日本における「企業―社会関係」における課題を指摘したい。

1. 「企業―社会関係」の国際的差異

　「企業―社会関係」は国により異なることから，企業の社会的役割は一様ではない。
　理念としての市場システムにおける企業像とは異なり，企業は社会に埋め込まれており，各ステークホルダーとの関わり方は，国により相違する。
　こうした視点は，例えば「資本主義類型論」においても論じられてきた。

第7章 日本における「企業―社会関係」の課題　113

　資本主義類型論には，様々なものがあるが，いずれかといえば，原理的な市場経済に近い米国（あるいは，アングロサクソン）モデルと，ステークホルダー間のコーディネーションが重要な役割を担う欧州モデルに類型化されるケースが多く見られる。

　例えば，Hall & Soskiceは，企業を中心におき，他のアクターとの相互作用を取り上げる。すなわち，企業が諸関係をどのように形成するかがシステムの特質を考えるにあたり，重要だとする。そして，労使関係，職業訓練と教育，コーポレート・ガバナンス，企業間関係，従業員を取り上げ，「自由な市場経済」(liberal market economies) と「コーディネートされた市場経済」(cordinated market economies) に類型化する。前者は，市場主導型の公正対等な環境を課す市場経済であり，後者は，企業間，企業・従業員間のコーディネーションの多くを非市場関係に依存する市場経済である。前者にはアングロサクソン諸国が，後者には，ドイツ，北欧，日本等が含まれる（Hall & Soskice 2001）。

　Doreは，資本市場資本主義と福祉的資本主義に分ける。すなわち，資本市場（株主利益）にコントロールされる資本主義と，多様な社会目標を包摂する資本主義に分けて考えることで，アングロサクソンと日独を対比的に捉える。その上で，日独間の相違についても指摘している（Dore 2000）。

　「企業―社会関係」において，中心となりやすいのは，CSRである。しかし，現代において論じられているCSR論が，この問題のすべてを包括するわけではない。

　Matten & Moonは，明示的CSRと暗黙的CSRを区別する。前者は，企業の政策としてのCSRであり，自主的なプログラムもしくは戦略より成る。後者は，公式・非公式の制度に埋め込まれた企業の役割としての社会性であり，社会的に求められる価値観・規範・規則から構成される。彼らは，米国は，明示的CSRを軸としており，欧州は，暗黙的CSRを軸としてきたと指摘する。そうした差異が生まれた背景として，彼らが指摘するものは，政治的システム，金融システム，教育・労働システム，文化システム等である。すなわち，米国にお

いては，政府の関与あるいは政府への信頼が低く，市場機能への信頼が相対的に大きい。また，資金調達の特性から，証券市場への依存度が高く，投資家に対する透明性や説明責任が求められることから，明示的CSRが中心となっている。それに対し，欧州においては，政府の関与が強く，間接金融への依存度も高く，労働組合等の組織への依存度も高い。そのため，企業の自主的領域というよりは，社会から求められた活動として暗黙的なものになるのである。このため，欧州においては，明示的CSRへの関心は，高まりにくかったとしている（Matten & Moon 2008）。

通常，CSRとして論じられるものは，ここにいう「明示的CSR」であるが，企業における社会的機能の取り込みという点からすると，より広く考える必要がある。

2．日本型「企業―社会関係」

本節においては，「日本型経営」として指摘されてきた原型的諸特質を整理し，それを前提とした日本型の「企業―社会関係」について検討したい。

「日本型経営」は，特定のステークホルダーとの長期・安定的関係により特徴づけられる。すなわち，長期雇用の従業員，安定株主，メインバンク，系列取引といった長期・安定的関係をもつステークホルダーと高密度にコーディネートされた関係を築いていることが挙げられる。長期・安定的関係にあることから，諸ステークホルダーとの間でコンテクストが共有されやすく，コンセンサスが形成されやすい。結果として，コーディネーションを通じたステークホルダー志向の関係となる。そして，株主からのプレッシャーが相対的に小さかったこともあり，短期利益最大化より，組織の維持発展が，現実的な目的となる（例えば，Aoki & Dore 1994）。

こうした特質は，日本企業が選択してきた戦略的適応行動とも整合性を持つ。すなわち，長期雇用の従業員による濃密な関係は，組織へのコミットメントを引き出し，企業特殊的な人材形成は，強い組織文化を生み，現場を含む組織学

習に有利に働き，これが，高品質の製品を相対的に低原価で作ることを可能にする。そして，そうした製品を軸に，市場シェアを拡大し，組織としての成長を目指してきた（例えば，加護野ほか 1983）。

一方で，公共的な目標形成において重要な意義を持つ政府との関係性においても，媒介的な組織（業界団体）等を通じて協調的関係が形成されてきた。政府は，産業政策等を通じ，支援的側面も積極的に行い，企業の雇用維持を推進する基盤を作ってきた。

日本企業は，雇用の維持等により，結果として福祉的要素を取り込んできた。これは，政府による社会福祉政策を補完してきた（訓覇 2002）。その意味で，日本企業は，従業員・取引先の「生活基盤の確保」を役割として含めてきた。

比較制度論が指摘するように，こうした特質は，経路依存性を持ち，制度補完性を有し，1つの合理的な解を形成してきた（青木・奥野 1996）。

こうしたことから，日本企業は，制度に埋め込まれることにより，原理的な営利企業とは異なる「社会性」を形成してきた。Mattenらも指摘しているように，日本型経営を前提とした社会性は，暗黙的なCSRに類型化されるのである（Matten & Moon op. cit.）。営利活動と社会性は，不可分な形で有機的に結びつき，企業の価値創出プロセスを通じて関わる範囲を豊かにする。組織存続・成長は，ここでのステークホルダーにとって共通的な利益となる。

一方で，重要なアクターとして関与するステークホルダーの範囲が狭いことが問題と指摘されている（谷本 2014）。藤森・大内は，日本企業が，「ウチ社会」の特性を持っているとしている（藤森・大内 1996）。ここで，「ウチ社会」とは，長期的なカシカリの関係が公平に成り立つ社会である。「ウチ」と「ソト」は，区別され，ルールも異なる。

また，日本型経営は，明示的な規則よりは慣行的な制度を中心に成立してきた。この点は，Doreもドイツとの比較において指摘している（Dore op. cit.）。

以上見てきたように，長期安定的なステークホルダーとのコーディネーションを通じ，それを強みとして事業活動を行い，「生活安定」を確保し，社会福祉的機能を部分的に代替する点に，日本企業の社会的な役割の主要な部分が

あったと考えることができる（宮川 2006）。

3．国際的CSRフレームワーク

　国際的なCSRフレームワークは，経済のグローバル化に伴い発生する社会課題への対応として登場した。すなわち，持続可能な開発を進めていくためには，各国政府や国際的機関による規制だけでは，十分に機能しない。明示的CSRは，コントロールを失った市場主義に対する規範的な応答である。国際政治的環境の下，十分な効果が見込めない政府による直接規制に対して，ソフトローの形をとった「代替的措置」としての役割が期待されている。すなわち，グローバル化の文脈の中で，国際的な公共領域における課題群に対応したCSRフレームワークが明示的CSRに影響を与えることが意図されるのである。

　フレームワークの具体例としては，国連グローバル・コンパクト，OECD多国籍企業行動指針，ISO26000等が挙げられる[1]。

　ここに例示したものには，それぞれに特性があるが，基本的には，CSRにおける「課題」を明確にする点に意義がある。例えば，グローバル・コンパクトの場合，人権，労働，環境，腐敗防止をテーマとし，これが，10の原則に分かれている（Global Compact，グローバル・コンパクト・ネットワーク・ジャパン Webサイト）。また，ISO26000においては，組織統治，人権，労働慣行，環境，公正な事業慣行，消費者課題，コミュニティへの参画およびコミュニティの発展を中核的主題として挙げている（日本規格協会 2011）。

　国際的CSRフレームワークを考えるにあたり，実効性が問題となる。田中は，エンフォースメントの型に注目して，「認証型規格」，「社名公表型規格」，「ガイドライン型」に類型化している。「認証型」は，審査機関による第三者認証を行うものである。「社名公表型」は，グローバル・コンパクトやOECD多国籍企業行動指針が，これにあたる。グローバル・コンパクトの場合は，署名企業が年次報告書を未提出の場合，OECD多国籍企業行動指針においては，ナショナル・コンタクト・ポイントに持ち込まれた紛争が開示される。ガイドラ

イン型は，エンフォースメントを持たず，むしろステークホルダーの主体的関与に期待をする（田中 2015）。

すなわち，認証に対しても，社名公表の場合もガイドラインの場合も，それぞれの提供する情報に対応して，ステークホルダーがどのような行動をとるかで，フレームワークの実効性が規定される。その意味でコーディネーションは本質的には分散的である。このことから，ISO26000に見るように，ステークホルダー・エンゲージメントが実質的なコーディネーションの過程で求められるのである。

迂回的に実効性を高める方策として，機関投資家のCSR問題への取り込みが重要性を増している。典型的には，PRI（Principles for Responsible Investment，責任投資原則）が挙げられるが，利益を長期的にとらえ，ESG（環境，社会，ガバナンス）要素への投資家の関心を高めることを意図したものである（PRI Webサイト）。

4．日本型「企業―社会関係」と課題群

国際的CSRフレームワークへの対応は，日本型経営をめぐる経営環境からの変革要請の1つとなっている。倫理的正当性を軸として提示されており，市場経済的合理性と異なるロジックが求められる点に問題の複雑さがある。

日本型「企業―社会関係」は，企業は，日本的なコンテクストを前提としてきたが，国際的CSRフレームワークが想定する形は別の体系でできている。そのため，日本企業が，国際的CSR論のフレームワークをシステムとして取り入れていくにあたっては，いくつかの課題がある。

ここでは，3点に分けて，考えていきたい。

① 暗黙的CSRと慣行性の問題

いわゆる「CSR元年」といったディスコースは，こうした国際的なフレームワークに象徴されるCSRを日本企業が取り入れ始めたことを意味するもの

であり，必ずしも日本企業がより社会化したことを意味するものではない[2]。Matten & Moonは，欧州においては，社会的責任が，政府規制等を含み制度化されていたことから，明示的なものとして関心が向かなかったことを指摘している（Matten & Moon op. cit.）。日本の場合，制度の中に埋め込まれた暗黙的な「慣行」をベースにしていたものが，明示的CSRを取り入れることになった。

　日本の「企業―社会関係」における「慣行」ベースでの規範の形成は，より大きな制度がもたらす枠組みの制約の下で，状況依存的な柔軟性を持ってきたと考えられる。しかしながら，明示的CSRとして応答していくことになると，組織規範を明瞭に可視化した上で企業行動を整合化し，説明することが求められる。

② 価値における不整合性の存在

　日本型企業経営は，社会福祉的側面を包摂し，特定の社会モデルを前提とした生活保障的モデルをとってきた。長期安定的関係を軸に社会化を進めていく形は，オープンでフェアといったことが規範として求められると，不整合を生じやすい。この問題については，ローカルなレベルでも政府規制も含めた環境的な要請が強くなっている。

　その典型として，ジェンダー問題が挙げられる。Estevez-Abeらが指摘するように，長期雇用で特殊的技能に投資する人材形成モデルは，仕事における継続性において潜在的問題を持つ女性にとっては不利となりやすい（Estevez-Abe 2001）。

　一方で，長期的にわたりシステム特質を維持してきたことから，人材の技能上の問題を考えても人材構成等の結果指標を急速に変えることは容易でないという実態もある。しかし開示要請が強まるに従い，結果指標が問われることになってきた。この問題への対応も課題である。

③　ステークホルダーとの関係性の変化

　日本型「企業―社会関係」では，コンテクストを共有しやすいステークホルダーとのコーディネーションを前提にしてきた。しかし，国際的CSRフレームワークで想定されているステークホルダーは多様である。

　例えば，日本企業には，ステークホルダー・エンゲージメントにおいて想定される国際的NGOに代表されるようなステークホルダーとの協調的コーディネーションの経験が少ない。複雑な利害関係の中，どのように「合意形成」を行っていくのかが大きな課題となる。

　また，株式所有構造の変化に伴い影響力を高めた機関投資家は，ESG問題を含めた関与を強める傾向にある[3]。

　ステークホルダーの焦点の変化は，一方ではこれまでの，長期的関係にあるステークホルダーに対しては負担を与えることとなろう[4]。

おわりに

　以上見てきたように，日本企業は，従来の日本型経営から導出される日本型「企業―社会関係」とは異なるロジックを持つ国際的CSRフレームワークを受け入れるように求められている。また，所有構造の変化・市場環境の変化等も，日本型システムの調整・変更を求める力として働いている。

　一方で，ローカルな次元でのモデルの有効性は，社会的現状に影響を受ける。例えば，NPO，NGOのエンゲージメントにしても，市民社会においてNPO等への参加が一般化していない場合，特定の価値・利害にコミットする資源が豊かな団体の利害・価値観が，強く反映される可能性もある[5]。

　社会システムは，経路依存性や相互補完性等により，変わりにくい面を持つ。変化の形は多様であると同時に，変化が進みやすい面と進みにくい面を持つ。実態としてのシステム変化は複雑なものとなる。

　また，企業の社会性を独立領域としてとらえるのではなく，より広い社会システムの問題として，他のアクターとの社会的分業の再構成を含めて考える必要がある。

［謝辞］

本研究はJSPS科研費15K03620の助成を受けたものです。ご支援に感謝します。

［注］

1　ISO26000においては，企業にとどまらない組織の社会的責任を対象としている（日本規格協会 2011）。
2　特に，こうした議論は，社会的責任の遂行が，可視的に組織化されたことや開示が進んだことに注目をして論じられている。ただし，理念的なレベルでは必ずしも新規的でないことは，経営者団体による提言等を見ても理解される（宮川 1992）。
3　谷本は，データ分析を通じ，海外投資家の存在が日本企業のCSRの明示的導入と正の相関関係にあることを指摘している（谷本 前掲書）。また，PRI署名機関投資家の増加等を見ると，ESGへの関与は高まると考えられる（PRI 前掲サイト）。
4　長期的関係にあったステークホルダーは，期待のスパンも長い。文脈がやや異なるが，服部は，企業と従業員の相互期待としての非明示的な「心理的契約」を取り上げ，分析を行い，契約の「不履行」が発生している旨を指摘している（服部 2013）。
5　2016年に実施された内閣府によるアンケートによれば，NPO法人についての関心のアンケートでは，「まったく関心がない」「あまり関心がない」を合わせると62.4%である（内閣府 2017）。

［参考文献］

Aoki, M. and R. Dore (1994), *The Japanese Firm: The Source of Competitive Strength.* Oxford: Oxford University Press.

Dore, R. (2000), *Stock Market Capitalism: Welfare Capitalism: Japan and Germany versus the Anglo-Saxons.* Oxford: Oxford University Press.

Estevez-Abe, M., T. Iversen, and D. Soskice (2001), Social Protection and the Formation of Skills: A Reinterpretation of the Welfare State. in Hall, P. A. and D. Soskice (eds.), *Varieties of Capitalism: The Institutional Foundations of Comparative Advantage.* Oxford: Oxford University Press, pp.145-183（遠山弘徳ほか訳『資本主義の多様性——比較優位の制度的基礎』ナカニシヤ出版 2007年 pp.167-210）.

Hall, P. A. and D. Soskice (2001), An Introduction to Varieties of Capitalism. in Hall, P. A. and D. Soskice (eds.), ibid., pp. 1-68（遠山ほか訳 上掲書 pp. 1-78）.

Lawrence, A. T., J. Weber and J. E. Post (2014), *Business and Society-Stakeholders, Ethics,*

Public Policy, 11th ed. New York: McGraw-Hill Irwin.

Matten, D. and J. Moon (2008), '"Implicit" and "Explicit" CSR: A Conceptual Framework for a Comparative Understanding of Corporate Social Responsibility,' *Academy of Management Review*, pp.404-424.

青木昌彦・奥野正寛編著（1996）『経済システムの比較制度分析』東京大学出版会．

加護野忠男・野中郁次郎・榊原清則・奥村昭博（1983）『日本企業の経営比較　戦略的環境適応の理論』日本経済新聞社．

訓覇法子（2002）『アプローチとしての福祉社会システム論』法律文化社．

田中信弘（2015）「ソフトローとしてのCSR国際規格のエンフォースメントとその有効性―ステークホルダー・エンゲージメントの課題把握に向けて―」日本経営学会『経営学論集』第86集（http://www.jaba.jp/resources/c_media/themes/theme_0/pdf/JBM_RP86-E89-2015_F_5.pdf）2017年11月4日アクセス

谷本寛治（2014）『日本企業のCSR経営』千倉書房．

内閣府（2017）『平成28年度 市民の社会貢献に関する実態調査 報告書』内閣府．

日本規格協会編，ISO/SR国内委員会監修（2011）『日本語訳ISO26000：2010 社会的責任に関する手引』日本規格協会．

服部泰宏（2013）『日本企業の心理的契約組織と従業員の見えざる約束（増補改訂版）』白桃書房．

藤森三男・大内章子（1996）「ウチ社会の論理―日本企業経営の底に流れるもの―」『三田商学研究』39(2)，pp.51-70．

宮川満（1992）「経済団体にみる経営理念：中心問題のシフトと代表理念」『三田商学研究』35(3)，pp.52-69．

宮川満（2006）「『グローバル化』と企業の社会的役割について―企業―政府関係を中心に―」『立正経営論集』38(2)，pp.87-108．

［Webサイト］

Global Compact（https://www.unglobalcompact.org/）2017年11月4日アクセス

PRI（https://www.unpri.org/about）2017年11月6日アクセス

外務省「OECD多国籍企業行動指針」（http://www.mofa.go.jp/mofaj/gaiko/csr/housin.html）2017年10月30日アクセス

グローバル・コンパクト・ネットワーク・ジャパン（http://www.ungcjn.org/index.html）2017年11月4日アクセス

第Ⅲ部
会計学

第8章
批判理論的方法論に基づく会計の学際的考察についての概説

杉原 周樹

はじめに

　本論題にある学際的とはよく聞く言葉である。しかし，既存分野の組み合わせを考えても可能性のある選択肢の数は限りなく多い。ここで参考にするのはクリティカル・マネジメント・スタディーズ（Critical Management Studies：CMS）という1つの方法論的潮流である。マネジメント（management）[1]をクリティカルつまり批判的に考察する中に，マネジメント機能の1つである会計も対象として含まれる。

　では批判的に考察するのにどのような方法論を使うのか。それは批判理論である。批判理論はフランクフルト大学社会学研究所の構成員による理論で，一般にフランクフルト学派とも呼ばれており，Horkheimer, M., Benjamin, W., Adorno, T., Marcuse, H., Fromm, E., さらに最近ではHabermas, J. が含まれる。これは近代化あるいは産業化において中心的存在となった合理性を道具的合理性と名付けて注目し，人間が人間を含む自然を支配し搾取することについて批判的に考察する。このように基礎にあるのはMarx, K.のブルジョア資本主義批判的発想であるが，Freud, S.の精神分析の考え方も使われている。また，Hegel, G. W. F.の弁証法も使われている。注目すべきは道具的合理性による人間と自然の支配・搾取が，政治，経済，社会などの制度だけでなく，政策的に中立的に見える技術，科学，文化，教育，芸術，娯楽，マス・コミュニケー

ションなどを通しても行われると考えられていることである。批判理論はこの道具的合理性による生活世界の植民地化（colonization）を問題視しているので，生活世界全般における支配・搾取に関心を寄せている。このことは次の説明に反映されている。

「批判理論（CT）はより自律的な，つまり，合理主義的啓蒙運動の伝統に則って，仲間と協力して自身の運命を概ね支配できる個人の*可能性*－マネジメントの様式化された知識によって狭められ，歪曲され，邪魔されていると理解される可能性－が複数あるという前提から出発している。CTの望むところは現代の高度産業化社会の偏向的管理に対する知的対抗手段を提供することである。CTは，大規模な官僚的組織の従業員だけでなく大量生産品の消費者が法人，教育機関，政府機関，さらにマスメディアにどのように影響されているか，そして，パーソナリティ，信念，審美眼，好みが大量生産や大量消費の要請に合うようにどのように構築され，そのことで個性の標準化された形態が表れているかについて把握している。CTは，人間を従順な社会的機械のパーツに貶める，この道具的合理性の支配に挑戦する」（Alvesson and Willmott 2003, p.2 原文中参考文献表記省略，斜体等は原文通り）。

CMSはその主旨から諸企業機能だけでなく，企業倫理，CSR（Corporate Social Responsibility），コーポレート・ガバナンス，（マス・）コミュニケーション，環境保護，建築，娯楽，芸術，ジェンダー，プレジャー，人種問題，グローバリズム，電子ネットワーク社会など企業が関係するテーマについても批判的に考察するが，時間的，空間的に扱うテーマは流動的で多様である。さらにCMSは方法論として批判理論だけでなく，方向性を同じくする考え方，例えば，Gramsci, A., Nietzsche, F. W., Foucault, M., Derida, J., Laclau, E. and Mouffe, C.などの発想も取り入れていることを付け加えておく。このようにCMSは学際的（interdisciplinary）アプローチで方法論間の相互作用による相乗効果を狙うだけでなく，テーマに関しても範囲を特定せず，目的達成のために広がりを見せるのである。

1．CMSのアジェンダ

　ところで具体的にCMSの目的は？　それは，基本的には生活世界の道具的合理性による植民地化から人間を解放するために企業の内外の状況を再考察し，処方箋を提供することである。では，そのアジェンダは？
- 専門主義的で客観主義的な観点への対抗
- 当然視されている前提とイデオロギーについての非対称なパワー関係とディスコース[2]封鎖に対する着目
- 共有的および競合的関心の偏在性を探り当てること
- 言語とコミュニケーションの中心性に対する入念な考察

である（Alvesson and Willmott 2003, Introduction）。
　まず，専門主義的で客観主義的な観点への対抗のために，現行のマネジメント・テクニックと組織プロセスを非客観主義的観点から考察することが提案されている。知的産物とテクニックは現実を反映できるのだからそれらが現実を効率化の対象に変えることも可能という論理からなる伝統的な社会科学とマネジメントの研究とは対照的に，現実は常識的なマネジメントの理論とマネジメントのテクニックによって示されているよりもはるかに恣意的で不安定であると想定し，CMSは存在論と認識論の「非客観主義」的理解から始める。例えば，知識としての会計は法人の経済実態を多少なりとも正確に反映すると言われているが，実はそうした実態を創造する方に不可避的に関与していると理解される。
　続いて，当然視されている前提とイデオロギーに関係ある非対称なパワー関係とディスコース封鎖に対する着目については，非対称なパワー関係を暴露しディスコース封鎖に対抗することが示されている。パワーの非対称な関係の中に潜んでいる組織構成的実践やディスコースは希少で貴重な物的および象徴的財を手に入れる抜け道がある構造を再生産している。マネジメントがルーティンとして意思決定だけでなく，人々のニーズや社会実態を定義し形作ることに

関しても特権が与えられていることは戦略経営の文献において強調されており，そのほとんどがマネジメントを考察に値する唯一のアクターとしている。それに対してCMSは組織実態を構成する実践とディスコースを決める中でエリート管理職以外の集団が被る不利益を減らすために諸々のエリート構造の合理性に疑問を投げかける。また，ディスコース封鎖に対抗するためには，脱当然視する，つまり，所与で問題なく当たり前と考えられてきたものを当たり前と考えずその正体を見極める必要がある。後述するマネジリアリズムのような当然視されている専門家文化は他のディスコースの余地をなくす社会的沈黙を生じさせるので，CMSの役割はこの沈黙を破るために建設的意味でノイズを立てる，すなわち，批判的なコメントを誘発し意見交換を活性化させることである。

　そして，共有的および競合的関心の偏向性を探り当てるために，共有的関心における偏向性を顕現させる。CMSは資本家と労働者の関心の間の根本的な矛盾を突出した前提としていないだけでなく，マネジメントと資本家とを一括りに扱ってもいないが，社会と組織における矛盾および潜在的な社会的コンフリクトにはしっかりと注目し，客観的に見えているテクニックや記述の政策的性質を認識する必要性を強調している。そして，会計などによる生活世界の植民地化を批判的に考察する。このように一般的に建設的とは捉えられていないコンフリクトが潜在的には人間を解放する建設的な力として再検討されるのである。Habermasのコミュニケーション的合理性の概念によれば，コンフリクトはオープンにでき，関与者が相互に妥当性要求に基づいたコミュニケーションを通して解決することが理論上可能であるが，現実的には関与者全員が最も可能性のあるもの（すなわち，最も誠実で，最も規範的に適切なもの）として同意するような議論や見解に辿り着くことはほぼ見込みがないと言われている。それでも，CMS的展望としては，社会的近代化により実現する比較的自由な討論の領域を切り開くことにより，コンフリクトだけでなく共有的関心についても偏向性に適切に焦点が当てられるようになるのである。例えば，買収防衛用のポイズンピルの役目もする新株予約権の計上は株主・投資家保護を考慮に入れたマネジメントの合理的判断として一般には受け入れられているが，その

行動を市場原理を無視した現行のマネジメントの偏向的利害関心に従った行動であるとも理解できる。

最後に，言語とコミュニケーションの中心性に対する入念な考察のために，言語とコミュニケーション的行為の中心性を認識する必要がある。コミュニケーションはどの構造や行為にとっても中心にあり，Habermasによれば，4つの妥当性要求，すなわち，真実性（道具的合理性），正当性（法・道徳に基づく合理性），誠実性（個人の内的状態に関する合理性），理解可能性（関心に基づく合理性）を満足することでコミュニケーションにおける言語行為が成立する（Habermas訳本 1985-87）。この場合のCMSの役割はこのコミュニケーション・プロセスを歪める力を見極めることである。話し手と聞き手の双方が関わるコミュニケーション的行為についてだけでなく，特定の関心に偏向した形態の社会を創造する傾向にある歴史的に確立された意味と区分を有するものという側面も有する言語についても焦点を当てる。そこで言語を，固定的な意味の包含や意味の明確化といった機能を有するものと捉えるのではなく，多義的で構成的なものとして理解する。例えば，会計制度の設定などに関わる会議の議事録，声明，意見書，意見に対する対応などをコミュニケーション的行為と捉えて，そこで交わされる内容を上記の観点から分析することでそこでのアクターたちが行っているコミュニケーション的行為の裏で行われている各々の社会的立場の保持行動を確認することができる。また，この参加主体の社会的立場の保持行動という前提に基づくと，会議を構成する各主体の過去や現在だけでなく将来期待するキャリアなどから会議の成り行きが事前に予測できるだけでなく，人選を行った開催母体の偏向的関心の把握も可能になるように思われ，そこから会議のようなコミュニケーション形態の多義性とそのことにより会議などは歪曲化されやすい性質を有していることを読み取ることができる。

2．マネジリアリズムの正体

このようにCMSの解放のためのポテンシャルについて理論的考察を行う上

で必要なのは，マネジリアリズム（managerialism）についての十分な理解である。それは特定の形態のマネジメントのシステム・制度を正当化するイデオロギーと捉えられる。以下においては多方面からの考察による研究（Fitzsimons 2015）を参考にマネジリアリズムの概念について掘り下げたい。

　マネジリアリズムの発生の誘因は所有と経営の分離にある。それは資本主義経済システムの発展における2つの段階，つまり，自由主義と国家規制主義と特に結びつけて捉えることができる。現代企業の観点からは，マネジリアリズムはマネジメント機能に関する所有者から職業的マネジメントへのシフトを意味し，その目的は個人，社会，およびそれらの組織を資本の利益のために合法的にコントロールすることである。マネジメントは労働市場において機動性を持つようになることで，専門職業人的様相を強く帯びる。さらにマネジリアリズムは次のように様々な方法で特徴付けられる。Enteman, W.によると，マネジリアリズムは高度産業化社会の経済，社会，政治の各秩序が依存している国際的なイデオロギー潮流の1つであり，そこから社会は組織のマネジメントを通して行われた取引の合計と同等であるという考え方が生じているのであるが，この観点からは，社会制度はマネジメント実践の機能の1つに過ぎないことになる（Enteman 1993）。Drucker, P.は，マネジメントが第一義的に有する特質は経済的特質であるとしており（Drucker訳本 2008），Davis, G.によると，マネジリアリズムは全ての関係を単なる貨幣交換に還元してしまうのである（Davis 1997）。Child, J.は経済技術的な機能に加えてマネジメントを，経済的資源としての役割を果たし，関連する権威システムを維持するエリート階層の1つと見なすことができるとして注目している（Child 1969）。

　マネジリアリズムは道具的合理性の一形態としても説明されており，Weber, M.は官僚的合理性の鉄の檻の概念によって，道具的合理性の論理により支配される社会の抑圧の潜在性を説明し，現代の官僚国家には目的-手段合理性のより多くの社会生活領域への拡張が必要になると予測した（Weber訳本 1960・1962）。そして，道具的合理性を主体でなく，客体として考え，Pusey, M.はそもそも議論すべきはコスト-ベネフィット的観点からの効率性という概

念そのものではなく，コストやベネフィットとして認識したりコストをカットしたりする基準，社会的知性の喪失，抑圧されてきた潜在的に建設的なディスコースの数と範囲であるとしている（Pusey 1991）。この考え方は道具的理性あるいは経済的効率性に基づくシステム・制度を全面的に否定するのではなく，効率性の基準を偏向的に特定化し，代替的可能性が抑圧されていることを問題としており，その点でCMSと関心を共有しているように思われる。そしてポスト資本主義社会においては求心力，すなわち，一般共有的価値に対する，または，超越的存在に関する共有的概念に対するコミットメントが必要とされ，社会的な決定はマネジリアリズムの枠内で定義されるので，結果的に，政策，政治，民主主義，倫理は消滅し，マネジリアリズムがフォーディズム（Fordism）（Gramsci 1995, p.342ff.）による生産概念において予言された求心力となる（Drucker訳本 2007）。ここで押さえておくべき点はマネジリアリズムが支配（domination）の様式として明示的にでなく，ガバナンス（governance）の様式として暗黙のうちに存在し続けることである。

　マネジリアリズムの拡張的概念がFoucaultが名付けた統治性（governmentality）である（中山 2010）。統治性とは政府の方針を遂行するのに最も適した市民を作り上げる方法，あるいは，主体を統治する考え方，合理性，テクニックのような体系的実践である。このマネジリアリズムの拡張的概念から現代的状況に適合した新しいマネジリアリズムの考え方が生まれる訳である。この意味のマネジリアリズムを通してのガバナンスはその正当性をWeberのいう法原理に基づく権威の概念に求めるのではなく，市場原理に基づく効率性や生産性に関わる道具的合理性の形態に依拠している。現代において何人も抵抗し難い効率性や生産性という概念を背景に，統治性の1つの形態である自己管理は支配とFoucaultのいう自己のテクノロジー[3]の組み合わせから生じると説明される。この自己管理に関連するのが同じくFoucaultのいう規律型パワー（disciplinary power），つまり，規律を浸透させることで主体を自律的に従わせるパワーである。後述するヘゲモニーと概念的に重なる部分は多い。このことについて思考的側面だけでなく，肉体的側面から説明する概念が，肉

体的服従と市民全体のコントロールのために公衆衛生，形質遺伝の調整，リスク調整など医学生理学とは直接関係しない数々のテクニックを使って主体を管理するバイオパワー（bio power）である（Foucault訳本 1977）。

以上のように進展を遂げてきたマネジリアリズムは必然的にマネジメントにシステム・制度的に従属する会計と密にリンクしていることは言うまでもなく，経済実態の政策中立的・客観的写像手段であるという会計の一般的理解を再検討する必要が当然あるのである。そこで，以下ではCMSのアジェンダにおいても引用されているHabermasのコミュニケーション的行為の理論を基礎に，会計について疑問を投げかけている考え方から，会計の学際的考察の可能性について探りたい。

3．操縦手段としての会計と法制化

HabermasはAustin, J. L.などによる発話行為の研究あるいは語用論を基礎に真実性，正当性，誠実性，理解可能性の4つの妥当性要求を満足させ，その結果合議的に決められた規範に基づく合理性をコミュニケーション的合理性と称し，生活世界においてシステムを従属させるものとして理想に掲げている（Habermas訳本 1985-87）。ここで理想としているのは，戦略的コミュニケーションにおけるように，本来的意味で合議的および民主的に規範が導き出されない，つまり，コミュニケーションが歪曲されることが現実的には多いことを認めてのことである。ところで，システム理論から生まれた操縦という概念から，システムの維持と適合性の両方または片方を促進するためにコミュニケーション的メカニズムを提供するものが操縦手段と言われるが，会計もその操縦手段と理解できる。例えば国際財務報告基準（International Financial Reporting Standards：IFRS）を通した会計基準の国際的収斂の時代において会計が操縦するのは投資家等の経済的意思決定であると解釈できる。理想的意味で意思決定を操縦することは会計のような複雑化を増しているプロセスにおいては稀であるが，理想的意味での操縦手段は規制的に働く。この機能は法制

化の概念により説明できる。法制化は法的プロセスにおいて増大している複雑性と形式性という傾向を説明する概念であり、それが意味するのは法律の量の拡大化だけでなく、その領域の拡大である。ところが、この規制的に機能する操縦手段は構成的および植民地化的意味で操縦する手段に形態を変える可能性が高く、そうなった操縦手段はそれ自体が規制する範囲の厳密な定義を示すようになる。植民地化とは操縦機能が規制的から構成的へと変化するだけでなく、組織のような特定の行為領域について何らかの機能不全や歪曲が生じるプロセスを意味している。特に、このような操縦機能の形態変化はHabermas的表現によれば、会計のような経済や国家のサブシステムが複雑化し、生活世界の象徴的再生産により深く関係する生活世界の植民地化のプロセスを意味する（Alvesson and Willmot 2003, p.144）。会計の植民地化パワーは情報に基づく合理性の顕示的主張というよりは、法人による自己理解を把握し、それを会計用語で再構成する能力から成っている（Alvesson and Willmot 2003, p.144）。その意味で会計は経済実態の新しい概念体系を創造する能力によって植民地化する規律的パワーである（Roberts and Scapens 1990）。

　会計による生活世界の植民地化に関して問題視ではなく注目すべきは、IFRSおよび原則それに準ずる日本の企業会計基準他のようにピースミール的に構成される会計制度に見られる明らかな政策性ではなく、例えば、期間損益計算といった計算構造そのものである。損益計算構造を支える主要項目である費用、収益、利益についての今日的理解はSchmalenbach, E.による貸借対照表動態論の費用収益の期間対応原則や名目資本維持の概念（Moxter 1984）およびPaton, W. A.とLittleton, A. C.（青柳 1986）の同様の概念が一般的であると理論的に考えられているが、上述したように、効率性の追求を前提に置いたとしても、前述のPuseyの見解にあるように、例えば、費用をどのように捉えるかについてはマネジメントの認識によるのである。ちなみに効率性を本能として次のように捉えるVeblen, T. B.のような考え方もある。「人間はあらゆる行為規範のなかに、なんらかの具体的で客観的な、さらには、一般的な目的の達成を望むような主体である。このようなエージェントであるということにより、

人間は効果的な仕事に対する愛好と，ムダな努力に対する嫌悪をもつようになる。人間は有用性や効率性を高く評価し，不毛性，浪費すなわち無能さを低く評価する，という感覚をもっている。この習性ないし性向は，製作者本能と呼ぶことができる。」(Veblen訳本 1998, p.27)

　第二次大戦後の日本において政府は銀行を保護・指導し，銀行はメインバンク制のような国際的に見て特殊な融資体制をとって企業を支援し，企業は雇用をもって個人の生活を支えてきたが，リストラ＝解雇という昨今のマネジメント行動からわかるように，従業員，特に正規雇用の従業員はマネジリアリズムや経済的効率性至上主義の意味での新自由主義の影響で無駄なものと一般に認識されているといっても過言ではない。少なくともそのことに積極的に異議を唱えるビジネス・一般社会の声や理論は主流派ではない。原価である財やサービスを構成する人や財やサービスに関する費用削減つまりコストダウンは一般的なマネジメント行動と広く考えられており，従来品と比べ本来機能や耐久性が劣っていると消費者がわかっていても商品やサービスの売上に大きな影響を及ぼしていないことからも，消耗的費用はもはや収益を生み出す源泉ではなく，限界まで下げるべきものであるという認識をマネジメントが持ったとしても不思議ではない。各企業において技術開発だけでなく，ブランドやデザインをはじめとする知的資産の構築がこれまでになく活発化している状況からもこの見解には控え目に言ってもある程度の妥当性はある。つまり，マネジメントが責任主体であると考えられる目標利益の達成のために費用や資産のようなマネジメントの裁量範囲にある項目が操作の対象となるのである。このように利益は，財やサービスの生産からより経済的効率性が期待できる金融商品への投資に移り変わった経済的国際事情を考慮し，投資家の意思決定に有用な情報というより，マネジメントの資金調達に有利な情報を提供するために認識されると考えられる。利益計算において計上される原価の削減とブランドなどの知的財産の重視という認識は偶然かもしれないがIFRSが提唱する資産負債アプローチに対応しているように思われる。

　原価削減に関連させて生活世界の植民地化を具体的に説明すると，従業員と

消費者は生活世界に属すると想定して，それらには経済的困難性と品質やサービスの低下という不利益がもたらされるが，その会計的認識がマネジリアリズムというイデオロギーまたはそれに関するディスコースに正当化されて，後述するヘゲモニーを有することで，自律的と思い込んでいる主体はそのことを当然視することになる。ところで，このようにして利益数値の改善を図る企業にとって売上の増加，少なくとも原価削減戦略による機能を含めた品質の低下による売上の低下の回避も至上命題であって，そのためブランドをはじめとする知的財産の構築が活発化していることは前述の通りである。そこで鍵となる概念が，コミュケーションにおいてHabermasが強調する4つの妥当性要求のうち，理解可能性が他の3つより優位に立つエステティックス（aesthetics）と言われるものである（Alvesson and Willmot 2003, pp.177-196）。極端に言えば，感性が理屈に勝るということである。こうした動向は知的資産経営の一翼を担っている（経済産業省 2017，首相官邸 2017）。

4．会計に関するヘゲモニー，正統性，保守性

　このような形で構成的に働く会計という操縦手段は国際社会においてGramsciの用語であるヘゲモニー（hegemony）を獲得している（Gramsci 1995）。ヘゲモニーの概念は，自律的主体を強制力や処罰や恐怖を通さずして異なる主義・主張を持つシステム・制度や集団に従わせることについて説明する。こうした従属は参加者全員による合理的なコンセンサスによるのではない。特定のシステム・制度などを正当化するイデオロギーが組み込まれている実践とそれに関するディスコースを経験することを通してそれが主体において内面化するのだが，自身を自律的または客観的・中立的と思い込んでいるため，そのような主体は自律的または客観的・中立的にシステム・制度などに合意している感覚に陥ることになる。強制力や処罰や恐怖を使うことなく，自律的または客観的・中立的と思い込んでいる主体がシステム・制度や集団に従属する様態はFoucaultのいう規律的パワーと全く同じとは言えないが，類似していると

言える。こうしてヘゲモニーを獲得したシステム・制度などは，この場合は会計であるが，正統性（legitimacy）[4]を有し，他の潜在的オルタネイティブを抑圧，排除しながら，再生産されるのである。このような状況を打ち破るために，前述のようにCMSは脱当然視を提案しているのであり，それが誓約する解放の目的は本当の意味での主体の自律性の回復であり，システムに植民地化されている生活世界の解放である。

　ただ，誤解を避ける意味で付け加えるべきことは，法制化によって規制的機能を有する操縦手段が構成的機能を有するものに変化するというリスクは会計だけでなく，当然，どの操縦手段にも伴うもので，会計における期間損益計算が構造的な問題を抱えているというより，他の操縦手段と同じように構造的に歪曲される可能性を秘めているということである。法制化によって法的プロセスが生活世界を含め多様な領域に浸透し，ヘゲモニーを獲得することについてはこれまでの考察の中で明らかにしたが，そうした法的プロセスは一般的コンセンサスを得た客観的なものと理解されている。このような客観性は擬制的客観性であることはヘゲモニーの説明において触れた通りであるが，哲学的認識論が大きく展開を遂げたきっかけとなったHusserl, E. G. A.の現象学的観点からも確認できる。すなわち，完全な自律的または客観的認識は不可能であることは主体の認識は不可避的に生活世界の影響を受けるという後期Husserlの現象学においても明らかで（木田 1991），こうした思考傾向はHeidegger, M., FoucaultやDerridaを含むポストモダンの思想など現在でも方法論として大きな影響力を持つ思想に引き継がれている。

　会計という操縦手段はマネジリアリズムに則した法制化の進展に伴い，専門知識を増大させ，Habermasのいうように，「専門家文化（Expertenkultur）」を助長させることで市民を消費者に変貌させ，「社会的に構造化された沈黙」を生じさせ，他の代替的ディスコースの可能性を排除するというように構成的に働くようになるが，誰も逆らうことができず，正統性が再生産を繰り返すのは会計が効率性または生産性の概念の上に立っているからである（Alvesson and Willmot 2003, p.148）。ただ，これだけが理由とは考えにくく，究極的に

は生存本能に結びつく保守的思考の影響も考えられる。この考え方についてはVeblenによる次の説明が分かりやすい。「制度とは、実質的に言えば、個人や社会の特定の関係や特定の機能に関する広くゆきわたった思考習慣なのである。……制度は過去のプロセスの産物であり、過去の環境に適応したものであり、それゆえ、決して現在が要求しているものに完全に一致することはない。……今日の状況が、淘汰的で強制的なプロセスを通じて、人間の慣習的な物の見方に作用を及ぼすことによって明日の制度を形作り、こうして、過去から受け継いできた物の見方や精神態度を、変更したり強化したりするのである。……今日の制度は、今日の状況に完全に適合しているわけではない。と同時にまた、現在の人間の思考習慣は、環境が変化を強制しないかぎり、無限に持続する傾向をもっている」(Veblen訳本 1998, pp.214f.)。

おわりに

以上のように、会計を批判理論的観点から、生活世界に埋め込まれたシステム・制度つまり操縦手段として、上位システムであるマネジメントのイデオロギーつまりマネジリアリズムと関連させて考察することで、従来の会計学の枠内の考察では無理であった洞察が得られたように思われる。ただここでの考察はあくまで現状説明のための理論づけであるので、それを実証する必要があるのかもしれない。会計学は社会科学の領域にあると考えると、社会科学全般に言えることが会計学にも当てはまる。それについては、自然科学のように要素を限定するなどして操作するような実験による実証はほぼ不可能なのである。しかし、自然科学でも観察者効果で示されているように完全に客観的な実証をすることができないケースが指摘されている。理論的には効率市場仮説に基づき、企業活動に関する情報公開が企業の市場株価に与える影響を研究するイベントスタディの手法も使う実証的会計理論は、証券市場において株式などの金融商品の価格が開示される会計情報に反応することから、会計情報は金融商品への投資の意思決定に有用な情報であることを説明し、会計の目的を投資意思決定情報の提供とする会計基準設定団体による概念フレームワークなどの正当

性（justification）を証明する理論の1つとも考えられている。

　ところで株価が決算情報を中心とする会計数値に反応しているとしても，そのことによって投資家が投資意思決定に有用な情報として会計数値を利用していることが実証されたことになるのか。確かに投資家の意思決定は開示される会計数値によって行われていることは明らかにできるとしても，その数値の意味，つまり，その認識や測定がどのように行われたかを考慮に入れて全ての投資意思決定がなされていることが実証されたことになっていないように思われる。プロダクト型からファイナンス型に経済がシフトしていると一般に言われており，このことよりファイナンス技法つまり金融・財務テクニックの重要性が企業活動の中で占める割合が大きくなることで，投資の金額，範囲，頻度，速度なども増えていると思われる。前述した専門家文化は法制化が進むこの金融・財務分野にも当然行き渡っており，関連した専門家が財務担当取締役などに迎えられる傾向にあるが，この分野の業務内容はどの法人にも共通するので，それはユニバーサルな専門職の典型と言える。無論のこと，そのようなマネジメントは投資意思決定に関してスピードや頻度が要求されるだけでなく，委任した相手に対して受託責任を負うことにもなる。そのような状況においては情報利用者は会計数値に関してその意味的側面よりも記号的側面を重視すると考える方が現実的なように思われる。換言すると，特定の会計基準とそれによって認識・測定された会計数値との関係を考慮に入れて意思決定するというより，過去と比べた会計数値の上下変動額つまり差異を材料に投資意思決定を行うという行動イメージの方が現実接近的でリアルというわけである。

　例えば，有価証券評価損の計上つまり金融資産の時価評価に関する企業の回避行動や見直し議論に注目する。有価証券評価損が含まれることで悪化した会計数値に対して市場の反応はネガティヴである。情報利用者の総体である市場が上述の意味的側面を重視しているとしたら，企業会計原則の保守主義の原則に則った財務健全性回復への取り組みの結果として市場はポジティヴに評価すべきである。またIFRSと日本基準の最大の相違点である暖簾の償却に関して，それが不要なIFRSの適用に変更した企業行動に対して市場がネガ

ティヴな反応をするかと言えば，現実はそうではない。こうした現状を鑑みると，上述の受託責任遂行の報告においても意味的観点より記号的観点に立って説明した方が，説明を受ける側に十分な専門的知識や情報がないため理解が得られないなどの理由からも説得力はあると思われる。さらに，法制化の進展によって高度に増大化・複雑化・多様化した会計情報（会計媒体）を使った意思決定を，完全合理性を有する経済人のモデルを用いて行うことの非現実性は，Simon, H. A.が組織的意思決定を説明する際に使った限られた合理性（bounded rationality）の概念（Simon 1997）からも明らかなので，限られた合理性しかもっていない投資家は会計数値を少なくとも全面的に意味的側面から捉えることはしないと考えるのが妥当である。このように社会科学は対象が人間やその集団であり，その行動や思考の非均質性または多様性ならびに複雑性さらに肉体的・精神的不安定性は時間的，空間的に自然科学の対象よりは高く，その内面までに踏み込んで実証分析を行うことは非常に困難であると思われる。

　これまで考察した道具的合理性を基礎としたシステムによる世界の植民地化はこのように学問分野にも見られ，自然科学的手法によって社会科学方法論が植民地化され，他の代替的方法論の可能性が排除されつつある状況にある。このような学問的状況を鑑みても，生活世界の植民地化は以前より速く，幅広く，高度に進められており，多様性を認める社会という政策的提言は効率性や生産性に関連する対象の範疇に限られていることを改めて認識させられる。

　そして道具的理性の究極形はAIなのかもしれないが，『啓蒙の弁証法』（Horheimer and Adorno 訳本 2008）の概念に即して考えると，終局的には効率性や生産性の低い人間は不要という判断をAIが下すことになる。AIは会計への導入も検討されているようだが，過去の特定の人間の知識や思考様式の集合体に過ぎないので，当然ながら完全な普遍性や客観性は望めない。自然科学方法論に基づき，せいぜい過去と現在の極めて限定的なコンテクストにおいてしか客観性を保証できない，つまり，不偏的，普遍的，客観的になり得ない社会的システム・制度はコンテクストの変化や複雑で多様な人間のニーズに全面的に対応することはできないのだが，自律的と思い込んでいる主体がそのこと

を真に認識できるのはヘゲモニーという濃霧が晴れた時である。

〔注〕

1　CMSにおいてはマネジメントをその行為と行為主体の両方の意味で使っており，後者に関してはマネジャーと区別する意味で取締役および監査役などを含めた会社役員を示している。
2　ディスコース（discourse）とは全体構成，語句の使い方，文法などの言語表現の総体を意味するが，Foucaultの用法によるディスクール（discours）は，パワーと結びついている可能性が高く，現実の反映だけでなくその創造も行うことを指す。
3　「個々人が自分自身によって，自らの身体，自らの魂，自らの思考，自らの行動にいくつかの操作を加えながら，自らのうちに変容をもたらし，完成や幸福や純粋さや超自然的な力などのある一定の段階に達することを可能にする，そうした技術」（Foucault 訳本 2006, p.121）
4　圧倒的存在として権威化されることを正当化されたことを意味する。

〔参考文献〕

Alvesson, M. and H. Willmott (ed.) (1992), *Critical Management Studies*. Sage.
Alvesson, M. and H. Willmott (ed.) (2003), *Studying Management Critically*. Sage.
Alvesson, M., T. Bridgman and H. Willmott (ed.) (2009), *The Oxford Handbook of Critical Management Studies*. Oxford University Press.
Alvesson, M. and H. Willmott (eds.) (2011), *Critical Management Studies*. Vol. 1 -4. Sage.
Austin, J. L. (1962), *How to Do Things with Words*. Harvard University Press（坂本百大訳『言語と行為』大修館書店 1993年）.
Child, J. (1969), *The Business Enterprise in Modern Industrial Society*. Collier Macmillan.
Davis, G. (1997), Implications, consequences and futures. In G. Davis, B. Sullivan, & A. Yeatman (eds.), *The new contractualism?* (pp.224-238). Macmillan.
Derrida, J. (1967), *L'ecriture et la différence*. Tel Quel（合田正人ほか訳『エクリチュールと差異』法政大学出版局 2013年）.
Drucker, P. (1973), *Management*. New York: Harper & Row（上田惇生訳『マネジメント』（上・中・下）ダイヤモンド社 2008年）.
Drucker, P. (1993), *Post-Capitalist Society*. HarperCollins（上田惇生訳『ポスト資本主義社会』ダイヤモンド社 2007年）.
Enteman, W. (1993), *Managerialism: The emergence of a new ideology*. The University of

Wisconsin Press.

Fitzsimons, P. (2015), Managerialism and Education. *Encyclopedia of Educational Philosophy and Theory.* Springer, pp.1-5.

Foucault, M. (1975), *Surveiller et punir, naissance de la prison* Gallimard（田村俶訳『監獄の誕生―監視と処罰』新潮社 1977年）.

Foucault, M. and R. Sennett (1981), Sexuality and Solitude. *London Review of Books* 3, no.9 (「性現象と孤独」慎改康之訳『フーコー・コレクション5 性・真理』小林康夫他編 筑摩書房 2006年).

Gramsci, A. (1995),『グラムシ・リーダー』デイヴィド・フォーガチ編 東京グラムシ研究会監修・訳 御茶の水書房.

Habermas, J. (1971), *Towards a Rational Society: Student Protest, Science, and Politics,* J.J. Shapiro (trans.). Heinemann.

Habermas, J.(1981), *Theorie des kommunikativen Handelns, Band 1: Handlungsrationalität und gesellschaftliche Rationalisierung;* Band 2: Zur Kritik der funktionalistischen Vernunft, Suhrkamp（河上倫逸他訳『コミュニケイション的行為の理論』（上・中・下）未来社 1985-87年）.

Heiddeger, M. (1927), *Sein und Zeit* In: *Jahrbuch für Philosophie und phänomenologische Forschung.* Band 8（細谷貞雄訳『存在と時間』（上・下）筑摩書房 1994年）.

Horkheimer, M. and T. Adorno (1947), *Dialektik der Aufklärung.* Querido Verlag（徳永恂訳『啓蒙の弁証法』岩波書店 2008年）.

Laclau, E. and C. Mouffe (2001), *Hegemony and Socialist Strategy: Towards a Radical Democratic Politics.* 2nd ed.Verso（西永亮他訳『民主主義の革命―ヘゲモニーとポスト・マルクス主義』筑摩書房 2012年）.

Marcuse, H. (1964), *One-Dimensional man.* Beacon Press（生松敬三他訳『一次元的人間』河出書房新社 1980年）.

Moxter, A. (1984), *Bilanzlehre,* Bd.1, 3. Aufl. Wiesbaden.

Pusey, M. (1991), *Economic rationalism in Canberra.* Cambridge University Press.

Roberts, J. and R. Scapens (1990), Accounting as discipline. In D. J. Cooper and T. Hopper (eds), *Critical Accounts.* Macmillan.

Saussure, F. D. (1916), *Cours de linguistique Générale.* Payot（小林英夫訳『一般言語学講義』岩波書店 1972年）.

Simon, H. A. (1997), *Administrative Behavior: A Study of Decision-Making Process in Administrative Organization.* 4th edition. The Free Press.

Veblen, T. B. (1899), *The Theory of the Leisure Class*（高哲男訳『有閑階級の理論―制度の進化に関する経済学的研究』筑摩書房 1998年）.

Weber, M. (1921-22), Soziologie der Herrschaft. *Wirtschaft und Gesellschaft*. Mohr（世良晃志郎訳『支配の社会学Ⅰ・Ⅱ』創文社 1960・1962年）.

青柳文司（1986）『アメリカ会計学』中央経済社.

河上倫逸・マンフレッド・フーブリヒト編（2015）『法制化とコミュニケイション的行為――ハーバーマス・シンポジウム』未来社.

木田元（1970）『現象学』岩波書店.

杉原周樹（2002）『経営計算の社会的構造』同友館.

中山元（2010）『フーコー 生権力と統治性』河出書房新社.

企業会計基準委員会（2006）「討議資料 財務会計の概念フレームワーク」.

経済産業省（2017）「知的資産・知的資産経営とは」http://www.meti.go.jp/policy/intellectual_assets/teigi.html.（2017年9月7日閲覧）

首相官邸（2017）「知的財産戦略本部」https://www.kantei.go.jp/jp/singi/titeki2/（2017年9月7日閲覧）

第 9 章

監査制度の正統性の補修戦略における課題

嶋津 邦洋

はじめに

　監査制度[1]は，大企業の会計不祥事や「監査の失敗[2]」事例に伴い，多くの場合，制度改正や制度対応が行われてきた。例えば，海外においては，エンロン事件やワールドコム事件が代表的であり，それらの事件への対応としてSarbanes-Oxley法（SOX法）が制定され，監査業務と非監査サービスの同時提供の禁止，伝統的リスク・アプローチの重視と内部統制監査報告制度の導入，PCAOB（Public Company Accounting Oversight Board：公開会社会計監視委員会）の設置[3]などが行われた。また，国内においても，カネボウ事件やオリンパス事件などを受け，内部統制監査報告制度[4]や監査における不正リスク対応基準が制定された。また，これらの一連の事件では，監査法人や被監査会社の業務停止，業務改善命令，課徴金なども実施されている。

　このような制度改正や制度対応は，「財務諸表の適正なディスクロージャーを確保するための資本市場の重要なインフラストラクチャー（企業会計審議会2013）」を補修するための方策であるとともに，監査法人や被監査会社への行政処分は，監査制度の信頼を回復するための方策であると考えられる。

　そのような中，2015年に明らかになった東芝の粉飾決算事件およびそれを契機として会計監査を巡る様々な事象（以下，東芝事件）が起こっている。すなわち，東芝事件はそれ自体が「監査の失敗」の一事例であるだけでなく，その

後も2016年度第3四半期報告書の独立監査人の四半期レビュー報告書において「結論の不表明」がなされ、2016年度有価証券報告書および2017年度第1四半期報告書では「限定付適正意見」が示されたものの両報告書の提出が大幅に遅れるなど、東芝と監査法人の間に問題があることが報じられている（例えば、『日本経済新聞』2017年8月11日など）。

これら一連の出来事は、単に東芝に対する不信感のみならず、監査法人の意見の変化や監査法人間の意見の食い違いなどにより、監査制度全体に対しても社会的な不信感を招きかねないものと考えられる（例えば、『日本経済新聞』2015年12月23日、2017年5月30日など）。

そこで、本研究では、東芝と監査法人との間に起こった事象を概観するとともに、それらが監査制度にどのような影響を与えうるか、また監査制度の社会的な信頼性が損なわれたのであればそれを回復していくためには、今後どのような課題があるかについて考察を行う。

1. 正統性と監査制度

監査制度の社会的な信頼性を議論するにあたって、「社会的な信頼性」という概念は抽象的なものであるため、本稿ではそれに代わる概念として社会学の分野において用いられ、経営学における組織研究においても用いられる「正統性（Legitimacy）」の概念を援用する。正統性とは、端的にいえばあるものが社会に受け入れられる根拠であり[5]、監査制度が正統性を保持するかどうか、どのような正統性を保持しているかを分析することによって、監査制度がどのように社会に受け入れられているかを理解することができると考えられる。本節では、まず正統性の定義について整理を行い、そして正統性が危機に陥った際の補修戦略について概観する。

1.1 正統性の定義と監査制度の正統性

正統性の定義も研究者によって様々であり（例えば、Dowling and Pfeffer

1975, p.122, Meyer and Scott 1983, p.201)。また，正統性は多面的な特徴を持つため，それらが異なるコンテクストにおいて多様に働くということが示唆されており，どう働いているかは直面している問題の性質に依拠する（Suchman 1995, p.573）。

そのような正統性の定義について，Suchman（1995）が正統性の言葉の意味が何かについて精密に行っており（Greenwood et al. 2008, p.17），彼は様々な研究者たちの正統性の定義を整理したうえで，1つの定義に集約を行っているため，本稿ではSuchmanの正統性の定義を援用する。Suchman（1995）で提示された正統性の定義は「規範，価値，信条，および定義に関するいくつかの社会的に構築されたシステムの中での，実体の行動が必要とされるか，正確であるか，もしくは適切であるという一般化された知覚または仮定（p.574）」である。

ここでの「社会」の概念は広く，また，正統性はその組織や制度を取り巻く環境によって構築，保持されるものであり，そのような環境を組織または制度の「フィールド（DiMaggio and Powell, 1983）」という。そのようなフィールドには，組織または制度を構成する主体と，組織または制度を取り巻く主体，すなわち構成員と関係者（聴衆）[6]がいる。

上記の正統性の定義を監査制度に援用すると次のように考えられる。すなわち監査制度の正統性とは，「ディスクロージャー制度に関するいくつかの社会的に構築されたシステムの中での，監査制度が必要とされるか，正確であるか，もしくは適切であるという一般化された知覚または仮定」である。また，監査制度のフィールドとは，監査法人（または個人の公認会計士），クライアント，株主，投資家，債権者，専門職協会，（専門的なもの，各国独自のもの，国際的なものを含む）規制（団体）で構築され，このうち構成員は監査法人，クライアント，専門職協会，規制である（Robson et al. 2007を参考のうえ日本の状況に合わせて改変）。

1.2 正統性の補修戦略

　正統性が組織や制度によって一度獲得されると，それは安定的なものとなるが（Ashforth and Gibbs 1990, p.183），一般的に正統性は喪失の危機に陥ることがあり，そのような危機は普通，明確に問題が知覚されるまでは気付かれることがない（Suchman 1995, p.597）。すなわち，監査制度が保持している正統性の危機についても，会計不正事件や監査の失敗などの問題が明確になると，知覚されるということである。

　このような「正統性の危機」において，Suchman（1995）は，組織が正統性を補修するための方法に関しても提示している。すなわち，主に，(1)正統性の喪失の危機を正常に戻すための説明を行い（Marcus and Goodman 1991），(2)正統性の再構築（Pfeffer 1981）を行うということである。

　(1)の正統性の喪失の危機を正常に戻すための説明には，4つのタイプ，すなわち「否定（denial）」，「弁解（excuse）」，「正当化（justification）」および「釈明（explanation）」が考えられる（Ashforth and Gibbs 1990）。初めに，「否定」とは，金銭的な埋め合わせの用意が整うまでは，管理者は問題そのものを否定するということである。ただし，このような「否定」は誠実に行われない限り，その後の正統性の蓄積はひどく困難になる。したがって，問題を「否定」するよりも，管理者は「弁解」を行うかもしれない。「弁解」とは，構成員のモラルを疑ったり，責任を転嫁したりすることで問題を説明するということである。しかしこれは，フィールドにおける個別の組織実体を非難することをしばしば意味し，組織または制度による管理的コントロールの欠如を提示するので，「両刃の剣」を持つことになる（Ashforth and Gibbs 1990）。そして，「正当化」とは，問題を正当化しようと試みることであり，すなわち，問題が問題として認識されるモラルや認知と一致するように見えるようにするために，過去に遡って組織または制度の意味や目標を再定義することである。管理者は，「弁解」による「両刃の剣」を避けるために，このような「正当化」を行うことがある。最後に，「釈明」とは，問題を「正当化」する説明を考案することができないならば，それでもなお支持的に見える観点で問題を説明することで，

わずかでも組織や制度の認知的役割を保持するという方法である。

そして，(2)の正統性の再構築にあたって，これを無差別に行うことは返って不安定で信頼できないものに見えるようになるかもしれない。しかし，特定の側面には欠陥があることを認め，その部分の問題を改善するために決定的に明白にして行うことは効果的である。このような再構築においては2つのタイプが重要な役割を果たす。1つめは，政府の規制の誘因，オンブズパーソンの雇用，または苦情処理の制定といった「監視装置と番犬（monitors and watchdogs）」を構成員や組織に含めることである。これはコストが増加するが，過去の悔い改めと将来に対する「保証金」を象徴するので，その組織や制度と関わりを持つことを安全に再開できるという説得な意味を持つ（Pfeffer 1981）。2つめの再構築の形式は，組織や制度を「悪影響」から象徴的に遠ざける構造的変化を用いる「分離（disassociation）」である。この形式の最も一般的なものは企業における役員の交替である（Pfeffer 1981）。

1.3 分析枠組みと研究目的

ここまで，一般的な正統性の定義を援用した監査制度の正統性，および一般的な正統性の補修戦略について，整理および概観してきた。本稿ではここで提示した監査制度の正統性，監査制度のフィールドに基づいて考察を行う。具体的には，会計不祥事や監査の失敗を監査制度の正統性の危機と捉え，それらに対する制度対応等が正統性の補修戦略としてどのように行われてきたかについて，東芝事件とこれまで起こったその他の会計不祥事や監査の失敗事例とを比較しながら考察する。そして，それらの比較から監査制度の正統性の補修戦略における課題を浮き彫りにすることを本研究の目的とする。

2．監査の失敗事例の概要

本研究では，東芝事件とこれまで起こったその他の会計不祥事や監査の失敗事例との比較を行うが，監査制度の正統性の補修という観点からは，その他の

会計不祥事や監査の失敗事例は構造的には大きな違いがないため，ここでは会計監査人の共謀で社会に大きな衝撃を与えたカネボウ事件を具体例として取り上げる。したがって，本節では，監査制度の正統性の補修を考察するにあたって，まずはカネボウ事件と東芝事件の概要について整理を行う。

2.1 カネボウ事件

　カネボウ事件は巨額の粉飾事件として周知の通りである。その粉飾方法は多岐にわたるが，主たるところではグループ会社や協力会社を使った架空売上と，資本関係のない取引先などに協力を依頼した不良在庫・不良債権を抱える子会社の連結外しであった（浜田 2008, pp.9-10）。このような粉飾経理の存在は，同社が2004年4月に設立した「経営浄化調査委員会」による同年10月27日の報告で明らかとなった（吉見 2009, p.221）。その粉飾利益総額は2000年3月期から2004年3月期までで約2,150億円であり，2004年3月期の連結純資産も約2,200億円の債務超過を約5億円の資産超過に粉飾していた[7]。そして，このカネボウの粉飾事件は，その金額が巨額なことだけでなく，監査人が共謀していたという事実がその影響を一層大きなものとしている。2005年9月13日，中央青山監査法人に所属する4人の公認会計士が東京地検特捜部によって逮捕され，同年10月3日に，そのうちの1人は起訴猶予となったものの，3人は起訴された（神森 2006, p.45）。また，2006年5月10日，金融庁は，中央青山監査法人に対して，2カ月間の業務停止命令を出すとともに，起訴された公認会計士2名を登録抹消，1名を業務停止処分に付した（神森 2006, p.45）。結果として，カネボウは2005年に上場廃止となり，中央青山監査法人もみすず監査法人に改称し再出発を図るも，2006年の日興コーディアルグループの虚偽記載事件の影響が大きく2007年に解散に至った。

2.2 東芝事件

　東芝事件は不正会計事件としては，2015年4月に明らかになった粉飾決算が中心ではあるが，それを契機として，その後の東芝の業績悪化にも大きく影響

を与えており，2017年においても子会社の損失認識時期について監査法人と見解が異なる等の監査制度に関わる問題として続いている。したがって，ここでは，2015年4月の粉飾決算が明らかになった時点から，本稿執筆時点である2017年9月時点までの事件の概要を整理していく。

　東芝事件は当初，インフレ関連の工事進行基準に係る会計処理について，不適切な見積もりが行われていることを明らかにし，特別調査委員会を設置した。その後，特別調査委員会の結果を受けて，東芝は2015年3月期の営業利益を500億円減額修正することを発表し，さらにインフラ関連のみならず主力事業の大半を調査対象とする第三者委員会を設置した。同年7月に公開された第三者委員会の調査報告書によれば，パソコン事業，半導体事業，原発事業などにおいて過去7年間で1,500億円を超える利益の水増しがあったとされている。これら一連の粉飾決算に対して，同年12月には，金融庁が東芝に約73億円の課徴金納付命令を下し，新日本監査法人にも課徴金21億円，3ヵ月の新規業務の受付停止，東芝を担当していた7人の公認会計士に対する1ヵ月～6ヵ月の業務停止措置の3つの行政処分を下した。これを受けて，新日本監査法人においても理事長が責任を取り辞任している（『日本経済新聞』2015年12月19日）。

　その翌年の2016年12月には，東芝はアメリカの原子力発電所事業の子会社であるウェスチングハウス社ののれんの減損の可能性を発表し，翌3月には同社の米国連邦破産法の再生手続きを申し立てた。このウェスチングハウス社で発生した巨額損失の認識時点について，2017年3月期の会計監査人であるPwCあらた監査法人と前任の新日本監査法人と東芝との間で意見が分かれ（『日本経済新聞』2017年8月24日，東芝『2016年第3四半期報告書』），東芝は2017年3月に公表予定であった2016年第3四半期報告書の提出期限延長を申請した。これは2017年4月まで延期され，最終的に独立監査人の四半期レビュー報告書において「結論の不表明」の2016年第3四半期報告書を東芝は提出した。その後，同じ論点について三社間での協議が続き，6月公表予定であった2017年3月期有価証券報告書の提出期限も延長され，8月に2017年3月期有価証券報告書および2017年度第1四半期報告書が提出された。これら両報告書の監査人の

適正意見および結論は，いずれも先に挙げたウェスチングハウス社で発生した巨額損失の認識時点について除外事項を付した限定付のものであった（東芝『2017年3月期有価証券報告書』，東芝『2017年度第1四半期報告書』）。

　上記からわかるように，東芝事件は，その前半においてはSuchman（1995）が述べているように，粉飾決算事件という明確な問題として知覚され，監査制度の正統性の危機として捉えられるものであり，それはその他の会計不祥事や監査の失敗事例と同様である。他方で，後半は粉飾決算事件のような明確な問題としては知覚され難いものの，構成員間の意見対立等によって，監査制度に対する不信を生じており，監査制度の正統性の危機が起こっていると理解することができる。

3．監査制度の正統性の補修戦略

　本節では，前節で概観したカネボウ事件と東芝事件に対して，監査制度における制度的対応を正統性の観点から考察する。まずはカネボウ事件と東芝事件の前半の粉飾決算事件についての正統性の危機の源泉とその制度的対応について構造的に分析を行う。その後，東芝事件の後半の構成員間の意見対立を構造的に示すことで，監査制度の正統性の危機の補修における課題を浮き彫りにする。

3.1　一般的な監査の失敗事例における正統性の補修

　カネボウ事件の対応として行われたことの最も大きなものは，上述した中央青山監査法人の業務停止命令と内部統制監査報告制度の導入である。これらの一連の対応を1.2節で提示した「正統性の補修」の文脈で考察すると次の通りである。すなわち，まず，中央青山監査法人の業務停止という対応は，構成員である中央青山監査法人のモラルを疑うという(1)の「正常に戻すための説明」としての「弁解」という方法を取っており，業務停止とすることで監査制度に「悪影響」を及ぼす構成員を切り離すという(2)の「正統性の再構築」として

図表9-1◆監査の失敗における正統性の補修

カネボウ事件

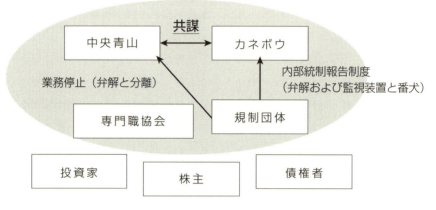

東芝の粉飾決算事件

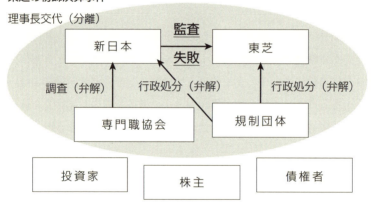

出所:筆者作成。

「分離」を行っていると見ることができる。次に,内部統制監査報告制度の導入についても,被監査会社の内部統制に欠陥があるとして責任を転嫁するという(1)の「正常に戻すための説明」として「弁解」の方法を取っており,内部統制の整備・運用および評価の報告,およびその監査という方法を取ったということで,(2)の「再構築」としては「監視装置と番犬」の導入を行っていると捉

えられる。

　それに対して，東芝事件の前半である粉飾決算事件については，金融庁が東芝に約73億円の課徴金納付命令を下し，新日本監査法人にも課徴金21億円，3カ月の新規業務の受付停止，東芝を担当していた7人の公認会計士に対する1カ月〜6カ月の業務停止措置の3つの行政処分を下しており，また，新日本監査法人においても理事長が責任を取り辞任している。これらのうち，東芝，新日本監査法人および東芝を担当していた公認会計士に対する行政処分は，当事者達のモラルを疑うという(1)の「正常に戻すための説明」としての「弁解」の方法を取っていると考えられる。また，新日本監査法人の理事長交代については，(2)の「正統性の再構築」として「分離」が行われていると見ることができる。

　これら両事件を構造的に整理したものが図表9-1である。なお，図表中の円で囲まれた部分が監査制度のフィールドにおける構成員であり，円の外が関係者である。ここからわかるように，正統性の危機の補修に関して，個別的なレベルは当然違いがあるにしても，概ね類似する構造となっている。

3.2　東芝事件の正統性の危機の特徴

　東芝事件の前半である粉飾決算事件についての制度的対応を正統性の補修の観点で上記のように見てきたが，後半の構成員間の意見対立等についてもここで見ていく。構成員間の意見対立は，ウェスチングハウス社で発生した巨額損失の認識時点についてであるが，詳細は次の通りである。

　すなわち，PwCあらた監査法人は，ウェスチングハウス社が2016年3月31日現在の工事損失引当金の暫定的な見積もりに，すべての利用可能な情報に基づく合理的な仮定を使用しておらず，すべての利用可能な情報に基づく合理的な仮定を使用して適時かつ適切な見積もりを行っていたとすれば，これらの損失のうちの相当程度ないしすべての金額が，前連結会計年度に計上されるべきものであったという意見を持っている（東芝『2017年3月期有価証券報告書』）。それに対して，前連結会計年度の監査を担当していた新日本監査法人は，金融

庁の行政処分を受けた後であり，決算内容を精査したこともあり，過年度決算の訂正には応じなかった（『日本経済新聞』2017年8月11日）。東芝も，2016年3月期有価証券報告書において，新日本監査法人から無限定適正意見を受けており，当該処理に問題があるとは認識していない。このように，東芝と新日本監査法人は，2016年3月期有価証券報告書は適正であるという立場を取っているのに対し，PwCあらた監査法人は不適正であると考えている。

ただし，PwCあらた監査法人においても，東芝の2017年度第1四半期報告書の開示プロセスにおいては当該案件を強く問題視しており，最終的に結論の不表明を付したのに対し，2017年3月期有価証券報告書の開示においては，その中で当該案件を「未修正の重要な虚偽表示」と記述しながらも除外事項にとどめ，適正意見を付しており，態度の変化がみられる。

このような状況を監査制度の正統性の定義である「ディスクロージャー制度に関するいくつかの社会的に構築されたシステムの中での，監査制度が必要とされるか，正確であるか，もしくは適切であるという一般化された知覚または仮定」に照らせば，当事者間で意見対立や態度変化がみられるものが正確である，もしくは適切あるとみることは困難であり，東芝事件の後半の構成員間の意見対立等も監査制度の正統性に危機をもたらしていると考えられる。この正統性の危機を，前半の粉飾決算事件と比較しながら図示したものが**図表9-2**である。

図表9-2からわかるように，一般的な会計不祥事や監査の失敗とは異なり，東芝事件の後半は正統性の危機の源泉が分散している。東芝事件の後半も監査制度の正統性という観点からは危機が生じていると理解することができるため，何らかの制度的対応が必要であることがわかる。ただし，そこでの正統性の補修戦略としては，一般的な会計不祥事や監査の失敗で行われたもののように明確に知覚されたものではないため，Suchman（1995）で提示された正統性の補修戦略を取る場合でも慎重に検討する必要があるだろう。

第9章 監査制度の正統性の補修戦略における課題　153

図表9-2◆東芝事件による監査制度の正統性の危機の構造

東芝事件の前半

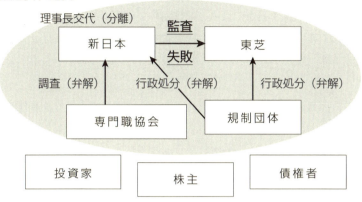

東芝事件の後半

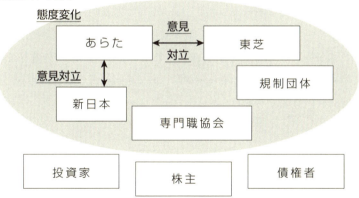

出所：筆者作成。

おわりに

　本稿では，カネボウ事件と東芝事件を手掛かりとして，監査制度の正統性の補修戦略における課題を浮き彫りにすることを目的として考察を行ってきた。まずは，正統性の危機という観点では，東芝事件の後半についても，明確な問題として知覚することが難しいものの，補修を行うべきこととして理解するこ

とを提示している。そして東芝事件の後半は，正統性の危機の補修を行う際に，カネボウ事件や東芝事件の前半のような一般的な会計不祥事や監査の失敗とは，正統性の危機の源泉が異なるため，補修戦略も慎重に行う必要があることを構造的に提示した。これらの内容は，監査制度を正統性という観点で捉える研究の蓄積が非常に少ないため，今後の制度設計においても重要であると考えられる。

ただし，本研究で取り上げた東芝の事例は，本稿執筆時点では進行中の内容であるため，新聞記事等の二次資料も利用しての考察にならざるを得なかった。今後，より精緻に議論を行うためには，継続的にこの事例の追究を行う必要があると考えられる。また，「正統性」の概念については，本稿では紙幅の関係もあり詳細には取り上げていないが，Suchman（1995）が正統性は多面的な特徴を持つことを提示しており，それら正統性のサブタイプまで視点を深めて考察する必要があるであろう[8]。加えて，現在の監査制度において，監査法人は国際的なネットワークを形成して監査業務を行っており，東芝の事例においてもウェスチングハウス社の調査においてはアメリカPwCが無関係であるとは考えにくく，監査制度のフィールドについても再検討の余地はある。これらは将来研究への課題である。

〔注〕

1 本稿では，監査基準や公認会計士法といった規制のみならず，現代社会において会計監査を成立させている慣行や構造を含めた広い意味で「監査制度」という言葉を用いている。
2 ここでの「監査の失敗」は，鳥羽（2010）に基づき，広く捉えている。すなわち，「『監査の失敗』とは，監査人が法的責任を追及され敗訴した事案に限らない。金融庁による行政処分（業務改善命令・課徴金納付命令等）の対象となった事案のほか，新聞等で報道された事案も含む。監査人が意図的に虚偽証明をした場合はもちろんのこと，財務諸表上の重要な虚偽表示に気づかず，結果として無限定適正意見を表明した場合」を含んでいる。
3 SEC管理下で，会計事務所の登録，定期的検査や問題の調査と懲戒，監査業務や品質管理，倫理，独立性などの監査に関する諸基準の設定と承認権を持つ（山浦 2008, pp.64-65）。
4 内部統制監査報告制度は，2004年10月13日の西武鉄道による有価証券報告書の「株主の

状況」欄の不実記載事件への対応ともいわれるが（例えば，町田 2008, pp.33-34），カネボウの「経営浄化調査委員会」による粉飾の報告も同年10月27日に行われており，その後に金融庁が11月16日に「ディスクロージャー制度の信頼確保に向けた対応について」および12月24日に「ディスクロージャー制度の信頼性確保に向けた対応（第二弾）について」を公表しているため，時系列を考慮すると，内部統制監査報告制度は西武鉄道事件だけでなく，カネボウ事件への対応とも考えられる（吉見 2009, p.219, p.221）。

5　例えば，高畠（1986）は，マックス・ウェーバーが正統性を権力が命令を発しうる根拠として捉えていることを述べている（pp.63-64）。

6　Suchman（1995）は，構成員（constituents）と聴衆（audience）という言葉を用いているが，「聴衆」という訳語は対象が広くなりすぎるため，本稿では「関係者」という言葉で主に用いる。

7　カネボウ『有価証券報告書』および同『有価証券報告書の訂正報告書』から算定。

8　東芝事件は取り上げていないが，カネボウ事件も含むいくつかの事例について，正統性のサブタイプまで言及し，監査制度の制度対応を議論しているものとして，拙稿（嶋津 2011）を参考にされたい。

〔参考文献〕

Ashforth, B. E. and B. W. Gibbs (1990), 'The Double-Edge of Organizational Legitimation,' *Organization Science* Vol. 1 (2), pp.177-194.

DiMaggio, P. J. and W. W. Powell (1983), 'The Iron Cage Revisited: Institutional Isomorphism and Collective Rationality in Organizational Fields,' *American Sociological Review* Vol. 48(2), pp.147-160.

Dowling, J. and J. Pfeffer (1975), 'Organizational Legitimacy: Social Values and Organizational Behavior,' *Pacific Sociological Review* Vol. 18(1), pp. 122-136.

Greenwood, R., C. Oliver, K. Sahlin and R. Suddaby (2008), *The SAGE Handbook of Organizational Institutionalism*, SAGE Publication Inc.

Marcus, A. A. and R. S. Goodman (1991), 'Victims and Shareholders: The Dilemmas of Presenting Corporate Policy during a Crisis,' *Academy of Management Journal* Vol. 34 (2), pp.281-305.

Meyer, J. W. and W. R. Scott (1983), Centralization and the Legitimacy Problems of Local Government. in Meyer J. W. and W. R. Scott ed., *Organizational Environments: Ritual and Rationality*, SAGE Publication, pp.199-215.

Pfeffer, J. (1981), 'Management as Symbolic Action: The Creation and Maintenance of Organizational Paradigms,' *Research in Organizational Behavior* Vol. 13, pp.1-52.

Robson, K., C. Humphrey, R. Khalifa and J. Jones (2007), 'Transforming Audit Technologies: Business Risk Audit Methodologies and the Audit Field,' *Accounting, Organizations and Society* Vol. 32(4-5), pp.409-438.

Suchman, M. C. (1995), 'Managing Legitimacy: Strategic and Institutional Approaches,' *Academy of Management Review* Vol. 20(3), pp.571-610.

神森智 (2006)「財務会計と財務諸表監査：カネボウ事件・ライブドア事件に因んで」『松山大学論集』18(4), pp.41-60, 松山大学.

企業会計審議会 (2013)「監査基準の改訂及び監査における不正リスク対応基準の設定について」1月25日.

嶋津邦洋 (2011)「日本における監査制度の正統性とその補修」『六甲台論集』58(1, 2), pp.45-62, 神戸大学大学院経営研究会.

高畠通敏 (1986)『政治学への道案内〈増補新版〉』三一書房.

鳥羽至英 (2010)「監査の失敗と監査上の懐疑主義」『商学研究科紀要』71, pp.1-19, 早稲田大学大学院商学研究科.

浜田康 (2008)『会計不正：会社の「常識」 監査人の「論理」』日本経済新聞出版社.

町田祥弘 (2008)『内部統制の知識〈第2版〉』日本経済新聞社.

山浦久司 (2008)『会計監査論〈第5版〉』中央経済社.

吉見宏 (2009)「内部統制基準制定の契機：西武鉄道等の事例との関連」『經濟學研究』58(4), pp.217-222, 北海道大学.

第10章

簿記における縦割り教育

城 冬彦

はじめに

「鉄は熱いうちに打て」という言葉があるが，簿記においても熱いうちに打つべきと思われるものがある。それは決算で行われる決算整理仕訳である。現在における高等学校の簿記教科書では，現金過不足の処理を除いて，日常の取引と決算整理とを分けた構成となっている。具体的にいうと，例えば，日常の取引である有価証券の購入や売却取引を学習する章と，有価証券の評価替えを学習する章を分けた構成となっている。しかし，筆者は，決算整理は日常の取引と独立した取引ではなく，日常の取引の延長線上に決算整理があると考え，日常の取引と決算整理を一連の流れで学習する縦割り教育を実践している。

そこで，本論文では，現在のような構成は伝統的に受け継がれているのかについて調べるとともに，簿記における縦割り教育の実践について述べる。また，高校の先生方が決算整理をどのタイミングで教えているのかをアンケート調査し，高校において縦割り教育を実践すべきかについて考察する。

1. 簿記教科書の構成と内容

1.1 現在までの構成

現在の高校の教科書は，日常の取引と決算整理とを分けた構成となっている

が，初めて『高等学校学習指導要領商業科編（試案）』が発表された昭和25年ごろまで遡って，決算整理事項が単元（ここでは，日常の取引と決算整理事項が同じ章の学習内容となっている場合に単元という）に組み込まれているのか，または，決算整理の章で採り上げているのかをまとめた[1]。

章の構成を4つに分類すると，1つ目は，決算整理事項は全て単元に組み込んだ構成（以下「全単元」という）で，当該構成が縦割り教育である。2つ目は，決算整理事項は全て1つの決算整理の章で採り上げた構成（以下「全部決算整理」という），3つ目は，決算整理事項のいくつかを決算整理の章で採り上げた構成（以下「一部決算整理」という），4つ目は，決算整理事項を2つの決算整理の章に区分した構成（以下「区分決算整理」という）となる。

昭和20年代後半は，3冊（異なる出版社）とも一部決算整理による構成であった。昭和30年代と昭和40年代では，全単元の教科書が10冊で一番多く，次に現金過不足の処理のみを単元とする，全部決算整理の構成に近い教科書が5冊（章立ては「決算（その1）」と「決算（その2）」となっているが，これらのページが連続した構成の教科書も含む）出版された。同じ出版社から全単元と全部決算整理の構成に近い教科書が出版されており，実教出版は一部決算整理による構成の教科書も3冊出版していた。

昭和50年代から平成初期にかけては，昭和53年の『高等学校学習指導要領』の改訂（昭和57年施行）により，有価証券の評価・経過勘定項目などが簿記会計Ⅱに移行した影響からか，日常の取引と決算整理を区分する傾向となった。現金過不足の処理・商品に関する勘定の整理・貸し倒れの見積もり・減価償却の直接法については各単元で，その他の決算整理事項は決算整理の章で採り上げている一部決算整理による構成が6冊で，また，現金過不足の処理のみ単元で，商品に関する勘定の整理・貸し倒れの見積もり・減価償却の直接法は決算（その1）の章，有価証券の評価・減価償却の間接法・経過勘定項目は決算（その2）の章で採り上げている区分決算整理による構成が4冊出版された。そして，昭和50年代から全単元による構成の教科書は姿を消した。

平成14年以降は，平成15年から始まったゆとり教育に合わせるかのように，

現金過不足の処理のみ単元で，商品に関する勘定の整理・貸し倒れの見積もり・減価償却の直接法は決算（その1）の章，有価証券の評価・減価償却の間接法・経過勘定項目は決算（その2）の章で採り上げる区分決算整理による構成に固定された。『高校簿記新訂版』（大塚・川村ほか 2015）の章立てを見てみると，決算（その1）の前に決算（その1）で扱う決算整理事項と関わる日常の取引（商品売買の記帳，掛け取引の記帳，固定資産の記帳）を学習し，その後，決算（その2）で扱う決算整理事項と関わる日常の取引（有価証券の記帳）を学習してから決算（その2）の章へと進んでいる。区分決算整理による構成とするならば，自然な章立てと思われる。

『新簿記新訂版』（安藤ほか 2015）と『簿記新訂版』（醍醐ほか 2015）は，すべての日常の取引を学習した後に決算（その1），続いて財務諸表の作成，3伝票制を学習し，『簿記新訂版』では，さらに特殊商品売買，特殊な手形取引，特殊仕訳帳などを学習した後に決算（その2）となる章立てとなっている。いずれの教科書とも，日常の取引から相当の時間が経っているので，決算整理事項の学習に先立ち，その日常の取引について復習をせざるを得ないであろう。

1.2 各章の内容

各章での決算整理の取り扱い方について述べるとともに，その改善すべき点について指摘する。

1.2.1 現金過不足

現金過不足は，1つの教科書[2]以外は「現金・預金の記帳」の章に組み込まれた構成となっている。そこでは，現金として扱われるもの，現金出納帳，そして，現金過不足の順で構成されている。

現金過不足の処理について見てみると，Ⓐ現金の帳簿残高と実際有高とのくいちがいが生じたとき，Ⓑ過不足の原因が判明したとき，そして，Ⓒ決算日になっても過不足の原因が不明のとき，について説明している。このⒶ，Ⓑ，Ⓒの流れは自然であり，このようにⒶとⒷの流れを踏まえてⒸに導く方が，決算

整理に係る会計処理を理解させやすい。当該構成が日常の取引から決算整理へと繋げる縦割り教育であり，他の決算整理事項も同様の構成とすることで首尾一貫性のある教科書となる。なお，ⓒは決算整理事項の一つでもある。このⓒを他の決算整理事項とまとめて後述するとしたら，決算（その1）の章で，またⒶとⒷの復習をせざるを得ず，非能率的で教えにくいものになる。

1.2.2 商品に関する勘定の整理

　商品に関する勘定の整理は，平成初期までは34冊中26冊（76％）が「商品売買の記帳」の章に組み込まれた構成となっていたが，その後，決算（その1）の章に移行した。

　現在の商品売買の記帳の章の流れは，仕入帳 → 売上帳 → 商品有高帳，続いて商品売買損益の計算（ここでは売上原価の計算式）を学習するが，補助簿相互間の繋がりについての説明が不十分で，商品有高帳と売上原価の計算式は関連性がなく，独立した内容となっている[3]。そして，商品に関する勘定の整理は，決算（その1）の章で，売上原価の計算式に基づいて説明している。

　過去に遡ると，『商業簿記』（沼田 1951, p.128）では，売上原価の計算式を用いず，前期繰越商品を繰越商品勘定から仕入勘定借方に振り替え，次期繰越高を仕入勘定貸方と繰越商品勘定借方に記入する。この結果，仕入勘定の貸借差額は売上原価となる，と説明しているが，これでは売上原価をイメージしにくいであろう。また，売上原価による計算式を用いて決算整理仕訳を説明した後に，仕入帳・売上帳・商品有高帳の説明をする教科書もあった[4]。商品有高帳と売上原価の計算式は関連性がないという点では，現在の教科書と同じである。

　補助簿は，特定の取引や勘定の明細が記入されたもので，仕入帳＝仕入勘定，売上帳＝売上勘定，商品有高帳＝仕入勘定・繰越商品勘定という関係が成り立つ。さらに商品有高帳は売上原価にも関連し，結果として売上原価の計算式に繋がることになる。そして，その売上原価の計算式に基づいて商品に関する勘定の整理を教えるために，商品に関する勘定の整理は，商品売買の記帳の章に

組み込まれた構成にすべきである。

1.2.3 貸し倒れの見積もり

貸し倒れの見積もりは，平成初期までは34冊中21冊（61％）が「掛け取引の記帳」の章に組み込まれた構成となっていた。そこでは，掛け取引の意味 → 得意先元帳・仕入先元帳 → 貸し倒れの順で構成されている。貸し倒れについては，Ⓐ当期の掛け売上分から貸し倒れが生じ，貸倒損失勘定で処理した場合を足掛かりに，Ⓑ貸し倒れの見積もりの説明へと繋げている。

ⒶからⒷへと繋げる説明として，『商業簿記』（商業教育指導会編 1953, pp.70-72）では，次期以降に発生する当期負担の貸倒額を予想して，その額をあらかじめ当期の損失として計上するが，実際発生の損失とは区別して，貸倒引当損勘定を設ける。また貸倒予想額を直接売掛金勘定から控除することは不適当であるから，貸倒引当金勘定を設けて，これに記入する，と説明している。この流れは日常の取引から決算整理へと繋げる縦割り教育である。

平成14年以降は，決算（その1）の章で貸し倒れの見積もりを採り上げている。しかし，『高校簿記新訂版』（大塚・川村ほか 2015, p.109）では，「第10章で学んだように得意先の倒産などにより，売掛金などが回収できなくなることを貸し倒れという」と前置きをしてから，貸し倒れの見積もりに関する説明をしている。これは，日常の取引である貸し倒れと貸し倒れの見積もりを区別した構成にしたがためである。よって，この前置きからもわかるとおり，貸し倒れの見積もりは，掛け取引の記帳の章に組み込まれた構成にすべきである。

1.2.4 有価証券の評価

有価証券の評価は，「有価証券の記帳」の章に組み込まれた構成だったり，決算整理の章で採り上げたり，時代や教科書により様々であった。しかし，昭和53年の『高等学校学習指導要領』の改訂により簿記会計Ⅱへ移行され，平成元年に簿記会計Ⅰと簿記会計Ⅱが再編成され簿記と会計とになってからは，決算整理または決算（その2）の章で採り上げている。そこでは，決算日に有価

証券の帳簿価額を時価に修正する内容のみ説明されている。確かに，有価証券の評価は，取得や売却とは異なる性質の取引であるが，取得は有価証券の増加，売却は有価証券の減少であり，また，有価証券売却損・有価証券売却益すなわち，費用・収益が発生する。同じように，有価証券の評価も有価証券の増加・減少があり費用・収益が発生する。つまり，有価証券の売却も有価証券の評価も時価の変動についての認識である。この観点から見れば，これらの取引は有機的に結びついているといえる。よって，有価証券の評価の仕訳処理を有価証券の取得・売却と関連付けて教え，その上で，同じ時価の変動についての認識でも，その処理や勘定科目に違いがあることを明確にするために，有価証券の評価は有価証券の記帳に組み込まれた構成にすべきである。

1.2.5 減価償却

減価償却についても有価証券の評価と同様に時代や教科書により，「固定資産の記帳」の章に組み込まれた構成だったり，決算整理の章で採り上げたり，様々であったが，平成14年以降は，直接法は決算（その１）の章で採り上げ，間接法は決算（その２）の章で採り上げている。

固定資産の記帳の章では，取得と直接法による売却が説明されている。売却についての説明で，『高校簿記新訂版』（大塚・川村ほか 2015, p.102）では，売却した場合は，「固定資産の勘定の貸方に帳簿価額で記入し」として，帳簿価額については，注に「帳簿価額は帳簿に記入されている金額のことである。ふつう，取得原価が帳簿価額となるが，建物などの固定資産の場合，減価償却累計額が控除されたあとの金額が帳簿価額となる（p.167参照）」と記載している。減価償却の処理が固定資産の記帳の章から分離されているためこのような説明にならざるを得ない。このタイミングで減価償却累計額といわれてもイメージしにくいものと思われる。また，間接法における売却は，決算（その２）の章で間接法における減価償却の処理を説明した後に採り上げている。このように固定資産の取得・売却・減価償却は，一連の繋がりのない構成になっている。よって，取得→減価償却→売却の順で構成するため，さらに，直接法

と間接法を同時に説明して，両者の処理や財務諸表上の表示の違いを理解させるために，減価償却は固定資産の記帳の章に組み込まれた構成にすべきである。

1.2.6 経過勘定項目

経過勘定項目についても有価証券の評価や減価償却と同様に時代や教科書により，採り上げられ方は様々であったが，平成元年の再編成後は，決算（その2）の章で採り上げている。そこでは，Ⓐ期中取引に続き，Ⓑ決算日での整理仕訳，Ⓒ翌期首の再振替仕訳の順で構成されている。

経過勘定項目を，日常の取引と決算整理に区分する構成は存在しないし，区分することの合理性もない。よって，他の決算整理事項の構成との一貫性を保つために，経過勘定項目の章を設けて，そこで採り上げるべきである。

2．縦割り教育

決算整理事項を各章に組み込んだ縦割り教育について述べる。なお，ここでは紙面の都合上，商品に関する勘定の整理・貸し倒れの見積もり・減価償却について採り上げる。

2.1 商品に関する勘定の整理

日常の商品売買取引は，仕入勘定および売上勘定に記入され，その取引の明細は仕入帳および売上帳に記録される。これらにより一定期間における商品売買の取引高を把握することができる。しかし，商品を売り上げたことによって，どのくらいの利益が生じたかは，仕入帳や売上帳だけではわからない。そこで，"いくらのものをいくらで売ったのか"という会計情報が必要になる。"いくらで売った"は売上勘定および売上帳に記録されているが，利益を計算するには，"いくらのもの"つまり，売ったものの原価，いわゆる売上原価の把握が必要不可欠である。その売上原価を把握するための補助簿が商品有高帳であることを認識させることで，商品有高帳の作成目的を明確にさせることができるので

ある。このように各補助簿の役割と相互間の繋がりを十分に理解させることが必要である。また，商品有高帳によって，売上原価を把握するという目的を明確にすることのメリットは，商品有高帳の記入ミスの防止に繋がることである。非常に多いミスは，払出欄を売価で記入するものである。しかし，何のために商品有高帳を記入するのかを明確にしておけば，原価により記入することが自然であることを納得させられる。

　次に商品有高帳と売上原価の計算式は，独立した内容とせず，商品有高帳と売上原価の計算式とを関連付けて教えるべきである。売上原価の計算式は，期首商品棚卸高・仕入高・期末商品棚卸高・売上原価で構成されているが，これらの項目は商品有高帳で把握される内容でもある。つまり，期首商品棚卸高は商品有高帳の開始記入である前月繰越の金額に該当し，受入欄と残高欄に記入されている。仕入高は受入欄に記入され，払出欄には売上原価が記入される。そして，残高欄の最終の金額は期末商品棚卸高となる。商品有高帳の内容を等式にすれば，期首商品棚卸高＋仕入高－売上原価＝期末商品棚卸高となり，この等式の売上原価と期末商品棚卸高を移行したものが，売上原価の計算式である。このように商品有高帳の役割や機能を十分に理解させた上で，商品有高帳と関連付けて売上原価の計算式について教えれば相互に理解を深めさせることができる。そして，この流れから導かれた売上原価の計算式を仕入勘定・繰越商品勘定に絡めて決算整理仕訳を教えることになる。

2.2　貸し倒れの見積もり

　日常の取引である貸し倒れは，実際に発生した取引であり，貸し倒れの見積もりは，将来における見積もりである。これらの取引は，異なる性質の取引であるが，上記１．２．３で述べたように，『商業簿記』（商業教育指導会編 1953）では，貸し倒れの見積もりを，実際に発生した貸し倒れと関連付けて説明している。次にその具体的なアプローチを示す。

　Ⓐ貸倒処理からⒷ貸倒引当金の設定へ繋げる仕訳は次のとおりである。

```
Ⓐ(借)貸 倒 損 失      100    (貸)売 掛 金        100
              ↓                    ↓
Ⓑ(借)貸倒引当金繰入    100    (貸)貸 倒 引 当 金    100
```

　日常の取引と決算整理を同じ章で採り上げることで，相違点を明確にできることも縦割り教育の特徴でもある。

2.3　減価償却

　取得は固定資産の増加，売却は固定資産の減少という考えに関連付けて直接法による減価償却の処理を教える。減価償却は，固定資産の価値の減少であるから，例えば，建物なら建物勘定の貸方に記入される。その理由として減価償却費勘定の借方に記入する。次に具体的なアプローチを示す。

　Ⓐ建物の取得からⒷ減価償却へ繋げるイメージ仕訳は次のとおりである。

```
Ⓐ(借)建    物        100    (貸)現    金        100
                  ↘
Ⓑ(借)減 価 償 却 費    20    (貸)建    物         20
```

　また，現在では，直接法は決算（その１）の章で，間接法は決算（その２）の章で採り上げられているが，これも関連付けて教える。

　Ⓑ直接法からⒸ間接法の処理へ繋げるイメージ仕訳は次のとおりである。

```
Ⓑ(借)減 価 償 却 費    20    (貸)建    物         20
              ↓                    ↓
Ⓒ(借)減 価 償 却 費    20    (貸)減価償却累計額    20
```

　Ⓑの直接法は，減価償却費を固定資産の取得原価から直接控除しているが，Ⓒの間接法では，直接控除する代わりに評価勘定である減価償却累計額勘定を設けて，そこに記入することになる。このように，直接法と間接法を同じ章で採り上げることで仕訳や勘定面の違いを明確にさせることができるのである。

さらに，2つの処理により精算表と貸借対照表を作成させることで，表示の違いなど両者の特性を理解させることができる。

3．アンケート調査

高校では，どのタイミングで決算整理を教えているかについてアンケート調査を実施した。調査期間は平成29年4月4日から4月30日まで，調査対象は高校の簿記担当者，調査方法は郵送により実施した。回収率は35％（100校中35校の回答）であった。

3.1 アンケート調査の結果
各質問に対する回答は次のとおりである[5]。

質問1 「現金過不足の整理」を教えているのはどの章ですか。
　決算（その1）の章：5名[注]　　現金・預金の章：31名[注]
　注：1名が両方に回答

質問2 「商品に関する勘定の整理」を教えているのはどの章ですか。
　決算（その1）の章：28名　　商品売買の章：7名

質問3 「貸し倒れの見積もり」を教えているのはどの章ですか。
　決算（その1）の章：28名[注]　　掛け取引の章：8名[注]
　決算（その2）の章：1名
　注：2名が両方に回答

質問4 「固定資産の減価償却の直接法と間接法」を教えているのはどの章ですか。
　直接法は決算（その1）の章で間接法は決算（その2）の章：27名[注]

固定資産の章：7名[注]　　　直接法と間接法をまとめて教えている：2名
　　注：1名が両方に回答

質問5「有価証券の評価」を教えているのはどの章ですか。
　決算（その2）の章：25名　　　有価証券の章：10名

3.2　アンケート結果の分析

　現金過不足の整理は，86％が現金・預金の章で教えている。その理由として「教科書の章立てのため」が54％で一番多かったが，「分かりやすい」（29％）や「日常の取引と決算整理との繋がりを重視する」（29％）を大切にしている傾向もみられた。これに対して「決算（その1）で教えるべきである」は0％であったことから，現在の構成を支持していることが分かった。ここでの自由記述では，「現金過不足は通常の取引でも発生するため現金のところでやりますが，その他は決算に関することのみなので，決算でしぼっています」などの意見があった[6]。

　現金過不足の整理以外の決算整理は，決算（その1）または決算（その2）の章で教えている割合が多かった。決算整理事項別に見ると，商品に関する勘定の整理は80％，貸し倒れの見積もりは75％，固定資産の減価償却は75％，有価証券の評価は71％であった。その理由として「分かりやすい」とするのは商品に関する勘定の整理は50％，貸し倒れの見積もりは50％，固定資産の減価償却は37％，有価証券の評価は52％であった。また，「教科書の章立てのため」とする回答は，商品に関する勘定の整理は42％，貸し倒れの見積もりは32％，固定資産の減価償却は48％，有価証券の評価は40％で，どちらも高い水準であった。これに対し「決算整理をまとめる構成は生徒の負担が大きくなる」は全ての決算整理事項において0％であった。自由記述の「基本的には教科書の内容に沿って決算整理を指導します[7]」が象徴するように，ここでも多くの先生方が現在の構成を支持し，教科書の章立てに沿って教えていることが分かった。

また,「分かりやすい」を理由とする回答が多くあったが,では何がどう「分かりやすい」のかを尋ねたところ,「貸し倒れの見積もりや有価証券の評価は決算でしか発生しない取引で,貸倒引当金繰入勘定や有価証券評価損益勘定は決算特有の勘定科目である。したがって,貸し倒れの見積もりや有価証券の評価を決算で教えることで,決算特有の勘定科目という意識を持たせることができる[8]」という回答を得た。もし,日常の取引と決算整理を同時に教えれば,かえって混同する可能性がある。決算の章で教えれば,決算整理に焦点を合わせることができるから,それが「分かりやすい」に繋がるのではないだろうか。

　筆者と同様の縦割り教育を実践している割合は,商品に関する勘定の整理が20％,貸し倒れの見積もりが21％,固定資産の減価償却が19％,有価証券の評価が28％と少なくなく,その理由として「日常の取引と決算整理との繋がりを重視する」が一番多く選ばれた。ここでの自由記述では,「各章で決算整理を取扱う問題もありますが,深くはやりません。決算の章で初めて仕訳の意味や役割も含めて説明します」などの意見があった。

おわりに

　筆者は,簿記を教える上で,取引 → 仕訳 →元帳転記……,いわゆる簿記一巡を重んじている。各章でも同じことで,日常の取引と決算整理を一連の流れで学習する縦割り教育を実践している。何故なら,大学のように限られた時間で一定の内容を学習するには,効果的で能率的な教授法と考えるからである。

　高校の簿記教科書を見てみると,平成14年以降は,どの教科書も同じような章立てとなっている。その理由の一つに,文部省の『高等学校学習指導要領』が挙げられる。平成元年における『高等学校学習指導要領』の簿記の内容は,(1)企業の簿記,(2)簿記の基礎,(3)取引の記帳,(4)決算,(5)帳簿と帳簿組織,(6)株式会社における記帳,(7)コンピュータを利用した会計処理が挙げられ（第2章・第12節・第2款・第2・2）,これらに対する説明はなかった。そのため,自由な発想で章立てができたものと思われる。これに対して,平成11年における『高等学校学習指導要領』の簿記の内容は,(1)簿記の基礎（内訳項目省略）,

(2)取引の記帳（内訳項目省略），(3)決算（ア決算整理，イ財務諸表），(4)帳簿と帳簿組織（内訳項目省略）が挙げられ（第3章・第3節・第2款・第10・2），これらの内容の取扱いとして，「内容の(2)については，企業における日常の取引や支店会計が独立している場合の取引など種々の取引の記帳法を扱い，各種会計帳簿の役割に触れること」，「内容の(3)については，基本的な決算整理を含む決算手続を扱い，決算の意味や目的について理解させること」などが記載されている（第3章・第3節・第2款・第10・3・(2)・イ，ウ）。この内容に沿った章立てで教科書が作成されている。

このように現在の教科書は，日常の取引と決算整理が区別された構成となっているが，この構成を高校の簿記担当者はどのように考えているのかを尋ねるためにアンケート調査を実施した。

アンケートの回答や先生方への質問を通じて，高校現場の状況や先生方の考えを知ると，高校においては，日常の取引と決算整理を同じ章で学習する縦割り教育が最適な教授法になるとは限らないことがわかった。日常の取引に繋げて決算整理を教えても，決算処理を忘れてしまうので二度手間となるから，決算整理は決算の章で教えている，という意見もあったが，生徒のわかりやすさを第一に考え，まず，日常の取引だけに特化して，確実に理解させた上で決算の意義や処理を教えている。このように日常の取引と決算整理とを区別することで，両者の混同を避ける教授法が高校現場では最適なのではないだろうか。

現在の教科書では，固定資産の減価償却の直接法は決算（その1），間接法は決算（その2）となっているが，それは高校現場の実情として，全国商業高等学校協会主催の簿記検定3級は直接法が，簿記検定2級は間接法が出題範囲となっていることが要因でもある。減価償却に関する自由記述として，「生徒の負担を軽減するため，直接法で減価償却が何をするものかの理解を重視，間接法では財務諸表の表示に関する知識に関連付けて指導のため時期を分けている」，「間接法を教える際，直接法と間接法の両方を取り上げ，違いを理解させる指導をしている」などの意見があった。検定試験の出題範囲などの制約があるにもかかわらず，生徒の負担を考慮しつつ，減価償却の意義も明確にする上

述の教授法が高校現場では最適なのではないだろうか。

アンケート調査の自由記述に,「商業高校の場合,他教科,他科目とのバランスが必要であり,簿記のみを中心に学習する専門学校とは違う。負担軽減による幅広い知識の習得や他教科(経済系等)との進度や内容のバランスも考慮に入れながら,進めていくものであり,日常の処理と,決算のまとめは,やはり分けて学習し,関連付ける方が良いのではないか?」という意見があった。商業高校における教育現場を端的に表現されており,重視されるべき点である。

高校の簿記教科書は,幾多の変遷を経て現在の章立てとなったが,それは多くの先生に支持された現時点における最適な章立てとなっていることがアンケートや先生方の意見からわかった。

このように,高校と大学では,同じ簿記教育でもその環境にふさわしい教授法が求められることを改めて理解した。決算整理を教えるタイミングは,教育環境や先生により異なる。しかし,どのタイミングでも日常の取引と決算整理との繋がりを重視するべきである。日常の取引に関連付けて決算整理を教えることで,日常の取引から決算整理までの一連の流れが完結され,その取引の全体像を俯瞰することができるからである。

[謝辞]

昨今は簿記離れが問題とされているが,アンケートの実施を通じて高校の先生方の教授法の創意工夫,教育への情熱を大いに感じ取ることができた。年度初めでお忙しいにもかかわらず,アンケート調査のご協力をいただいた先生方に心より感謝申し上げます。

[注]

1 各章の名称は,その時代や教科書によって異なるため,ここでは『高校簿記新訂版』(大塚・川村ほか 2015)で使われている名称を用いる。

また,出版社は,今日まで引き続き出版している実教出版と一橋出版(2010年から東京法令出版)を中心とし,改訂版は原則として採り上げていない。なお,紙面の都合上,各

第10章 簿記における縦割り教育　171

教科書が決算整理事項をどの章で採り上げているかをまとめた表は割愛した。
2 『簿記』（醍醐ほか 2002）は，日常の取引と決算整理を分けた章立てとなっているが，この章立てが分かりやすいのであれば他の教科書も追随したであろう。
3 『高校簿記新訂版』（大塚・川村ほか 2015, p.87）は，商品有高帳の払出欄の金額が網かけされており，欄外に「▨▨▨売上原価を示す」とだけ記載されている。また，『新簿記新訂版』（安藤ほか 2015, p.108）では，商品有高帳などが記載されている章の最終ページに，商品有高帳の活用や売上原価がそこで求めることができることを記載している。
4 『最新商業簿記』（東京商業図書研究会編 1952）と『高校商業簿記』（久保田ほか 1960）がそのような構成であった。
5 回答に対する理由の選択肢とアンケート結果の集計表は，紙面の都合上割愛した。
6 この他，「現金過不足のチェックは期末だけで行うものではないので（週単位とか）」という意見があった。
7 この他，「本来なら，日常の取引を教えるタイミングで決算整理を教えるのがベストだと思うが，忘れてしまう生徒が多く，決算のときにもう一度教えないといけなくなる（二度でまとなる）。そのことを考えてしまうと教科書の章立てに合わせた教え方になってしまう」という意見があった。
8 岩手県立盛岡商業高等学校の日下強教諭へ質問したことに対する回答である。この他，自由記述で，「ほぼ定形であるため，まとめた方が生徒も理解しやすいと思います」という意見もあった。

〔**参考文献**〕

青木茂雄・青柳文司・富田正淳ほか（1981）『標準簿記会計Ⅰ』実教出版．

新井清光ほか（1981）『高校簿記会計Ⅰ』実教出版．

新井清光ほか（1993）『高校簿記』実教出版．

新井清光ほか（2002）『高校簿記』実教出版．

新井益太郎・稲垣富士男ほか（1981）『簿記会計Ⅰ』実教出版．

新井益太郎・稲垣富士男ほか（1987）『新簿記会計Ⅰ』実教出版．

新井益太郎・稲垣富士男ほか（2002）『新簿記』実教出版．

安藤英義ほか（2011）『新簿記』実教出版．

安藤英義ほか（2015）『新簿記新訂版』実教出版．

上原孝吉（1972）『標準簿記会計Ⅰ』一橋出版．

太田哲三（1955）『新商業簿記』実教出版．

大塚宗春・川村義則ほか（2011）『高校簿記』実教出版．

大塚宗春・川村義則ほか（2015）『高校簿記新訂版』実教出版．
清田栄一・上原孝吉（1962）『標準商業簿記』一橋出版．
久保田音二郎ほか（1960）『高校商業簿記』実教出版．
久保田音二郎ほか（1972）『基本簿記』実教出版．
黒沢清（1964）『商業簿記』一橋出版．
黒沢清（1968）『高等学校商業簿記』一橋出版．
黒沢清（1972）『簿記会計Ⅰ』一橋出版．
黒沢清（1981）『簿記会計Ⅰ』一橋出版．
黒沢清（1984）『簿記会計Ⅰ改訂版』一橋出版．
黒沢清（1990）『新版簿記会計Ⅰ』一橋出版．
定方鷲男ほか（1959）『標準商業簿記』実教出版．
定方鷲男ほか（1972）『標準簿記会計Ⅰ』実教出版．
佐藤宗彌ほか（1988）『高等学校簿記会計Ⅰ』一橋出版．
嶌村剛雄・田中義雄（1984）『明解簿記会計Ⅰ』一橋出版．
嶌村剛雄・田中義雄（1993）『新簿記』一橋出版．
商業教育指導会・清田栄一（1956）『新訂商業簿記』一橋出版．
商業教育指導会編（1953）『商業簿記』一橋学院．
染谷恭次郎ほか（1966）『新編商業簿記』実教出版．
醍醐聰ほか（1997）『明解簿記上』一橋出版．
醍醐聰ほか（2002）『簿記』一橋出版．
醍醐聰ほか（2011）『簿記』東京法令出版．
醍醐聰ほか（2015）『簿記新訂版』東京法令出版．
田島四郎（1962）『最新商業簿記』一橋出版．
田島四郎（1966）『基本商業簿記』一橋出版．
田島四郎ほか（1968）『新版商業簿記』一橋出版．
田島四郎（1972）『基本簿記会計Ⅰ』一橋出版．
東京商業図書研究会編（1952）『最新商業簿記』大原出版．
中村忠（1978）『現代簿記会計Ⅰ』一橋出版．
中村忠（1981）『最新簿記会計Ⅰ』一橋出版．
沼田嘉穂（1951）『商業簿記』実教出版．
松本雅男ほか（1973）『簿記会計Ⅰ』実教出版．
山口茂監修・商業教育協会編（1956）『商業簿記』新紀元社．
文部省（1978）『高等学校学習指導要領』．
文部省（1989）『高等学校学習指導要領』．
文部省（1999）『高等学校学習指導要領』．

第IV部
マーケティング

第11章

新製品の普及にみる消費者間ネットワークの影響

木村 浩

はじめに

　消費社会が成熟化し，消費者の嗜好が多様化した現在，消費者の本当に望むものを把握し，それを製品・サービスとして売り出すということは非常に難しい問題である。企業はこのことに気づきながらも挑戦していかねばならない。このことは，新製品の開発が，個々の企業にとってその戦略の原点とも言えるものとなり，企業を維持発展させていくためには欠かせないものであるということを明示している。このような状況を現在の日本の消費社会に当てはめて考えてみるとさらに特殊な事情が浮かび上がってくる。日本の消費社会は，その戦後からの発展段階では，「未熟だが関心の高い（購買関与度が高く，製品判断力が低い）」消費者によって構成されていた。しかし一般的・長期的傾向として，次第に購買関与度が低く，購買関与度が高い消費者へと成長してきた。したがって，今の価格破壊の波の中でこれらの消費者の支持を受けるためには，彼らの購買関与度が高く，製品判断力が低い製品カテゴリーを作り出すことが企業にとって必要になってくる。また，日本の製造業の特技でもあった連続的な新製品の市場投入は，細分化された消費者のニーズを満たすための積極的な差別化を目的としたそれに姿を変えながらも必要な，かつ有益な手段として利用されていくことだろう（池尾 1999）。

1．イノベーションの普及

　市場に投入される新製品が，どのように消費者に受け入れられ，普及していくかということについては，これまで様々な観点から取り上げられ，研究されてきた。その1つに「イノベーションの普及」という概念で表される普及研究がある。ただし，普及という概念が取り上げる領域は，新製品，あるいはマーケティングに限定されるものではない。もともと農村社会学の一環として取り扱われてきたこの学問分野において，Rogers (1983; 1995; 2003) は，新製品だけではなく，新しいアイデアや習慣，ものごとのやり方を包括する概念をイノベーションと呼び体系化してきた。イノベーションとはすなわち，「新しさ」を指し，その採用にあたっては，不確実性を伴う。しかしながらこの不確実性は，情報によって低減することが可能である。ここで不確実性とは，ある出来事の発生に際して幾通りかの可能性や選択肢があると知覚される度合いやそれらの可能性や選択肢の相対的な確率であるとRogers (1983; 1995; 2003) によって定義されている。イノベーションが広く採用されていくためには，イノベーションが持つ不確実性，すなわちイノベーションが持つ結果に対する不確実性を低減させるための情報が必要になってくると考えられる。そしてその必要性の度合いは，イノベーションの持つ新しさの度合いと関連しているということが出来る。

　こうしたイノベーション並びにイノベーションの普及に関する概念に，数理的モデルとして，伝染病の伝播モデルを加えることによって，新製品の普及モデル（New Product Diffusion Models）は成り立っている。この分野の研究は，1969年にBassモデルが発表されて以来，大きな進歩を遂げてきた（Bass 1969）。Bassモデルを用いた研究の目的は，一度購入すると壊れた場合などの買い替えを除いて，当面の間，反復購入されることのない製品の売上げ台数の時間的な変化を予測するモデルを記述することである。以来Bassモデルについて，基礎モデル，パラメーターの推定，精緻化モデル，モデル活用事例等について

様々な文献が発表されてきた（Mahajan, Muller and Bass 1990）。

　これまでの新製品普及モデルについては，モデルの開発と予測精度の確認を行うことが目的で，消費者行動研究の分野に適用可能であるかを評価してきたにもかかわらず，消費者の意思決定を表すモデルとしては，その過程を簡略化しすぎたものになっている。すなわち消費者の意思決定の大部分をブラックボックス化したこれまでの普及研究は，消費者行動研究分野への適用の限界でもあり，予測精度向上のために致し方なかったものであった。

　また，1990年代以降，画期的な進化を遂げた技術の1つに情報通信技術が挙げられる。こうした技術の進展は，企業におけるビジネスの仕組みだけではなく，新製品，新サービスが市場において消費者にどのように受け入れられていくかという普及現象の記述に関する分野に対しても大きな影響を及ぼしているということが出来る。

　そこで，本論文では変容した消費社会並びに情報ネットワークの発達が影響を及ぼしている現在の市場における新製品の採用，普及現象を記述するため，普及理論研究ならびにその数理的モデル化の概念における課題を提示したうえで，ネットワーク理論の観点を取り入れることの有用性を検討する。すなわち，本論文の具体的な課題は，「情報化社会」，「デジタル化」といった環境の変化が，イノベーションの普及過程に与える影響を分析するためにネットワーク理論を取り入れることの有用性を検討することである。このような課題を前提として，本論文の記述対象について言及すると，まず，個別レベルの集計水準での消費者の新製品採用行動に関するものであり，その様な消費者を前提として，新たな採用・普及行動に関するネットワークモデルの有用性を検討するものである。

2．ネットワークモデルを用いたマーケティングへのアプローチ

　最近のマーケティングの研究において，「ネットワーク」を対象とするもの

が多く見られる。しかし,この「ネットワーク」という言葉は,何を意味するのであろうか。インターネット,友人関係,系列企業,さらには遺伝子配列,動物の捕食関係等,人間だけに限定されない様々な行為主体が,ネットワークを構成するものとして挙げられるだろう。

このようなネットワークを分析する手法として社会科学の分野では,「ネットワーク分析」という手法が用いられている。この手法は,「様々な『関係』のパターンをネットワークとしてとらえ,その構造を記述・分析する方法」(安田 1997) として定義されている。様々な行為者から形成されるネットワークには,数限りない関係が存在する。このような関係の集合体としてのネットワークが行為者に対して与える影響を調べることこそがネットワーク分析の本質である。

その目的は2つある。1つは,特定の行為者を取り囲むネットワークの構造を把握すること,2つめは,行為者の行動や思考にそのネットワークが影響を及ぼす,メカニズムを明らかにすることである(安田 1997)。

従前よりマーケティング分野では,新製品の普及,あるいは口コミをはじめとする情報の流れに関する議論などにおいて,人々のつながり,関係といったものを対象とする現象に多大なる興味を示し,研究を続けてきたのである。そして,近年のインターネット環境の進化,テクノロジー型企業の増加は,マーケティング研究におけるネットワーク分析の重要性をますます高めているのではないだろうか。

マーケティングの領域においては,最初にネットワーク概念を用いた事象は,流通業で見られるような物理的なネットワークであろう。商品の輸送において,あるいは顧客の移動において,物理的手段の選択に関する選好は,選択されるネットワークのサイズに依存するものであった。

次の段階として,ネットワーク概念は,FAX,VTR,CDプレーヤー,PC,PCアプリケーションといった製品のように,使用者間のバーチャルネットワークの創造が重要性を有するメーカーにおいて重要性が増した。さらに,現在のインターネット社会において,インターネットそのものが構造的にネットワー

クを構成していると共に，消費者も，多くのバーチャルネットワークを構成しているのである。すなわち，オンラインショッピング，ネットコミュニティーなどを通して，多くの仮想コミュニティーの成員となっている。ここでの成功の要因として，それらのウェブサイトにおける大規模トラフィックの獲得と制御によるものが挙げられる。参加者が増えるにつれてネットワークの価値は増加する。ロイヤルユーザーのネットワークを作ることができた企業の成長は，さらに加速する。また，まさに購買を行おうとする顧客や他のユーザー情報にアクセス可能な企業にとって，ネットワークはさらに大きな価値を有するものとなる。ネットワークは，それを通して顧客やユーザー情報に働きかけることが可能な企業にとって，より価値のあるものになるだろう。マーケターにとって潜在的なネットワーク効果を認識することは重要である。すなわち潜在的ネットワークは，如何に機能するか，市場での成功においてどのような役割を果たすかといったことである。このような環境下で，マーケティングリサーチは，ネットワークの成長と価値創造を制御する変数に焦点を当てることによって，重要な役割を演じるものと考えられる。

　マーケティング戦略立案のために必要なネットワーク分析における中心的な概念は，「ネットワークに接続されることによる価値は，ネットワークのサイズによって劇的に増加する。」というものである。PCアプリケーションにおける利用者の増加や，エアラインの路線網における接続都市の増加は，顧客にとってのそれらの価値をさらに高めるのである。反面，ネガティブな面も有する。それは，「小さなネットワークは，より大きな不利益を被る。」ということである。このことによって失敗した製品やサービスは枚挙に暇がない。少数の人や企業しか所有していない製品やサービスには，あまり価値がないのである。

　これまでのネットワーク分析とマーケティングの関係については，芳賀（2005）に2つの形態が指摘されている。1つは，不特定多数との単発の取引の実現を志向する取引マーケティングから，特定の相手との長期的な関係構築を志向する関係性マーケティングへのパラダイムシフトという視点である。「製品」そのものの販売ではなく，「関係」を売るとの考え方（陶山 2002）を，

取引にかかわる直接，間接的な参加者の関係性から分析しようという試みである。そして，ここでのネットワーク構造は，「全ての行為者がつながっており，そのため誰もが他者の目を逃れられない」（Burt 2000）という性質を持つ閉鎖的（クローズ）構造を前提としている。もう1つは，構造的空隙の概念を用いたオープン型ネットワークのベネフィットに関わる視点である。ここでは，多様な情報にアクセス可能というものと，他者の関係の間をコントロールすることによって得られるものとの2つのベネフィットが得られると述べられている。

　これに対して，ここで取り上げる複雑なネットワークは，マーケティングの文脈でいうならば，イノベーションの普及における情報の伝達経路およびイノベーションの採用者の意思決定方法の解析という分野に利用可能なものであろう。ウイルスの伝染や新機軸の拡がりが観測されるとき，社会的ネットワークはどのような役割を果たすのかを分析し，予測する有力なツールと成り得るのである。これまでもRogers（1962）あるいはBass（1969）に示されているように，「イノベーションの普及」という文脈において，そのプロセスは分析され，「イノベーター」を端緒とする普及形態を記述してきた。しかし，複雑なネットワーク分析においては，「イノベーター」の役割よりも「オピニオン・リーダー」，「インフルエンサー」などと呼ばれる影響を与える人々が，ネットワークでいうところの「ハブ」を形成し，平均的な消費者と比較して多くの情報探索，獲得，伝播に関与しているという概念を中心に分析を行っている。ハブを形成する人々は必ずしも，イノベーターである必要はないが，無数のリンクを利用して，イノベーターの行動に目をつけ，自身もそれを採用するのである。ハブを形成する消費者に採用してもらえるか否かが，普及を成功に導く大きな要因となる。

　ここで最も有効と考えられるのが，複雑なネットワーク分析の領域における「情報のカスケード」と「閾値」の概念である。「情報のカスケード」とは，システムは当初，外部からの刺激に対して完全な安定性を維持しているものの，時折そのような衝撃の1つが均衡を破りカスケードを引き起こすというものである。この考え方は，従来の普及論における定量的分析の役割を大きく変える

ものである。これまでの普及理論では，伝染病の伝播における考え方を数理的基礎としてきたが，情報のカスケードの概念とは次の点で大きく異なる。病気の場合，すでに感染した者と接触した場合にそれまでの病歴，あるいは感染者との接触歴とは関係なく，現時点での感染率は一定となる。この考え方を援用した普及記述では，本来，社会的伝播が，持つ意思決定の偶発性を表すことが可能になる。すなわち，ある人の行う意思決定や，その人が持つ意見の影響力が，その人を取り巻く人の考えによって変化する。ある個人がAを選択する確率は，周囲の人々がAを選択する比率が増加するにつれて漸増するが，その比率がある数値を超えると，ある個人がAを選択する確率は一気に上昇する。またここでは，周囲の採用者比率を示したが，選択する個人がAに関する情報に接触する機会と考えてもこの理論は成立する（Watts 2003）。こうした新機軸の拡散に関する概念とモデルを利用することによって，個人ごとに閾値を設定する必要があるものの，新機軸に対する積極性を定量的に扱うことを可能にしたものであると考えられる。

　Rogers（1962）に示されたイノベーションの普及に関する理論は示唆に富むものの，それを採用した個人が持っていたイノベーションに対する閾値がもともと低かったのか，もしくは一時的か継続的かにしろ，非常に大きな影響力を受けたためなのかというところまでは曖昧なままである。こうした枠組みを用いてイノベーションの普及形態を分析することにより，各個人が持つ特有の閾値と周囲の人々との関係を分析することによって，そのイノベーションが消滅するのか，情報のカスケードに発展するのかを分析することが可能になるのである。

　インターネットの普及は言うまでもなく，顧客に様々な関連性を持つネットワークの生成と成長は，従来型のマーケティングの枠組みである製品，価格，プロモーションなどマーケティング変数へのインパクトを超えて，顧客に大きな影響をもたらしているということが出来る。伝統的なマーケティング変数への注目だけでは，顧客の行動を全体として把握することは，もう出来ないのである。ここで明らかなことは，企業のマーケティング活動の成否は，消費者間

に広がる複雑なネットワーク構造を正しく理解し、利用できるか否かにかかっているということである。しかも、そのネットワークは、時々刻々と増殖し続けているのである。

3. イノベーションの普及記述における消費者の態度変容

　新製品の普及過程は、本来的には、「新しい情報に接したときに、人々はそれにまつわる不確実性にどう対処し、コストやベネフィットをどのように評価し、それらを取り入れるか否かの判断を下していくのか、その「態度変容」の過程の問題である（安田 1997）。」しかしながら、そのプロセスのモデル化にあたって個人の意思決定は、ブラックボックス化されたままであることは、既に記した。

　さらにここでは、もう1つの問題点を指摘することが出来る。新製品の普及過程が、個人の「態度変容」の問題であると認識されていることから、その分析の対象は、「直接的なコミュニケーションによるものなのか、マスコミの影響があるとすれば、どの程度で、それはどの様なメカニズムで働くのか」という点に向けられる。しかしながら、直接的なコミュニケーションが実現しない関係にある人々については、コミュニケーションが存在しない限り分析対象になることはなかった。コミュニケーション研究の焦点は、「受け手の態度が、メッセージが送られてくることで変化するそのメカニズム（安田 1997）」であった。この点に関しても、普及過程のモデル化においては考慮対象外であったといえる。しかしながら、Burt (1987) は、ネットワーク論の観点からこれに意義を唱えた。直接的な結合関係だけではなく、構造的に同値な関係こそが情報伝達の鍵を握っているというものである。こうしたネットワーク論の考え方は、以降、次第に拡大し、デジタル化した環境下での新製品の普及現象における情報の伝達経路およびイノベーションの採用者の意思決定方法の解析など「ランダム」ではなく、「スケールフリー」な構造が想定される分野で利用可能なものであると考えられてきた。ウイルスの伝染や新機軸の拡がりが観測

されるとき，社会的ネットワークはどのような役割を果たすのかを分析し，予測する有力なツールとなり得るのである。これまでRogers（1983; 1995; 2003）あるいはBass（1969）に示されているように，「イノベーションの普及」という文脈において，そのプロセスは分析され，「イノベーター」を端緒とする普及形態を記述してきた。しかし，ネットワーク分析においては，「イノベーター」の役割よりも「オピニオン・リーダー」，「インフルエンサー」などと呼ばれる影響を与える人々が，ネットワークでいうところの「ハブ」を形成し，平均的な消費者と比較して多くの情報探索，獲得，伝播に関与しているという概念を中心に，構造的な観点から分析を行っている。ハブを形成する人々は必ずしも，イノベーターである必要はないが，無数のリンクを利用して，イノベーターの行動に目をつけ，自身もそれを採用するのである。ハブを形成する消費者に採用してもらえるか否かが，普及を成功に導く大きな要因となる。ここで最も有効と考えられる概念に，ネットワーク分析の領域における「閾値」と「臨界値」の概念がある（Watts 2003）。

　現在の多くのネットワーク論に基づく普及記述の多くは，「閾値」あるい「臨界値」概念を基にしたものである。これらは，イノベーションの採用行動あるいは世論の上昇および下降の割合について説明するために使用されている（Granovetter 1978; Marwell, Oliver and Prahl 1988; Schelling 1978）。ここで，閾値とは，「人がある活動に加わるとして，その時点までにその活動に参加していなければならない（その人を除いた）人数のことを表わす（Granovetter 1978; Rogers 2003）。」イノベーションの普及で閾値に達するとは，ある人の個人的コミュニケーション・ネットワークに属する人々の少なくともある人数が，イノベーションを採用し，それに満足していることを知ったうえで，納得して採用するときのことをいう。また，臨界値は，社会システムの中で十分な人数がイノベーションを採用した結果，その後の採用行動の速度が自己維持的になる点のことを指す。閾値は個人レベルで起きるのに対して，臨界値は社会システムのレベルで起きることに注目が必要であるとRogers（2003）は述べている。

　低い閾値を持った個人は，他者のうちの多くが採用する前に行動を起こすの

に対して，高い閾値を持った個人は，グループの多くの人々が採用を行った後に採用行動を行う。すなわち，個人の閾値とは，個人が行動を起こす前に必要とされるグループの割合を示している。高い閾値を持った個人がイノベーションの採用を決定する場合，低い閾値を持った個人は，既にイノベーションの採用を行っているはずである。イノベーションの普及の中で，この閾値の分布は，普及形態を決定する1つの要因となり得るものである。また，臨界値とは，人口の約10％から20％がイノベーションを採用した場合，普及過程に初期に生じる。そして，普及の途中段階で，一旦，臨界値に到達すれば，採用者が非採用者を上回るまで，イノベーションの拡散は加速するのである。

イノベーションの採用行動に関するこれらの研究を振り返ってみると，Marwell, Oliver and Prahl (1988)，Oliver and Marwell (1988)，Oliver, Marwell and Teixeira (1985)，Prahl, Marwell and Oliver (1991)，Olson (1965) などが採用行動における臨界値に関する研究を行っている。これらの研究は，フリーライダー，グループ会員，選択的なインセンティブの果たす役割と同様に，ネットワーク特性が臨界値に影響を与える場合の変数について明らかにしている。そこでは，フリーライダー（採用行動に貢献することなく，それから利益を得る人のこと），選択的なインセンティブなどが臨界値への到達を遅らせる可能性があること，さらに選択的なインセンティブ（採用行動に寄与したことに対する報酬）は，臨界値への到達を早める可能性があることに触れている。インセンティブは，採用行動に新たに参加しようと考える動機を提供する役割を持っている。それはまた，採用行動に加わることがごく普通の行動であるという認識を作り出す働きを持っているのである。より多くの人数が採用行動に加わり貢献をすることによって，臨界値を達成することはより容易になるのである。また，集団でなくとも，より多くの影響力をもった1人が採用活動に加わることによって臨界値の達成は容易に可能となるのである。これに関して，Oliver and Marwell (1988) は，閾値を明示的にすることなくコンピューターによるシミュレーションを行っている。

この様な個人に関する閾値，社会システムにおける臨界値の存在を前提とし

た研究については、いずれもこれらの概念を明示的にすることなく内包するものではあるが、従前より様々な現象を題材として実施されている。それらは例えば、疫学（Kermack and McKendrick 1927; Boorman and Levitt 1980など）、地理学（Brown 1981など）、市場経済（Rohlfs 1974; Arthur 1989; 1990)、など多岐に渡る。これらの研究を改めて、「閾値」と「臨界値」のモデルを理解するための共通のフレームワークを提供したという意味で見るならば、非常に意義深いものであるということが出来る。これらに共通するパラダイムは、個人レベルでの普及を決定づける要素は閾値であり、グループにおける普及を決定づける要素が臨界値であるという点を指摘したことに関しては共通している。これらの研究から共通して導き出される点として、以下の点を指摘する。

①閾値は、採用者と非採用者の直接的接触、並びに階層構造の等価性の双方によって影響を受ける。
②市場は、個人に関わる閾値と社会システム全体に関わる臨界値によって影響を受ける相互依存的な消費者からなっている。採用行動に関係するメンバーの社会属性は臨界値の決定に影響する。
③双方向性を有するコミュニケーション技術の発展により、より高い相互依存性が観測されるようになっている。このことにより閾値並びに臨界値がイノベーションの普及過程に及ぼす影響力はより強いものになっている。
④閾値および臨界値は世論の形成にも影響を及ぼす。

これらの結果は、様々な要因が、個人がイノベーションを採用する際のコミュニケーションのネットワークをコントロールすることを示している。ここで取り上げた疫学、地理学、市場経済などの全ての領域において、採用決定に対し閾値に関する理論を用いることで説明力が向上することを表している。また、それぞれの領域において、コミュニケーション・ネットワークがどのように形成され、それが個人の採用決定の対してどのような影響を及ぼすのかについて明らかにすることになっている。

こうした理由によって，これらの領域の研究結果は，一般的な閾値モデルの運用の可能性を確認するものになっている。また，個人の閾値と社会システム全体の臨界値が存在することが，1つの現象を記述しているにもかかわらず，個人および社会システムレベルの両方で完全に異なる結果を導き出す可能性があることを示している。こういった意味では，今のところ閾値または臨界値の概念を一体化した枠組みは完成していないことを示しているといえるであろう。

　さらにマーケティングの文脈にネットワーク論の概念を持ち込むという条件において，中心的な概念として考慮する必要があるものに，「ネットワークに接続されることによる価値はネットワークのサイズによって劇的に増加する」という概念がある。先に記したとおり，航空会社の路線，携帯電話等ネットワーク外部性を有する製品における製品数の増加，利用者数の増加は，顧客にとっての製品やサービスをさらに魅力的なものにする。一方，ネガティブな面として，小さなネットワークは市場において，より大きな不利益を被るという現象を挙げることが出来る。テレビ電話を用いた会議システムを考えてみれば，市場において相対的に少数の人や会社しか採用していなければあまり価値のあるものではない。

　ネットワークが増加するにつれて，より多くのユーザーが参加することで，しばしばポジティブなフィードバックを得ることが出来るようになる。それはネットワークをより価値あるものにし，さらにユーザーが参加することによって刺激的なものになる。このことは最終的には市場レベルでの普及を達成するという結果につながる。なぜならば，その市場でのネットワークの構築者は，他の競合する者たちが越すことのできない障壁をしばしば築くことが可能であるからである。ある場合，これは少数の企業，もしくはたった1つの企業による市場の独占の状況を作り出すこともある。この独占の現象と全く反対の現象が，衰退の悪循環である。その例として以前VTRの標準規格争いにおいてVHS陣営に敗れたβ陣営が挙げられる。ネットワーク環境は市場において，最初に臨界値を獲得した企業に対して圧倒的優位性を与える傾向を持っている。成功した企業は必ずしも最初に市場に参入した企業ではない。

既存の方法によって多くのネットワークに関する問題が調査されるはずであるが，顧客の魅力や価値観に基づく顧客の選択に関連する問題や，価値提案のデザインに関連する問題を解決するために，おそらく幾つかの新しい手法を検討する必要性が出てくるであろう。これまでの伝統的なマーケティングに関する問題は，動的に成長するネットワーク化された市場においては異なって見えるであろう。

理想的には，イノベーションの採用に関する顧客の選択は様々な市場セグメントの優先順位に関する深い理解に基づくものである。ネットワーク市場環境下においては，ネットワークを強烈に用いて，ネットワークに関する言葉を他者に広げることによって，ネットワーク上で繰り返しビジネスをコントロールすることによって，どの顧客が成長を加速してくれるのかを知ることは重要である。このような種類の革新的な顧客を早期に見つけ出すことが出来る企業は，有利に立つことが可能になる。なぜなら，その顧客は，他者に比べて，ネットワークの成長により大きな影響を与えるかもしれないからである。彼らが企業に与える経済的な価値は，実際にはその顧客自身が単に購買によって企業にもたらす利益に比べて極めて多いものとなるであろう。これらの顧客は，顧客ネットワークの中心を構成するものであり，顧客の計り知れない価値を企業のビジネスにおいて実現するものである。

これまでの伝統的なマーケット・リサーチの方法は，これらの進化した顧客の選別にあまり向いていないかもしれない。なぜなら，顧客の興味を示す行動がネットワークの利用中に時間を超えて現れるからである。一時点における顧客の行動データは，その時点での市場のスナップ写真を与えることには適していると考えられるが，変化という意味において重要な傾向を把握するためには遅すぎるかもしれない。リアルタイムのデータ捕捉にアプローチする方法は，ウェブサイトを通して価値のある顧客を識別するために必要であろう。理想的には，その方法は，早期における顧客行動を明確化したうえで，時間と共により価値を増すようなデータの収集が可能であることが望ましい。このことは利益をもたらす顧客行動を出来るだけ早い時点において把握することによって

マーケティング活動に結びつけることを可能にするのである。インターネットの普及は言うまでもなく，顧客に様々な関連性を持つネットワークの生成と成長は，従来型のマーケティングの枠組みを超えて，顧客に大きな影響をもたらしているということが出来るであろう。伝統的なマーケティング手法を踏襲するだけでは，顧客の行動を全体として把握することは，もう出来ないのである。

4. 新たなイノベーションの普及モデルの提示

イノベーションの普及モデルは，マーケティングにおける新製品普及現象の動態を捉え，その需要を予測する目的で用いられてきた。しかし，最近では新製品の普及を記述・予測する際に，従来の枠組み，モデルでは十分ではないケースが多く見られるようになってきている。そのためこれまでの普及モデル研究においては，マーケティングミックス変数を導入することによりモデルの精緻化を進め，普及動態を正確に理解することの重要性が，繰り返し強調されてきた（Mahajan and Muller 1979, Kalish 1985, Mahajan and Wind 1986, Mahajyan, Muller and Bass 1990）。特に近年の製品ライフサイクル短縮化に伴い，一部製品における急激な普及速度の増加といった現象が観測されていることを説明するために，マーケティング変数の導入とそのコントロールの重要性が強く主張されているのである（Norton and Bass 1987, 1992）。

このことは，現実に近い形のモデルが，単純な仮定のモデルよりも社会現象を明快に説明することが可能であるとの前提に立つものであるが，マーケティング意思決定変数の導入による精緻化の方向性は，こうした現象を捉えきれるとはいえず，新たなる枠組みの導入によってこの問題を考えてみる必要性が生じているということが出来る。

これまでの伝播モデルは，いずれもが，説明項である成員の特性，ネットワークに対して均質性を仮定したうえで，現実には不均質な環境下でのイノベーションの普及についてモデル化を行ってきたものである。すなわち，消費者個人は，完全に同質的で，その消費者を取り巻く環境についても均質である

という前提である。

　そこで，本論文においては，成員の特性に不均質性を導入し，個々に異なる消費者が様々なネットワーク構造上でどのようなイノベーションの普及過程を描くのかという問題を観測することを意図して分析を行った結果（木村 2009）について言及する。このことにより，普及モデルにどの様な影響が及ぼされるのかを検証し，最適な普及モデルの探索並びにそれらの説明項が，普及記述の帰結に与える影響の大きさを特定しようとするものである。Rogers（1983; 1995; 2003）に示されたイノベーションの普及に関する理論は，示唆に富むものの，それを採用した個人が持っていたイノベーションに対する受容度がもともと低かったのか，もしくは一時的か継続的かにしろ，非常に大きな影響力を受けたためなのかという点については曖昧なままであった。改めてこうした点に示唆を与えようとするものである。

　そこで，イノベーションの普及を記述するにあたって着目すべき点として，2つの点を挙げる。1つは，消費者特性としての採用に関する「閾値」がイノベーションの拡散に与える影響であり，もう1つは，消費者個人が属するネットワークにおける「均質性・不均質性」がイノベーションの拡散に与える影響である。このことは，現在のように消費者自身の多様性の増大，並びに消費者間のつながりの有無がイノベーションの普及に大きな影響を及ぼすようになったと考えられる現在の市場において，より現実に近い普及現象の記述を行うために大きな影響を与えると考えられる。

　消費者個人の持つ「閾値」とは，自身を取り巻く関係者（自分とネットワークを構成する人々）から，「対人的な影響」を受けて，採用に対する態度を形成する度合いの最小値から成り立つ。すなわち，消費者自身が所属するネットワーク上で，繋がりを有する消費者のうち，どの程度の割合の消費者が実際に採用した結果（行動レベル），自身が採用を決断する（態度レベル）のかを表すものである。そして，この個人の閾値を規定するのは，その個人が有する経験・知識と個人の有する革新性である。そしてこの革新性はGoldsmith and Hofacker（1991）が示した，領域に特有な，かつ自己報告型の6項目からな

る尺度により測定を行った。また，消費者個人が属するネットワークにおける「均質性・不均質性」については，「直接的なつながり」に関して，ここでは当該消費者との1次のつながりとして定義し，この1次のつながりを持つ消費者全員の閾値の平均値と分散を用いて評価を行った結果に基づいている。

　この様に，消費者個人の特性，そしてその消費者を取り巻くネットワーク環境の不均質性を考慮に入れることにより，本来，社会的伝播が持つ拡散の偶発性を表すことが可能になった。市場全体における普及過程を支配的に制御するのは，個人が単独で持つ特性としての閾値というよりもむしろ，個人が所属するネットワーク自身が持つグループが持つ特性としての閾値である。このように考えることで，同じ閾値を持つ個人が，普及過程全体のなかでは早期に採用していても，自身が所属するネットワークの中では採用が遅かったり，逆に普及過程全体のなかでは，遅く採用をしたとしても，自身が所属するネットワークの中では，採用が早かったりといった現象を説明することが可能になった。これまで個人の採用行動の総和として考えられていた普及過程を，自身が属するネットワークの革新性のばらつきによって分析することに意味があるということを示している。

　すなわち，これまで普及論における普及過程の包括的な概念とは，同質的な個人を前提に，市場全体を集計水準として，確率変数を割り当てることで記述してきた。しかし，本概念を用いることで，個人としての消費者（集計水準最小）は，生まれながらの個人特性のみによってイノベーションの採用を決定するのではなく，社会的に獲得した自身を取り巻く1次のネットワークを構成する消費者との関係によって定まる閾値によって採用行動が影響を受ける。さらにそこでは，1次のつながりの中で，自身とネットワークを構成する人々との関係性を軸として，そのネットワークに蓄えられた知識・経験などネットワーク固有の革新性とそのばらつきをベースに採用の可否を決定するモデルであるということが出来る。

　本論文において，着目した2つの点から命題が設定された。1つは，消費者特性としての採用に関する「閾値」がイノベーションの拡散に与える影響であ

り，もう1つは，消費者個人が属するネットワークにおける「均質性・不均質性」がイノベーションの拡散に与える影響である。この2点をもとに設定されたのが次に示す3つの命題である。

命題1　（消費者個人の採用に関する閾値の存在）
　市場における新製品の普及過程は，各消費者固有の特性だけに影響されるのではなく，当該消費者と直接的つながりを持つ消費者の採用行動を反映した消費者個人の採用に関する閾値に影響される。

命題2　（ネットワークを形成するグループ間の均質性・不均質性の差が普及形態に及ぼす影響）

命題2-1
　グループ間の普及過程情報伝播は，直接的なつながりから得られる消費者個人の採用に関する　閾値の平均値が小さいグループから大きいグループへ進展する。

命題2-2
　直接的なつながりから得られる消費者個人の採用に関する閾値が，均質なグループにおいては，グループ内での情報の拡散が可能であるのに対して，不均質なグループでは，隣接する他のグループからの情報の伝播によって，自グループ内の普及過程が促進される。

　命題の一般化に向けての検証は，シミュレーションによって行われた。設定した3つの種類のネットワークにおいて，1次のつながりの中での特性としての個人としての消費者のイノベーションの採用に関する閾値を設定した結果，これまでの普及モデルにおける前提を用いた過程と明らかに異なる，より現実に近い普及過程をシミュレートすることが出来た。このことからも各命題は一般的な現象として支持されたものと考えられる。

　また，その結果からは，命題の一般化に向けての検証の過程で，関連する次のような現象を説明することが出来た。

従来，閾値の平均値が小さなグループから大きなグループへと情報が伝播され，イノベーションが普及していくことは極めて自然であるが，これでは，普及過程のボトルネックは，閾値が大きい消費者個人であると考えられてきた。しかしながら，得られた3つのネットワークにおける様々な情報の伝播過程，そしてそれに基づくイノベーションの普及過程を観測する限り，ネットワークにおけるこれらの流れを阻害しているのは，たった1人の消費者が持つ特性だけではなく，その消費者を取り巻く特性にあるということが出来る。すなわち，情報の伝播，普及の促進のためのマーケティング活動のターゲットは，イノベーションの採用に対してリスク回避的な消費者だけではなく，それを取り巻く環境の中に潜むボトルネックを見出すことが重要であると考えられるのである。

当初，イノベーションは，グループを形成する消費者個々の閾値が低く，分散も低い，すなわちイノベーションの採用に関するリスク受容度が大きく，同質的な消費者グループにてその普及過程のスタートを切る。この後，当該イノベーションが市場において広く受け入れられるか否かは，消費者を取り巻くネットワークにおける閾値の分散が大きなグループへと普及過程が進展するか否かにかかっている。消費者の閾値の平均値の大小にかかわらず，分散の大きなグループへとイノベーションが伝播した場合，そのグループを通して，さらなる普及過程の進展を達成することが可能になるのである。

おわりに

これまで，新製品普及論における普及過程の包括的な概念とは，同質的な消費者を前提に，市場全体を集計水準として確率変数を割り当てることであった。しかし，本論文で示した概念モデルでは，個人としての消費者（集計水準最小）は，全ての消費者にとって共通かつ所与の個人特性のみによってイノベーションの採用を決定するのではなく，社会的に獲得した自身を取り巻く1次のネットワークを構成する消費者との関係によって影響を受ける。さらにそこでは，1次のつながりの中で，自身とネットワークを構成する人々との関係性を

軸として，消費者が固有に持つ革新性をベースに新製品を採用するか否かを決定するモデルであるということがわかった。様々な環境変化に伴い，消費者を取り巻くネットワークの関係性がイノベーションの普及に大きな影響を与える状況が出現しているということが出来よう。

〔参考文献〕

Arthur, W. B. (1989), 'Competing technologies, increasing returns, and lock-in by historical events,' *The Economic Journal* 99 (394), pp.116-131.

Arthur, W. B. (1990), 'Positive feedbacks in the economy,' *Scientific American* 263, pp.92-99.

Bass, F. M. (1969), 'A New Product Growth Model for Consumer Durables,' *Management Science* 15 (Jan.), pp.215-227.

Boorman, S. A. and P. R. Levitt (1980), *The genetics of altruism*. New York: Academic Press.

Brown, L. A. (1981), *Innovation diffusion: A new perspective*. New York: Methuen.

Burt, R. S. (1987), 'Social Contagion and Innovation: Cohesion versus Structural Equivalence,' *American J. of Sociology* 92(6), pp.1287-1335.

Burt, R. S. (2000), 'Decay Functions,' *Social Networks* 22, pp. 1-28.

Crawford, C. M. (1979), 'New Product Failure Rates — Facts and Fallacies,' *Research Management* 22, pp. 9-13.

Granovetter, M. (1978), 'Threshold Models of Collective Behavior,' *American J. of Society* 83(6), pp.1420-1443.

Goldsmith, R. E. and C. F. Hofacker (1991), 'Measuring consumer innovativeness,' *Journal of the Academy of Marketing Science* 19, pp.209-221.

Kalish, S. (1985), 'A New-Product Adoption Model with Price, Advertising and Uncertainty,' *Management Science* 31, pp.1569-1585.

Kermack, W. O. and A. G. McKendrick (1927), 'A contribution to the mathematical theory of epidemics,' *Journal of the Royal Society of London* A115, pp.700-721.

Krishnamurthy, S. (2004), 'New Book in Review,' *Journal of Marketing Research* 41, pp.132-134.

Mahajan, V. and E. Muller (1979), 'Innovation Diffusion and New-Product Growth Models in Marketing,' *Journal of Marketing* 43, pp.55-68.

Mahajan, V., E. Muller and F. M. Bass (1990), 'New Product Diffusion Models in

Marketing: Review and Directions for Reserch,' *Journal of Marketing* 54, pp. 1 -26.
Mahajan, V. and Y. Wind（1986）, *Innovation Diffusion Models of New Product Acceptance*. Cambridge, MA: Ballinger.
Marwell, G., P. Oliver and R. Prahl（1988）, 'Social networks and collective action: A theory of of a critical massⅢ,' *American Journal of Sociology*, 94, pp.503-534.
Norton, J. and F. M. Bass（1987）, 'A Diffusion Theory Model of Adoption and Substitution for Successive Generations of High Technology Products,' *Management Science* 33, pp.1069-1086.
Norton, J. and F. M. Bass（1992）, 'Evolution of Technological Generations: The Law of Capture,' *Sloan Management Review* 33(2), pp.66-77.
Oliver, P.E. and G. Marwell（1988）, 'The paradox of group size in collective action: A theory of a critical mass Ⅱ,' *American Sociological Review* 53, pp. 1 - 8.
Oliver, P.E., G. Marwell and R. Teixeira（1985）, 'A theory of the critical massⅠ. independence, group heterogeneity, and the production of collective action,' *American Journal of Sociology* 91(3), pp.522-556.
Olson, M.（1965）, *The logic of collective action*. New York: Schocken Books.
Prahl, R., G. Marwell and P. E. Oliver（1991）, 'Reach and selectivity as strategies of recruitment for collective action: A theory of the critical mass Ⅴ,' *Journal of Mathematical Sociology* 16(2), pp.137-164.
Rohlfs, J.（1974）, 'A theory of independent demand for a communications service,' *Bell Journal of Economics and Management Science* 5, pp.16-37.
Rogers, E. M.（1962）, *The Diffusion of Innovations*. New York: The Free Press.
Rogers, E. M.（1983）, *The Diffusion of Innovations*. 3 rd, New York: The Free Press.（青池慎一・宇野善康監訳『イノベーション普及学』産能大学出版 1990年）
Rogers, E. M.（1995）, *The Diffusion of Innovations*. 4th, New York: The Free Press.
Rogers, E. M.（2003）, *The Diffusion of Innovations*. 5th, New York: The Free Press.
Schelling, T.（1978）, *Micromotives & microbehavior*. New York: Norton.
Urban, G. L., J. R. Hauser and N. Dholakia（1987）, *Essentials of New Product Management*. Prentise-Hall, Inc.（林廣茂・中島望・小川孔輔・山中正彦訳『プロダクトマネジメント』プレジデント社 1989年）.
Watts, D. J.（2003）, *Six Degrees: The Science of a Connected Age.*, W. W. Norton & Company Inc.（辻竜平・友知政樹訳『スモールワールド・ネットワーク─世界を知るための新科学的思考法』阪急コミュニケーションズ 2004年）.
池尾恭一（1999）『日本型マーケティングの革新』有斐閣.
木村浩（2009）「社会ネットワークの中でのイノベーションの普及モデル」慶應義塾大学博

士論文

陶山計介（2002）「ネットワークとしてのマーケティング・システム－ビジネスモデルから社会モデルへ」，陶山計介・宮崎昭・藤本寿良編『マーケティング・ネットワーク論―ビジネスモデルから社会モデルへ』，有斐閣，pp.1-18.

芳賀康浩（2005）「マーケティングにおけるネットワーク―社会ネットワーク分析の示唆―」，マーケティング・ジャーナル，96(4)，pp.31-44.

安田雪（1997）『ネットワーク分析―何が行為を決定するか―』新曜社．

第12章

消費者ベースの「おもてなし」マーケティング戦略

浦野 寛子

はじめに

　「おもてなし」は日本の誇るべき文化であり，思想であり，技術である。しかし，「おもてなし」とは何か，その概念は曖昧に捉えられ，多用されている実態がある。

　そこで，本論文においては，おもてなしとは何か，「おもてなし」の源流を探った上で，現代の消費者が「おもてなし」をどのように捉え，どのような要素（構成要因）を重視しているのかということを明らかにしていき，企業が「おもてなし」マーケティングをいかに行っていくべきか，インプリケーションを導出する。

　本論文の構成は以下の通りである。

　第1節では，「先行研究」をレビューして，「おもてなし」概念の源流を辿り，「おもてなし」とは何かについての伝統的な定義から，おもてなしの特徴を明らかにする。また，西欧型の「ホスピタリティ」と「おもてなし」の共通点・相違点を考察することで，「おもてなし」独特の概念構成要因を見出していく。

　第2節では，"現代"の一般の消費者が実際，「おもてなし」をどのように捉えているのか，その実態を把握するための調査方法について説明する。

　第3節では，第2節の調査方法を元に，サービスを受ける側の消費者が今現在，何を「おもてなし」として意識し，どのような要素を重要視しているのか

分析する。

　最後に，第4節では，第3節までの消費者ベースの「おもてなし」概念の構成要因と重視ポイントをふまえた上で，企業は今後どのような「おもてなしマーケティング戦略」を行っていくべきかまとめ，インプリケーションを提示する。

1. 先行研究

1.1 「おもてなし」概念の源流

　「おもてなし」とは何かについての伝統的な定義から，おもてなしの特徴を明らかにする。

　日本で「おもてなし」の源流を辿ると，日本の伝統的な茶道に行き着く（角山 2005; 千葉・五嶋 2007）。

　茶道の特徴としては，「礼儀・作法としての型」「主客相互性」「主客対等」が挙げられる。茶道では，まず礼法としてのお点前という手段から始まり，「一定のルール，きまり」を遵守する。型を重視するのには理由がある。本来，礼儀作法の「礼」とは，感謝・思いやりなど，他者への心遣いのことで相手を敬うことであるが，思いやる心があっても，それが動作で表現されないと，相手に通じ難い。故に，型とは，あくまで相手に対し思いやりを表現することを目的に，洗練された美しさの要素を加味した動作の決まりごとであると言える。つまり，型を遵守するということには，ある種の厳格さ・緊張感も伴うが，本質的にはその目的は茶事を通して主人が客人を温かくもてなすことにある。

　「主客相互性」「主客対等」は，もてなす側の主人と，もてなされる側の客人が地位や身分に関係なく，その場においては対等な関係で，一方向ではなく，共にその「空間」と「時間」を創り上げ，楽しむという考え方である。名東・山田・横沢（1994）は，「茶道は飲食をともにするというだけでなく，席には亭主が命題をもってのぞみ，客はそれを理解し呼応しあって，お互いに心地よい精神的緊張とともに，心から感謝をしあう場である」と述べ，主人と客人が

対等かつ相互に一体となって場を共有し，共鳴し合うことが，親近感・連帯性を高め，芸術的な時空間を生み出すのに必要な精神性だとしている。

つまり，茶道の席では，もてなす側の主人ばかりではなく，もてなされる側の客人にもその場に相応しい振舞い，感受性，教養の高さが求められる。客人は主人の意図・趣向を読み取り，感謝を示すことでもてなしに参加するのである。おもてなしは，主客対等であるが故に，主客の間で無意識な共通認識があることが前提となっていて，客人にも高い期待がかかっているのである。

1.2 「おもてなし」と「ホスピタリティ」

次に，西欧型の「ホスピタリティ」と日本型の「おもてなし」に関して，共通点・相違点を考察していく。

まず，「ホスピタリティ」であるが，ホスピタリティ研究は，「おもてなし」研究と比較すると，より多くの定義づけがなされている。例えば，Cassee and Reuland（1983）は，「食べ物，飲み物，施設，物理的環境，人々のふるまいや態度の調和のとれた混合物」，Tideman（1983）は，「客人の満足度が最大限満たされるための生産方式であり，客人が望む量と質の製品やサービス，客人が価格相応の価値があると感じられるような価格の製品やサービスのこと」としている。

これらの定義から，ホスピタリティは，「食べ物，飲み物，宿を中心に，客人の期待に沿えるような価格相応の価値があると考えられるような歓待，饗応を行うこと」だと統括することができる。長尾・梅室（2012）は，"物質的"，"経済的"側面が中心であることを述べているが，以上の定義からもこうした「ホスピタリティ」の特徴は，「おもてなし」との相違点として指摘できよう。

ただし，ホスピタリティの定義づけとして"物質的"，"経済的"側面とは違ったマインドを強調しているものも多く見られることに注意したい。Brotherton（1999）は，「同時に起こる人的交流であり，お互いに幸福な状態になり，さらに一層幸福な状態になろうとお互いが自発的に意図している」ものとする。また，佐々木（2009）は「人間同士の関係でより高次元の関係性を

築くために相互に持つ精神や心構え」としている。つまり，これらの定義においては，「おもてなし」と共通した部分での，人間関係に焦点を当てた"精神的"な側面も強調されている。

　現在，「ホスピタリティ」が一般にどのように説明され解釈されているかという点に関しては，例えば，『ウェブスター新国際辞典』によると，「社交上または商業上，客または初訪問者を温かく，思いやりのある，もの惜しみのない歓迎」など，上記の歴史的な文化背景をふまえた物質的・経済的・精神的側面を網羅した定義，解釈がなされている。

　以上，ホスピタリティ概念を整理してきたが，現在においては「おもてなし」と「ホスピタリティ」は，人と人との関係に注目し，そこには客人への配慮が見られ，客人を尊重し，誠実であろうとする精神性からは類似した概念だとも捉えられる。しかし一方で，それぞれの言葉の源流から辿っていくと，そこには言葉の内包する微妙な感覚や意義の違いが見出せる。先述したように，「ホスピタリティ」には物質的・経済的側面が見られるのに対し，「おもてなし」にはそうした要素は少ない。また，現在の辞書の一節から「ホスピタリティ」には「愉快に客をもてなし」とか「社交上または商業上，客を歓迎」といった，能動的かつやや故意的・創作的とも言えるような明るさ・艶やかさ，そして親密さ，自由さのようなものが感じられるが，「おもてなし」にはそれがない。「おもてなし」は，むしろ逆で，その言葉の中には，厳格さ・緊張感，主人と客人の距離感のようなものがあり，それが，「礼儀・作法としての型」「主客相互性」「主客対等」といった特徴的な要素となって表れている。「おもてなし」は奥ゆかしく，さりげなく，一歩引いた感じがある。しかし主客の間では暗黙裡に，時空間の完璧さの追求，対等であるがためのある種の知的ゲームのようなものが相互に激しく展開されており，その点においては，根底には深い思いやりがあるものの，やや張り詰めた感じもある概念だと言える。

1.3　「おもてなし」への接近

　ここまで，「おもてなし」の源流を辿り，「ホスピタリティ」と「おもてな

し」の共通点・相違点について述べてきた。そこでは，「礼儀・作法としての型」「主客相互性」「主客対等」といったホスピタリティとは異なる部分での，おもてなし独特の要因が見られた。しかし，注意しなければならないことは，これらはあくまで，伝統に基づく特筆した要因の抽出であり，現代の一般の消費者が，どのように「おもてなし」を捉えているかということとは異なるものである。

　そこで，以降は，今後，企業が「おもてなし」マーケティング戦略をいかになすべきか，そうした問題提起に対するインプリケーションを導出する上で必要となる"現代"の一般消費者の意識を確認するために，調査・分析を進めていく。現代の一般消費者が，「おもてなし」を一体どのように捉え，どのような「おもてなし」の要素（構成要因）を重視しているのか，ということに焦点を当てている。

2．調査方法

　一般の消費者は今，「おもてなし」をどのように捉えているのか，その実態を把握するためにアンケート調査を実施した。

　調査手法はインターネット調査を採用し，パソコンやタブレット，スマホ等で回答できる環境を構築した。調査対象者の選定については，日本の男女，性別の人口構成比に合わせて全国20代～70代の500名の回答を得る計画とし，調査会社に登録しているモニターから無作為に抽出してメールで回答を依頼した。実際の調査期間は2016年９月２日～５日，合計で500名の回答を得た。回答者の性別，年代構成の詳細は**図表12-1**に示している（**図表12-1**：回答者構成）。

　「おもてなし」についての質問項目の作成は次のように行った。まず，過去の書籍や研究論文から，おもてなしそのものについて述べた記述を抜粋した。

　さらに，現代のおもてなし要素を加味するために，実際におもてなしサービスの提供を標榜している企業（旅館，ホテル，航空会社，百貨店，寿司店），ならびに10代から70代までの消費者14名（各世代から男女１名ずつ）への自由

図表12-1 ◆回答者構成

	合計	20代	30代	40代	50代	60代	70代
男性	249	35	43	50	41	47	33
女性	251	33	41	48	41	49	39
合計	500	68	84	98	82	96	72

出所：筆者作成。

形式での個別インタビューを行い，その中で共通に出てきた内容や新たに発見した点を網羅的にリスト化した。

回答者の負荷を軽減するために調査項目数を50前後に絞り込むこととし，学生150名を対象に，予備的な調査を実施した。得られた結果を集計，因子分析，主成分分析することで，傾向が似ているものの中で典型的だと思われる項目を採用し，最終的に**図表12-2**に示した52項目に絞り込んだ（**図表12-2**：おもてなし項目）。

絞り込みの過程では，第1節で言及した内容をふまえ，日本の伝統的な「おもてなし」に特有だと指摘されてきた項目を残すことを意識した。また「ホスピタリティ」と「おもてなし」の共通点・相違点として言及される内容にも留意して項目を選んだ。

3．分析

3.1 求められている「おもてなし」とは

前節の調査結果を元に，消費者にとって，何が今現在「おもてなし」として感じられているのかを明らかにするため，調査会社（マイボイスコム）の森氏の参画も得て，次のような分析を行った。

まず，「おもてなし」項目の5段階評価を，「非常に感じる」を5点，「まあ感じる」を4点，「全く感じない」を1点といったように，最高5点，最低1点という単純な得点として，それぞれ平均値を計算した。その結果を平均値の高い7項目と低い9項目を示したのが**図表12-3**のグラフである。（**図表**

図表12-2◆おもてなし項目

01. 顧客に合った適切な提案，行動をする
02. 顧客の立場に立って考え，あれこれ心を配る
03. 顧客が求めているものを察して動く
04. 対応が誠実である
05. 対応が正確である
06. 対応が簡潔でわかりやすい
07. 対応が早い
08. スタッフの顧客に対する接触が濃密である
09. サービス提供者と顧客の関係性が一方向ではなく双方に相互性がある
10. スタッフがその場の雰囲気でテンポよく対応してくれる
11. スタッフがノリ良く会話を盛り上げ「楽しさ」を感じさせてくれる
12. 決めかねている時に寄り添うようにアドバイスしてくれる
13. スタッフが自分のペースに合わせてうなずき，相づちを打ち，上手に反応してくれる
14. 意思決定までの時間を十分にとってくれ，「待つ姿勢」が感じられる
15. 楽しそうに働いている
16. スタッフ同士が息の合った連携によりサービスを提供している
17. スタッフが顧客との間に適度な距離感を保つ
18. スタッフが顧客との間に適度な緊張感を保つ
19. 顧客にリラックスしてもらうよう努める
20. スタッフに責任感がある
21. スタッフが顧客に安心感を与える
22. スタッフが顧客との関係性を意識した上でサービスを提供する
23. スタッフが肉親のように心づかいをする
24. スタッフに謙虚さがある
25. サービス提供者と顧客の関係が対等であると感じさせている
26. スタッフと顧客の関係が「1対複数」ではなく「1対1」である
27. スタッフがある程度の型・様式に従ってサービスを提供する
28. スタッフが顧客とコミュニケーションの場・機会を多く持つよう努める
29. 施設・設備に清潔感がある・綺麗
30. 施設・設備に美的センスがある
31. 施設・設備に技術力が感じられるものがある
32. 施設・設備に高級感・上質感がある
33. 施設・設備にその土地特有なものを取り入れている
34. 施設・設備に季節・旬を感じさせるものを取り入れている
35. 設備・備品の使い方がわかりやすい
36. 施設・設備に健康に配慮した取組みがなされている（禁煙・分煙の別など）

37. 施設・設備が，文化・言語・国籍の違い，老若男女といった差異，障害・能力の如何を問わずに利用することができる設計になっている
38. 施設・設備に空間・場を演出するしつらえがなされている
39. サービス提供が，安全が保障された上で行われている
40. 大勢の中の一人でなく「その人だけのもの」としてサービスを提供する
41. インターネットを活用して情報発信，問合せ対応がなされている
42. サービスを提供するスタッフと，施設・設備・備品に一体感がある
43. 幅広い時間帯にサービスを提供している
44. 顧客がスムーズに利用できるようになっている
45. サポート・アフターケアが充実している
46. サービスを提供する上での事前準備がしっかりなされている
47. 時間のかけ方が適切である
48. サービス内容に過不足がなく，ほどよい
49. サービス内容に多様な選択肢がある
50. サービスに特別感・特別な対応がある
51. サービス提供場所へのアクセスが良い
52. 体験や世界観といった情緒的な付加価値がある

出所：筆者作成。

12-3：平均値）

52項目のうち，最も平均点が高かったのは「対応が誠実である」の4.30点，最も低かったのは「スタッフのノリが良く会話を盛り上げ「楽しさ」を感じさせてくれる」の3.19点であった。

52項目のいずれも，文献，インタビュー，予備的な調査を経て選択したものであるため，平均が3点を下回る，つまり，〈おもてなしとは感じられない〉と明確に否定される項目は幸いなかった。しかしながら，3点台の半ばより下，3.5点未満の項目が9項目見受けられた。まずはこれら下位9項目を見ていく。

下位9項目を見て気づいた点が3つあった。1つ目は，おもてなしする側のスタッフの顧客に対する会話，心づかいが濃すぎたり，くだけすぎたりすることを嫌う心性が顧客にはあるということである。「スタッフのノリが良く会話を盛り上げ「楽しさ」を感じさせてくれる」，「スタッフが肉親のように心づかいをする」，「スタッフの顧客に対する接触が濃密である」，「スタッフが顧客と

図表12-3 ◆平均値

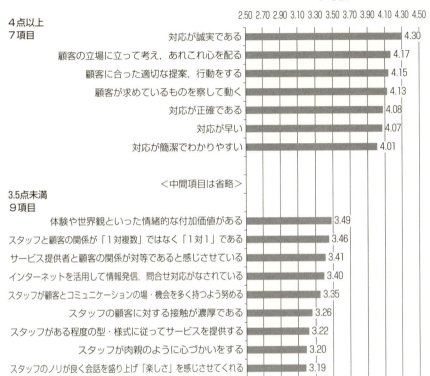

出所：筆者作成。

コミュニケーションの場・機会を多く持つよう努める」の得点が低いことから，「おもてなし」には，普段の身近な生活とは違う，距離感を保ったコミュニケーションが期待されていることがわかる。

2つ目の気づきは，一種の精神性，主客対等といった，日本の伝統的「おもてなし」の特徴とされるものが，今現在の日本人一般には抵抗感を感じさせているということである。「サービス提供者と顧客の関係が対等であると感じさせている」，「スタッフがある程度の型・様式に従ってサービスを提供する」の

得点も下位に沈んだことから,「おもてなし」としての優先度は低いと思われる。

3つ目は,「インターネットを活用して情報発信,問合せ対応がなされている」も現状では十分に「おもてなし」として認識されるレベルにはないということである。インターネット調査であるため回答者が偏っているという指摘もあるかもしれないが,彼らが普段から触れることが多いネットというメディアの可能性を十分に使いきれていないという風に考えるのが前向きな解釈,今後の対応策を考える上でのあるべき姿勢ではないだろうか。

さて,今度は上位項目を見ていく。平均点が4点以上の項目,つまり「おもてなし」であると積極的に感じる人が平均的に多い項目が7つあった。上位項目からは2点,気づきが得られた。1つ目は,〈対応の仕方〉の重要性である。「対応が誠実である」,「対応が正確である」,「対応が早い」,「対応が簡潔でわかりやすい」と,対応をキーとした評価軸が「おもてなし」の基本であることが確認できる。

2つ目の気づきは,〈顧客の立場に立つ〉ことの重要性である。「顧客の立場に立って考え,あれこれ心を配る」,「顧客に合った適切な提案,行動をする」,「顧客が求めているものを察して動く」の3項目に共通するのは,相手の身になって考えるということであり,「おもてなし」に必須の要素だということが確認できる。

「おもてなし」の要素としてこの2点,〈対応の仕方〉と〈顧客の立場に立つ〉が最重要であることをどのように捉えればよいのだろうか。

まず,いずれも人と人との関係のあり方についてであり,まさに「おもてなし」の基本は外せないということである。いくら素晴らしい商品,サービス,設備,精神性……等,物質的,非物質的な提供物があったとしても,その渡し方,伝え方と,それを相手がどう受け取るかの両方を考えておかないと,過少,過剰なサービスとして評価を下げてしまうことがあるということである。

また,〈対応の仕方〉は,どちらかと言えば,顧客の問いかけに対して,受動的にどう応じるか,ということであり,いわば「受け身の上手さ」の地力が

問われる場面だろう。他方，〈顧客の立場に立つ〉には，心を配る，察して動くという，能動的な行動が求められていると言える。能動的とはいっても，その前提には，「察する」があり，それは無言の行為であり，「静かな能動性」と言うべきであろう。このあたりは日本の伝統的な「おもてなし」と親和性があるようにも思われるし，また普遍的な価値としても訴求できるものではないだろうか。

ここまでは，全体のデータの結果を見てきたが，次に基本的な属性ごとの傾向を確認していく。

図表12-4は，性別，年齢階層別，世帯年収別の評価の平均値である。全体の平均値の高い順に並べ替えてある。濃い色のついている箇所は4.0点以上の，評価が高い項目，薄い色がついているのは3.5点未満の評価が低い項目である（図表12-4：セグメント平均）。

まず一貫して，性別，年代，世帯所得にかかわらず，評価の高低の傾向が，今まで述べてきた全体の傾向と似ていることがわかる。これらの基本的な属性によるセグメンテーションで見る限りは，全体データについて述べてきたことは，これらのセグメントにも同様にあてはまり，頑健な結果であるといえるだろう。

ただし，いくつか気になる点もある。性別では，男性に比べ女性は得点が高い傾向がある。これは，女性に比べ，男性に「おもてなし」を感じさせることがやや難しい，ということを意味しているのかもしれないし，男性の求める「おもてなし」は，ここで挙げた以外にあるということなのかもしれない。

また，年代が上がるにつれて，4.0点を超える項目が増える傾向がみられる。特に，70代については「施設・設備が，文化・言語・国籍の違い，老若男女といった差異，障害・能力の如何を問わずに利用することができる設計になっている」，「スタッフがその場の雰囲気でテンポよく対応してくれる」等，4.0点を超えてくる項目が多い。人生経験も豊富になり，要求が高くなっているということであろうし，加齢の反映なのかもしれない。「おもてなし」をする側にとっては，気を使うべきポイントが増えてくるということが確認できた。

図表12-4 ◆セグメント平均

平均値		サンプルサイズ(名)	対応が誠実である	顧客の立場に立って考え、あれこれ心を配る	顧客に合った適切な提案、行動をする	顧客が求めているものを察して動く	対応が正確である	対応が早い	対応が簡潔でわかりやすい
全体		500	4.30	4.17	4.15	4.13	4.08	4.07	4.01
性別	男性	249	4.19	4.11	4.02	4.04	3.95	3.96	3.92
	女性	251	4.41	4.24	4.27	4.22	4.21	4.18	4.10
年齢階層	20代	68	4.29	4.10	4.13	3.97	3.97	3.90	3.90
	30代	84	4.05	4.07	4.15	4.14	3.86	4.02	3.79
	40代	98	4.21	4.13	4.02	4.06	4.03	4.00	4.03
	50代	82	4.38	4.18	4.12	4.17	4.11	4.04	3.99
	60代	96	4.41	4.24	4.16	4.16	4.23	4.20	4.21
	70代	72	4.49	4.31	4.33	4.28	4.28	4.25	4.11
世帯年収	なし	14	3.64	3.57	3.50	3.64	3.57	3.64	3.50
	200万円未満	51	4.29	4.12	4.14	4.12	4.12	4.14	3.98
	200～400万円未満	107	4.36	4.23	4.26	4.10	4.17	4.08	4.08
	400～600万円未満	134	4.26	4.22	4.15	4.20	4.02	4.04	4.00
	600～800万円未満	80	4.26	4.14	4.13	4.15	4.05	4.10	4.09
	800～1000万円未満	61	4.43	4.20	4.07	4.16	4.18	4.07	3.97
	1000～1500万円未満	34	4.53	4.21	4.21	4.09	4.29	4.26	4.18
	1500万円以上	19	4.05	4.11	4.21	4.05	3.68	3.53	3.63

中間項目は省略

平均値		体験や世界観といった情緒的な付加価値がある	スタッフと顧客の関係が「1対複数」ではなく「1対1」である	サービス提供者と顧客の関係が対等であると感じさせている	インターネットを活用して情報発信、問合せ対応がなされている	スタッフが顧客とコミュニケーションの場・機会を多く持つよう努める	スタッフの顧客に対する接触が濃密である	スタッフがある程度の型・様式に従ってサービスを提供する	スタッフが肉親のように心づかいをする	スタッフがノリ良く会話を盛り上げ「楽しさ」を感じさせてくれる
全体		3.49	3.46	3.41	3.40	3.35	3.26	3.22	3.20	3.19
性別	男性	3.42	3.41	3.45	3.31	3.26	3.23	3.10	3.22	3.14
	女性	3.55	3.51	3.37	3.48	3.45	3.29	3.34	3.17	3.24
年齢階層	20代	3.50	3.46	3.46	3.56	3.35	3.32	3.38	3.06	3.22
	30代	3.56	3.45	3.48	3.50	3.38	3.40	3.33	3.37	3.20
	40代	3.39	3.39	3.41	3.36	3.34	3.23	3.28	3.12	3.05
	50代	3.41	3.41	3.28	3.27	3.26	3.15	3.07	3.16	3.02
	60代	3.50	3.42	3.31	3.34	3.46	3.07	3.09	3.20	3.22
	70代	3.58	3.65	3.60	3.40	3.32	3.46	3.22	3.26	3.49
世帯年収	なし	3.29	3.14	3.00	3.21	3.21	3.29	3.21	3.21	2.93
	200万円未満	3.25	3.31	3.12	3.20	3.33	3.24	3.18	3.08	3.04
	200～400万円未満	3.63	3.56	3.51	3.47	3.33	3.24	3.22	3.25	3.30
	400～600万円未満	3.40	3.37	3.35	3.38	3.27	3.21	3.07	3.15	3.10
	600～800万円未満	3.45	3.49	3.45	3.41	3.30	3.25	3.28	3.14	3.35
	800～1000万円未満	3.61	3.59	3.62	3.44	3.74	3.46	3.41	3.38	3.20
	1000～1500万円未満	3.68	3.59	3.62	3.62	3.32	3.21	3.35	3.12	3.15
	1500万円以上	3.47	3.32	3.47	3.21	3.32	3.32	3.37	3.32	3.16

■ 4.0点以上　■ 3.5点未満

出所:筆者作成。

3.2 「おもてなし」要素の体系化

ここまで，現代の一般消費者にどのような「おもてなし」が求められているのか，その優先順位を見てくる中で，部分的にではあるが「おもてなし」がどのようなものとして潜在的に意識されているのか，共通の構造が垣間見えた。ここからは，おぼろげに見えていた「おもてなし」の潜在構造を明示的に論じていく。

分析手法は因子分析を用いた。ここまで見てきた52項目の「おもてなし」項目を，最尤法，バリマックス回転で計算したところ**図表12-5**のような結果となった。**図表12-5**には，先ほどまで見てきた各項目の平均値も並べて掲載した（**図表12-5**：因子分析）。

結果は見やすいように，固有値の大きい図表の左側の因子から順に，それぞれの因子に対する負荷量が0.5以上のものについて，負荷量が大きい順に並べ替えている。固有値が1以上という基準で見ると7因子となったが，本稿では第5因子までの結果を中心に見ていくことにする。第5因子までで，データのばらつきの57％弱を説明できている（**図表12-5**：回転後の累積負荷量平方和（％）を参照）。

第1因子は，主に，施設や設備についての充実具合の評価因子であると解釈できる。負荷量の高い項目を見ると，「施設・設備に季節・旬を感じさせるものを取り入れている」，「施設・設備に高級感・上質感がある」が見られ，施設，設備そのものの具合が評価ポイントのひとつであることがわかる。ただし，項目の平均値に着目すると，また違った姿も見える。**図表12-5**では，平均値が3.8以上の項目に濃い色，3.5未満の低い項目に薄い色をつけている。高い項目を見ると，「顧客がスムーズに利用できるようになっている」，「サポート・アフターケアが充実している」，「サービスを提供する上での事前準備がしっかりなされている」という，施設や設備自体というよりは，それらの充実度が，顧客へのサポートとなることによって，はじめて「おもてなし」として評価される，という流れが見えてくる。

図表12-5◆因子分析

		因子1	因子2	因子3	因子4	因子5	平均値
第1因子	施設・設備に季節・旬を感じさせるものを取り入れている	0.744	0.206	0.183	0.088	0.194	3.72
	施設・設備に高級感・上質感がある	0.740	0.353	0.102	0.108	0.065	3.59
	施設・設備に美的センスがある	0.728	0.230	0.223	0.248	0.054	3.65
	施設・設備に技術力が感じられるものがある	0.709	0.302	0.224	0.217	0.007	3.59
	施設・設備にその土地特有なものを取り入れている	0.703	0.327	0.170	0.066	0.135	3.60
	施設・設備に空間・場を演出するしつらえがなされている	0.669	0.354	0.249	0.110	0.128	3.58
	設備・備品の使い方がわかりやすい	0.665	0.116	0.369	0.207	0.111	3.73
	施設・設備に健康に配慮した取組みがなされている（禁煙・分煙の別など）	0.663	0.149	0.288	0.186	0.166	3.78
	サービス提供が，安全が保障された上で行われている	0.663	0.102	0.401	0.207	0.078	3.77
	施設・設備が，文化・言語・国籍の違い，老若男女といった差異，障害・能力の如何を問わずに利用することができる設計になっている	0.636	0.230	0.285	0.073	0.271	3.75
	施設・設備に清潔感がある・綺麗	0.630	-0.005	0.330	0.297	0.116	3.96
	サービスを提供するスタッフと，施設・設備・備品に一体感がある	0.588	0.407	0.286	0.089	0.111	3.54
	顧客がスムーズに利用できるようになっている	0.573	0.153	0.352	0.205	0.124	3.81
	サポート・アフターケアが充実している	0.552	0.231	0.208	0.109	0.225	3.87
	サービスを提供する上での事前準備がしっかりなされている	0.546	0.198	0.300	0.204	0.187	3.80
	時間のかけ方が適切である	0.522	0.215	0.317	0.300	0.199	3.77
	体験や世界観といった情緒的な付加価値がある	0.516	0.525	0.065	0.118	0.123	3.49
	幅広い時間帯にサービスを提供している	0.513	0.433	0.213	0.151	0.059	3.55
第2因子	スタッフの顧客に対する接触が濃密である	0.060	0.699	0.045	0.075	0.111	3.26
	スタッフが肉親のように心づかいをする	0.119	0.695	0.176	-0.061	0.137	3.20
	スタッフがノリ良く会話を盛り上げ「楽しさ」を感じさせてくれる	0.124	0.650	0.169	0.002	0.164	3.19
	スタッフが顧客とコミュニケーションの場・機会を多く持つよう努める	0.304	0.632	0.036	0.061	0.068	3.35

第12章 消費者ベースの「おもてなし」マーケティング戦略

	スタッフが自分のペースに合わせてうなずき，相づちを打ち，上手に反応してくれる	0.235	0.562	0.249	0.133	0.182	3.51
	スタッフがある程度の型・様式に従ってサービスを提供する	0.235	0.545	0.133	0.208	-0.048	3.22
	サービスに特別感・特別な対応がある	0.488	0.522	0.050	0.048	0.235	3.58
	決めかねている時に寄り添うようにアドバイスしてくれる	0.219	0.504	0.180	0.101	0.265	3.55
	スタッフと顧客の関係が「1対複数」ではなく「1対1」である	0.192	0.502	0.385	0.148	0.012	3.46
第3因子	スタッフが顧客との間に適度な距離感を保つ	0.286	0.074	0.704	0.222	0.103	3.79
	スタッフが顧客との間に適度な緊張感を保つ	0.162	0.330	0.628	0.188	0.034	3.59
	スタッフに責任感がある	0.397	0.165	0.584	0.345	0.132	3.87
	スタッフ同士が息の合った連携によりサービスを提供している	0.339	0.320	0.581	0.175	0.133	3.68
	スタッフが顧客に安心感を与える	0.391	0.073	0.567	0.220	0.258	3.96
	顧客にリラックスしてもらうよう努める	0.300	0.166	0.561	0.032	0.340	3.89
	スタッフに謙虚さがある	0.300	0.238	0.534	0.222	0.142	3.80
第4因子	対応が正確である	0.275	0.137	0.293	0.721	0.352	4.08
	対応が簡潔でわかりやすい	0.257	0.164	0.337	0.662	0.218	4.01
	対応が早い	0.258	0.198	0.302	0.608	0.275	4.07
	対応が誠実である	0.266	0.062	0.269	0.603	0.396	4.30
第5因子	顧客の立場に立って考え，あれこれ心を配る	0.175	0.123	0.191	0.202	0.736	4.17
	顧客が求めているものを察して動く	0.126	0.187	0.066	0.234	0.687	4.13
	顧客に合った適切な提案，行動をする	0.095	0.164	0.180	0.341	0.576	4.15
	回転後の累積負荷量平方和（％）	19.9	32.8	44.4	51.0	56.8	―

注：因子は固有値の大きい順に左から並んでいる。因子負荷量による項目の分類は負荷量0.5以上を目安にした。
　　因子抽出法：最尤法　　　　　　　　　　　■ 平均値3.8以上
　　回転法：Kaiserの正規化を伴うバリマックス法　　平均値3.5未満
出所：筆者作成。

　第2因子は，スタッフと顧客との接触の密度，濃度についての因子と考えられる。「スタッフの顧客に対する接触が濃密である」，「スタッフが肉親のように心づかいをする」の負荷量が高い。「スタッフがある程度の型・様式に従ってサービスを提供する」，「スタッフと顧客の関係が『1対複数』ではなく『1対1』である」もこの因子を構成する要素であり，日本的な要素，1対1とい

う視点も含んだ軸があることを表している。しかしながら，この因子には注意が必要である。平均値を見ると多くの構成項目が3.5点未満であり，優先度は低い。つまり，確かにこれらの項目が合わさって，日本的要素，1対1要素をも含んだ，密度の濃い顧客との関係の確立を評価する視点は明確にあるものの，「おもてなし」としては感じられにくいということである。

続いて，第3因子もスタッフと顧客に関する因子であるが，第2因子とは対照的である。「スタッフが顧客との間に適度な距離感を保つ」，「スタッフが顧客との間に適度な緊張感を保つ」の負荷量が高く，顧客とスタッフの距離感を保つことを評価する因子である。平均値の高い項目としては，「スタッフが顧客に安心感を与える」，「顧客にリラックスしてもらうよう努める」，「スタッフに責任感がある」が目立つ。これらを合わせて考えると，この因子は，顧客が安心，リラックスできるように，スタッフが上手に顧客と距離感を保つことが重要であることを示唆していると思われる。

最後に，第4因子，第5因子はそれぞれ，〈対応の仕方〉に関する因子，〈顧客の立場に立つ〉ことに関わる因子であり，すでに平均値の高い項目群として言及した項目から構成されている。改めての確認とはなるが，平均値はすべての構成項目で4.0点を超えており，優先度の高い，最重要の因子であると考えられる。

以上の因子分析と平均値についての分析をまとめると，次のように「おもてなし」の要素を体系化できるのではないだろうか。

まず，「おもてなし」とは，概ね次の5つの要因から構成されている。

■「おもてなし」の5つの要因
①顧客サポートと事前準備としての施設の充実
②サービス提供側視点からの濃密な接触とサービス提供
③顧客にリラックスを感じさせられる，近すぎず遠すぎない，適度な距離感を持った接触
④対応の仕方，受け身の巧拙
⑤顧客を察して動く，無言の能動性

図表12-6◆現代の一般消費者が捉えている「おもてなし」

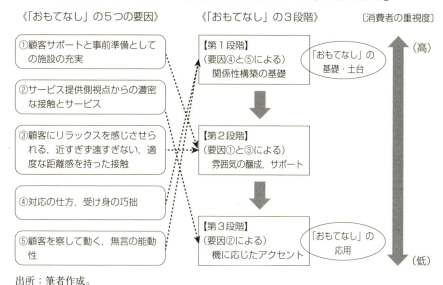

出所：筆者作成。

そして，優先順位としては，次の3段階が考えられる。

■「おもてなし」の3段階
　第1段階：要因④と⑤という関係性構築の基礎
　第2段階：要因①と③による雰囲気の醸成，サポート
　第3段階：要因②による，機に応じたアクセント

　一般の消費者が求める「おもてなし」とは，このような構造を持っているのではないかと思われる。以上，まとめたものが図表12-6である（図表12-6：現代の一般消費者が捉えている「おもてなし」）。

4．企業による「おもてなし」マーケティング戦略

　第3節より，現代の一般消費者がどのように「おもてなし」を捉えていて，何を重要視しているのかを明らかにした。

第1節の伝統的な「おもてなし」概念の特徴をふまえると、今回調査で抽出した「おもてなし」の5つの要因の内、要因③・④・⑤に関しては、茶道を源流とする「おもてなし」の距離感であったり、奥ゆかしく静かだが、高度かつ知的な主客の能動的なかけ合いといった日本古来の文化から来る要素の影響が強く見られた。しかし、例えば要因③においては、平均値の高い項目として安心感・リラックス感があることから、伝統的なおもてなしに見られる主客対等であらんとするが故のストイックな緊張感よりは、現代の消費者には、もう少しマイルドな西欧的ともいえるほぐれた雰囲気が望まれていることが指摘できる。

要因①・②に関しては、伝統的な日本的な「おもてなし」の影響を受けている要素も散見されるものの、全体的には西欧的な「ホスピタリティ」の特徴が強く出てきて成立している要因である。この点に関して言えることは、現代の一般消費者は、西欧型のサービスも多く経験していることから、「おもてなし」と認識するものとしても西欧的な「ホスピタリティ」の影響を強く受けた要素を含意していると考えられる。

しかし、優先順位を見てみると、要因①・②に対する一般消費者の優先順位は比較的低く、「おもてなし」の構成要因としては、確実に存在すると認識しているものの、その重視度は低くなっていることが指摘できる。

以上、まとめると現代の日本の一般消費者が考える「おもてなし」とは「ホスピタリティ」の特性も含んだ広い意味性を持つ概念として認識されている。しかし、そこには茶道に端を発する古来の伝統的な「おもてなし」の特徴もしっかりと残っている。「おもてなし」に求めるものとしては、そうした伝統的な「おもてなし」の部分を求める傾向がある一方で、あまりに厳格な形での、型の遵守や、緊張感を伴う主客対等のあり方に関しては多少の抵抗感を伴い、客人側への負荷が低い「おもてなし」を求める傾向があることがわかった。

おわりに

こうした知見からの企業に対するインプリケーションとしては、現代の日本

の一般消費者に向けた「おもてなし」マーケティング戦略においては，古来の伝統的なおもてなしの特徴も残しつつ，西欧型「ホスピタリティ」の影響もふまえ，やや"マイルド"な形に変換した上での『現代型おもてなし』」を意識し，創り上げ，顧客に提供すべきだということがいえよう。

〔注〕

本稿は，浦野寛子・森義弘（2017）「消費者視点の「おもてなし」コミュニケーション戦略（上）（下）」の一部を抜粋・加筆したものである。

〔参考文献〕

Brotherton, B. (1999), 'Hospitality management research : Towards the future?,' *The handbook of contemporary hospitality management research* (Brotherton, B., eds.), John Wiley & Sons, pp.143-172.

Cassee, E. H. and R. Reuland (1983), 'Hospitality in Hospitals,' *The Management of Hospitality* (Cassee, E. H. and R. Reuland eds.), Pergamon, pp.146-163.

Merriam-Webster. (2002), *Webster's Third New International Dictionary,* Merriam-Webster, Inc.

Tideman, M. C. (1983), 'External influences on the hospitality industry,' *The Management of Hospitality* (Cassee, E. H. and Reuland, R., eds.), Pergamon, pp.1-24.

浦野寛子・森義博（2017）「消費者視点の「おもてなし」コミュニケーション戦略（上）−「おもてなし」概念の構成要因」『日経広告研究所報』291, pp.10-17.

浦野寛子・森義博（2017）「消費者視点の「おもてなし」コミュニケーション戦略（下）−「おもてなし」と広告」『日経広告研究所報』292, pp.48-55.

角山榮（2005）『茶ともてなしの文化』NTT出版．

佐々木茂（2009）「ホスピタリティ研究の潮流と今後の課題」『高崎経済大学付属研究所紀要』44(2), pp.1-19.

千葉望・五嶋正風（2007）『おもてなしの源流：日本の伝統にサービスの本質を探る』英治出版．

長尾有記・梅室博行（2012）「おもてなしを構成する要因の体系化と評価ツールの開発」『日本経営工学会論文誌』63(3), pp.126 -137.

名東孝二・山田暉・横沢利昌編著（1994）『ホスピタリティとフィランソロピー：産業社会の新しい潮流』税務経理協会．

第13章
不調和に基づいた広告におけるユーモア表現の方法

畠山 仁友

はじめに

　広告表現において，ユーモアは視聴者の「おもしろい」という心理を喚起し，商品やブランド，あるいは広告そのものへの好感を高める方法として古くから実務で用いられている。

　広告におけるユーモアは，1960年代から海外で研究が蓄積されている一方で，日本の広告研究では李（1995, 2002）や難波（2000），栗木（2003），畠山（2012）と数えるほどしかないのが現状である。この原因の1つは，クリエイティブの理論化という困難な課題が背景にあると思われる。そのため，ユーモアは広告において，最も理解が進んでいない要素の1つであるとも言われる（Sutherland and Sylvester 2000）。

　このように，特に日本の広告研究では，ユーモアに関する現実と理論の隔たりが大きい。そこで本稿では，広告におけるユーモア表現について「不調和（incongruity）[1]」という概念からアプローチすることでユーモアの具体的な表現の方法を検討する。

1．ユーモアを認知する構造

1.1 ユーモアへの認知アプローチ

　ユーモアを感じることは，心的現象だとされる。その心理が表出する際には，笑い，感嘆，驚きといった行為が付随することも多い。ユーモアを感じると笑いが起こるというのが一般的な考え方だろうが，笑いが生まれたからといって，必ずしもユーモアが感じられたとは言えない。なぜなら人は，悲しい，寂しい，辛い，恐いといった心理状態であっても笑うことができるためである。ユーモアは，joke, wit, comicといった楽しい笑いを生み出す方法と関連し，これを明確に区別する研究もある。しかし本稿では，これらを統合してユーモア表現を「人びとにおもしろいという心理を喚起する表現」と定義する。

　ユーモアが生起するメカニズムを説明する代表的な理論は4つある（Martin 2007）[2]。第1に，敵意や宗教および制度への批判といった，普段は抑圧された攻撃性がユーモアを喚起すると考える精神分析理論である。特にフロイトの理論に基づいており，性的な攻撃性に着目する。現在では精神分析理論に基づいた仮説を支持するものは少ないが，人びとがユーモアを考えだす時には，性的ないし攻撃性をもったテーマを選ぶ傾向にあるという仮説の実証は支持されている。第2に，他者の欠陥や失敗に対する嘲笑やからかいによって，優越感をもつことでユーモアが生起すると考える優越理論である。優越理論では，遊びとしての文脈を前提とした攻撃性や他者の痛みの知覚による優越感からユーモアが生起すると説明される。こうした攻撃性は，権力への批判を典型としてストレスの発散にもなる（例えば，チャールズ・チャップリンの映画『モダン・タイムス』や『独裁者』など）。以上の2つの理論は，ユーモアには攻撃性が含まれると主張するものである。第3に，情動や感情に着目する覚醒理論である。覚醒理論では，驚きや多義性によって高められた覚醒が不快な域まで達し，オチの提示などによって最適水準まで低下することでユーモアが生起すると説明される。そして第4に，ユーモアの認知に焦点を合わせる不調和理

論である。

　ユーモアにおいて，アイロニーや風刺といった攻撃性を含むものは存在するが，言葉遊びのような表現もあるため，ユーモアが生起する際に，常に他者への攻撃や優越感の獲得を伴っているとは限らない。そのため，局所的なユーモアの特徴を捉えているが，包括的ではないとされる。また覚醒理論は，覚醒水準の低下がユーモアを生起させるという仮説に対して，逆に覚醒の増加がユーモアを生起させるという反証が出されており，仮説の妥当性が疑問視されている。そのため，この4つの理論の中では，ユーモアを説明する包括性と妥当性が高いのは，不調和理論だとされる（e.g. 上野 1992; 伊藤 2007）。

　ユーモアには，風変わり，普通ではない，予期できないといった非日常的な考えや文章，出来事，つまり不調和が必要であるという点で，ほとんどの研究者の意見は一致している（Martin 2007）。

1.2　ユーモア認知と不調和

　上野（2003）は，人を楽しませたい，愉快にさせたいといった気持ちから生み出される言葉遊びやドタバタ劇といった表現を「遊戯的ユーモア」と呼んでいる。この遊戯的ユーモアには，「不調和理論（incongruity theory）」というユーモアを認知する構造を見ることができる。不調和理論とは簡潔に言えば，「事前の予想とその予想を裏切る結果という2つの心的現象のギャップ，差，ズレがユーモアを生み出す」（畠山 2012, p.31）という考え方である。

　不調和に基づいたユーモアを認知する心的過程は，Koestler（1964）の「二元結合（bisociation）」という概念によって精緻化された。二元結合とは，「筋は通っているが，習慣的に両立しない（incompatible）2つの参照の枠組みにおいて，ある状況や考えを認識すること」（p.35）であり，ユーモアを認知する仕組みにはこのような過程があることを主張した。

　認知心理学においては，一般的に何らかの形の不調和は，ユーモアの必要条件と考えられている。ただし，不調和のみでユーモアが生起するのか，あるいは不調和は何かしらおもしろいものとして意味を見出され解決されることで

ユーモアが生起するのかは,議論が分かれる (Martin 2007)。

　前者は不調和理論を支持する。この理論は,「重さ判断パラダイム (weight judgment paradigm)」と呼ばれる実験で,実証研究が行われている (e.g. Nerhardt, 1970; Deckers and Kizer 1975)。この実験では,被験者が微妙に異なる重りの重さを判断するなかで,極端に重さの違う重りを持ち上げたときに笑いが生まれた。つまり,意味や理屈抜きの身体感覚から笑いが生まれたと考えられるため,ユーモアを認知するのに必ずしも意味は必要ない。

　一方で,後者は「不調和解決理論 (incongruity resolution theory)」を支持する。この理論では,不調和が知覚され,その不調和が意味を見出されるなどして理解されることで解決されるという2段階の情報処理過程を経てユーモアが生起すると考える。

　Suls (1972) では,太った女性が,1ホールのフルーツケーキを注文し,提供される場面の例を用いて説明がされている。ウェイトレスが「ケーキを4等分にしますか,それとも8等分にしますか」と聞くと,女性は「4つで」と言った後に「私,ダイエット中だから」と答えるというものである。読み手は,ホールごと注文したのだから,4等分でも8等分でも総量は一緒で,4等分を選択してもダイエットと関連しないと考え,答えに不調和を感じる。次に,彼女がなぜそう答えたのかを推測し,彼女が数は少ない方が何となく量も少なく感じるという勘違いをしているのだと理解することで,不調和が解決し,ユーモアが生起する。

1.3　不調和と不調和解決の認知構造

　このように不調和を必要条件としながらも,異なる2つのユーモアへのアプローチがある。この不調和のみか,解決が必要かは,Nerhardt (1970) とSuls (1972) 以来,現在に至るまで議論が続いている。

　不調和理論を支持する研究においても,不調和は必要条件ではあるが十分条件ではないことは理解されている。Nerhardt (1976) は,重さ判断パラダイムを鉄道の駅で行ったが,そこではユーモア反応を引き出すことができなかっ

た。これは乗客が移動するために急いでいる中で，真剣に実験に参加しており，遊びとしての心構えをもてない傾向にあったためである。そこで心理学研究に親しんだ学生を被験者とし，くつろげる雰囲気をつくった実験室に環境も変えた。すると笑いが生まれるようになった。この場合，解決が必要というよりも，心構えや雰囲気といった要素を整えることが必要だと考えられる（Martin 2007）。

またもし，不調和のみでユーモアが生起するのであれば，不調和が存在すれば常に笑いが生まれることになる。しかし，現実はそうではない。個人差もあれば，気分や状況で同じユーモアであってもおもしろさが左右される。そのため，不調和が突然起こる必要がある（Suls 1983），不調和が楽しく脅威ではない文脈で起こる必要がある（Rothbart 1976），といったような不調和以外の条件が探索されている。

それに対して，不調和解決理論は，「なぜユーモアが生起したのか」を論理的に説明することができ，ユーモア生起の蓋然性も高い。例えば，宮沢賢治の小説『注文の多い料理店』は，「客からの料理の注文が多い＝人気がある」というタイトルからの予想と「客に注文を多くつける」という内容とのズレを「注文」という言葉の前に隠された主語が二重にあることを解釈することで論理的に結びつけ，ズレを解決することでおもしろさが感じられる。

不調和解決理論は，ユーモアを理解する過程を問題解決の過程として考える。Suls（1972）は，前フリから結果を予測し，その予測が外れることで驚きが生まれ，さらに予測と結果のズレを結びつける規則を見つけることによって，初めて笑いが生まれるという不調和解決モデルを提示した。このモデルでは，不調和は解決がされないと混乱を与えるとされる。解決がされても笑いが起こらない場合もあるため，オチがジョークの一部だと認識すること，心配や恐怖，苦痛を引き起こさないと理解していること，完全に満足あるいは論理的ではないかもしれない解決を許容すること，などの条件が提示されている（Suls 1983）。

しかし，解決なくユーモアが生起する場合もあるだろう。例えば，サーカス

第13章　不調和に基づいた広告におけるユーモア表現の方法　219

のピエロ，ザ・ドリフターズのコント（空からタライが落ちてくる）といったものは，解決しなくてもおもしろさが感じられるだろう。あるいは，日常経験でも，何もないところで躓く，突然訛る，言葉を言い間違えるといったことによって，理由はわからないがおもしろい，思わず笑ってしまうということもある。こうしたユーモアの日常経験は，不調和解決理論の不十分さを指摘する反証事例となる。

　また，Rothbart and Pien（1977）は，「なぜ象はマシュマロの上に座っていたのですか？　なぜなら，象はホットチョコレートの中に落ちたくなかったからです。」というユーモアを用いて反証を試みた。アメリカでは，一般的にホットチョコレートの上にマシュマロがのせられる。このユーモアでは，象がホットチョコレートに浮くマシュマロに乗っているという不調和があり，回答によって理由が明らかになることで，不調和が一旦は解決する。しかし回答に対して，なぜホットチョコレートのカップに落ちそうになっているのかという新たな不調和が出てくる。すると，2つ目の不調和は解決されないが，おもしろさは生起する。不調和解決理論では，この種のユーモアを完全には説明できない。

　不調和解決理論を支持するSuls（1983）においては，笑いは恐怖や罪の意識，イライラがある状態でも起こるため，重さ判断パラダイムによって笑いが起こったからといって，それがユーモアを喚起しているとは言えないという留保をつけながらも，不調和と不調和解決はどちらか一方ではなく，両方が必要だと考えるようになる。ただし，「『大部分の』ユーモア，特に言語的なユーモアは，不調和解決の構造をもって」おり，「不調和のユーモアの出現頻度は稀で，一般的にドタバタ喜劇のような非言語的で，身体的なギャグである」（p.47）とし，不調和解決の優位性を主張してはいる。

　以上の議論に基づけば，不調和理論か不調和解決理論かという二者択一よりも，双方を採用した方が，現実のユーモア認知という現象に対する説明力が高いと考えられる。そこで，本稿ではユーモアについて不調和理論と不調和解決理論で説明される認知構造があることを前提として議論を進める。

2. 広告におけるユーモア表現の方法と分類

2.1 認知構造としての不調和

　ユーモアが生起するための要素とメカニズムを不調和に基づいて明らかにした。次に，認知構造を説明する不調和理論と不調和解決理論を広告表現に適用することで，広告におけるユーモア表現の方法について考察する。そのために，まず2つのことを明確にしておきたい。

　第1に，不調和は認知構造（過程）を説明するものであって，不調和という刺激があるわけではない（Forabosco 1992）。つまり，不調和はメッセージの受け手に対してとられるアプローチであり，送り手に対するものではない。そのため，不調和に基づいた刺激（メッセージ）を考える際には，不調和を引き起こすような「不調和を生み出す刺激」，解決までするような「不調和が解決しうる構造の一部としての刺激」として考えなければならない。本稿では，前者を「不調和型」，後者を「不調和解決型」と呼ぶことにする。

　第2に，そのために本稿で提示する広告におけるユーモアの表現方法は，送り手が受け手にどのようにユーモアを認知して欲しいのかという，送り手の意図に基づくものである。ゆえに，本稿で明らかにするのは，意図した認知過程を引き出すためのユーモア表現の方法である。

　これらのことから，本稿では，送り手の意図に基づいた広告におけるユーモア表現を，受け手の認知過程を引き出すための不調和型と不調和解決型という2種類の刺激という観点から分析をする。

2.2 不調和に基づいたユーモア表現の方法

　広告研究において，ユーモアが生起するメカニズムは，「感情（affect）」，「対人関係（interpersonal）」，「認知（cognitive）」という3つの領域からアプローチされ，説明される（Spotts, Weinberger and Parsons 1997）。

　この中で，認知に焦点を合わせた場合の多くは，不調和型と不調和解決型を

含んだ不調和の概念に基づいて研究がされている（e.g. Alden, Mukherjee and Hoyer 2000a; Speck 1991）。この理由の1つとしては，不調和を意図したユーモア表現が実際の広告で多く採用されていることが考えられる。Alden, Hoyer and Lee（1993）は，多くの国でユーモラスなテレビCMは不調和が意図されているという仮説に基づいて，米国，ドイツ，タイ，韓国の4カ国で調査をしている。その結果，テレビのユーモア広告のなかで，不調和が意図された表現は，米国で69％，ドイツで92％，タイで82％，韓国で52％見られた。また，製品別の雑誌広告におけるユーモア表現を調査したSpotts, Weinberger and Parsons（1997）の研究では，ユーモアを意図した雑誌広告の約80％が不調和に基づいていることを明らかにしている。このような理由から，不調和に基づくことは広告におけるユーモア表現へのアプローチとしても最も包括的であり，多くのユーモア表現を理解することを可能にしてくれると考える。

　また，広告研究では，不調和解決理論が不調和理論よりも採用されることが多いが，Flaherty, Weinberger and Gulas（2004）では，不調和と不調和解決で分類したラジオ広告のユーモア表現を用いて実証研究をしており，不調和を2つのタイプに分類することも妥当性をもっているだろう。

　以上により，不調和理論と不調和解決理論を適用して，広告におけるユーモア表現の方法を明らかにする。畠山（2012）は，ユーモア表現を不調和型と不調和解決型に分けており，この議論に基づいて考察する[3]。

　まず，不調和型のユーモア表現は，直感的，感覚的に認知できるものであり，論理的には説明しにくい表現である。ドタバタ劇やダンスなどの身体表現，ビジュアルなどの視覚表現，歌や声などの聴覚表現といった五感に訴える表現が中心となる。例えば，2009年のロッテのFit'sのCMでは，商品の特性であるやわらかさを「ふにゃっ」としたダンスと歌で表現しつつ，佐藤健と佐々木希とともに渡辺直美が後ろで踊るズレによってユーモアを付け加えている。あるいは，ソフトバンクモバイル「白戸家シリーズ」では，お父さんが犬，お兄ちゃんが外国人というズレがユーモアの1つになっている。

　不調和型は，意味がないため，どこがおもしろいのかを論理的には説明しづ

図表13-1 ◆不調和型のユーモア表現方法

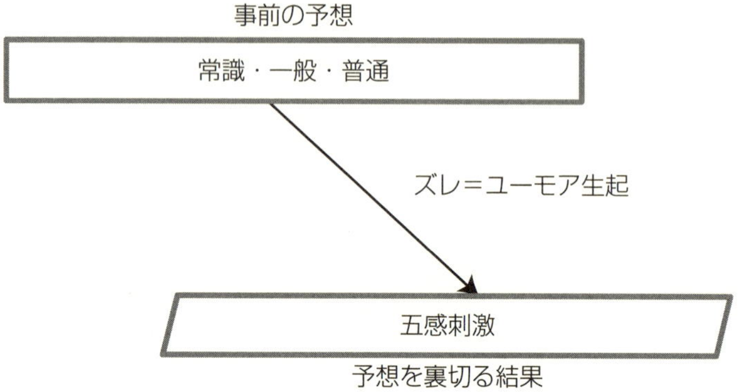

事前の予想

| 常識・一般・普通 |

ズレ＝ユーモア生起

| 五感刺激 |

予想を裏切る結果

出所：筆者作成。

らい。そのために，個人差が大きく出やすいと考えられる。この原因は，「何と何を比べて不調和になっているのか」が曖昧であること，つまり，「常識」「普通」「一般」という曖昧な基準を共有化できているかどうかの問題にある。

このように，不調和型のユーモア表現は，常識や一般とのズレを身体や視覚，聴覚といった五感を中心とした不調和を生み出す刺激によって構成される（図表13-1）。

一方で，不調和解決型のユーモア表現は，論理的に認知するものであり，どこがおもしろいのかを説明することができる。大喜利や落語，漫才のように，言語表現が中心となる。例えば，「イエスの生まれた日に，ノーとは言えない。」（眞木 2007）というコピーでは，「イエス＝キリスト」と「イエス＝Yes」という言葉の二重の意味を使い，前半と後半でズレをつくり，受け手が解決（解釈）することでユーモアが生起する（図表13-2）。あるいは，「スキの反対を，ください」というコピーも同様である。「好きの反対＝嫌い」と「スキの反対＝キス」とのズレをつくっている。

不調和解決型は，意味があるため，おもしろさの源泉や理由を説明できる。解決の認知過程が導かれるためには，予測と実際がズレているという感覚的な理由だけではなく，前後の論理的なつながりが理解できないという知覚がなけ

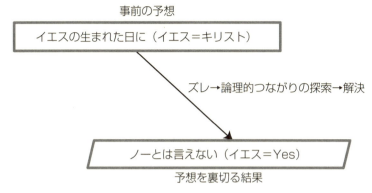

図表13-2◆不調和解決型のユーモア表現方法

出所：畠山（2012），p.31を加筆修正。

ればならない（伊藤 2007）。そのため，ここでの解決は前後の論理的なつながりを探し出すことを意味する。また，解決されたからといって不調和が解消されることはなく，不調和の感覚は残る。

以上のように，不調和解決型のユーモア表現は，言語的・物語的に生み出される不調和が，解決されるという過程を導くことが意図された構造となる（図13-2を参照）。不調和型とは異なり，刺激によって生み出された不調和は，論理的なつながりを探索し，解決するという構造の一部であり，解決がされて初めてユーモアが生起する。

ユーモア広告の研究では，不調和解決型が多く採用される傾向にある（e.g. Flaherty, Weinberger and Gulas 2004）。これまでの議論に基づけば，その理由は論理的に説明できることにある。このことは，実証研究で使用するためのユーモア広告を選択する際のコーディングに貢献する。だが，それに加えてユーモア生起の蓋然性の高さを説明するもう1つの要因があると思われる。

Attardo（1997）によれば，不調和解決の過程は，不調和―解決の2段階ではなく，「前フリ―不調和―解決」という3段階で理解すべきだとされる。この前フリの存在には2つの効果がある。1つは，不調和が解決するという気づきを受け手に与える効果である[4]。これは，不調和を解決へと導く要因になる。

もう1つは不調和型と異なり，送り手と受け手の事前の「予想の共有化」のレベルを上げる効果である。ユーモアが生起する条件がより整っており，ユーモア生起の蓋然性も高くなる。このために，不調和解決理論の方が採用されやすいのだと考える。

こうした研究上の優位性[5]には議論があるものの，現実の広告表現においては，不調和型と不調和解決型の双方によって，広告におけるユーモア表現の方法を分けるべきである。

2.3 ユーモア表現の分類

広告におけるユーモア表現の方法には，不調和型と不調和解決型がある。ただし，不調和解決型は解決をする主体が誰なのかによってさらに分けて考えなければならない。なぜなら，受け手の情報処理の負荷や伝わりやすさが異なるからである。広告というコミュニケーションが，送り手と受け手の2者間関係におけるものであるとすれば，解決の主体はこの2者に分けられる。畠山（2012）では，送り手が解決する主体の表現を不調和解決提示型，受け手が解決する主体の表現を不調和解決誘導型と呼んでいる。つまり，広告におけるユーモア表現は，不調和型と2種類の不調和解決型によって，分類して考えるべきである（図表13-3）。

不調和解決提示型は，送り手が不調和を生み出し，さらに解決するまでの一

図表13-3◆広告におけるユーモア表現の分類

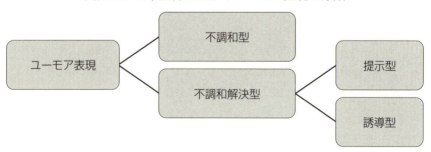

出所：畠山（2012），p.32。

連の過程を提示する方法である。漫才のボケとツッコミの要素が入っていると考えればわかりやすいだろう。

不調和解決誘導型は，送り手は不調和を生み出すだけで，解決は受け手に委ねられる。ただし，送り手はその不調和が解決され得ることをほのめかしたり，解決へと誘導するための手がかりを埋め込んだりする必要がある。落語を思い浮かべるとわかりやすいだろう。

この分類に基づいて畠山（2012）では，ユーモア広告としての代表性を有していると考えられるワコールLALAN「朝の谷間，ながもち，リボンブラ。」，JRA「CINEMA KEIBA/JAPAN WORLD CUP」，西友「西友にとりあえず行けや」という3社の広告キャンペーンのケーススタディを通じてその特徴を導き出している（**図表13-4**）。

不調和解決誘導型は，受け手に解釈者の役割を担わせる。そのため，解決されれば受け手にはユーモアが生起するが，解決がされなければ，不調和の感覚だけが残ってしまう。一方で不調和解決提示型は，受け手は前フリからオチまでの一連の流れを提示されるので，情報処理の負荷は少なく，また解決されるのでユーモアが理解されやすく伝わりやすい。ただし，このことはどちらがよりユーモアを感じるのか（おもしろいのか）という優劣を示すものではない。

図表13-4◆ユーモア表現の特徴

	不調和型	不調和解決提示型	不調和解決誘導型
ケース	ワコール	JRA	西友
手法	五感刺激 （視聴覚中心）	漫才（掛け合い）	機知（ひねり）
意味	なし	あり	あり
受け手の役割	視聴者	視聴者	解釈者
おもしろさの種類	滑稽さ・おかしさ	笑い	うまさ

出所：畠山（2012），p.35。

おわりに

　認知心理学において，ユーモアが生起する必要条件とされる不調和という概念から，不調和理論と不調和解決理論をユーモアの認知構造を説明する理論として採用した。次に，この認知構造を示す理論を刺激へと転換し，広告におけるユーモア表現の方法と分類を明らかにした。

　本稿では，広告におけるユーモア表現を不調和という理論から具体的に明らかにしたが，限界と課題も明確にある。第1に，感情と社会的関係という要因を考慮していない。第2に，畠山（2012）では言及しているが，ユーモア広告の効果研究についてレビューをしていない。以上の2点は，ユーモア広告の受け手に関する議論の不十分さを示している。本稿では，ユーモアは好感度が高いコミュニケーションの表現方法だということを前提としており，「なぜユーモアは好感度が高いのか」を考えるためには社会心理学の知見が必要になるだろう。第3に，攻撃性をもつユーモアを対象から外し，遊戯的ユーモアに絞った。これは，日本ではアイロニーや風刺のユーモア表現があまり見られないためである（Hanna, Gordon and Ridnour 1994）。ただし，不調和だけで全てのユーモアを説明することはできないという限界がある。また送り手が意図していなくても，受け手の解釈で馬鹿にされたなどの攻撃性を感じることもあり得るため，ユーモアのリスクのみならず負の側面を検討する必要がある。

〔注〕

1　incongruityは，不適合と訳される場合もあるが，本稿では「不調和」で統一した。また「ズレ」は不調和と同義で用いている。
2　Martin（2007）は，心理学におけるユーモア研究の代表的理論として5つを挙げているが，そのうちの1つである反転理論はあまり広く知られていないと言及しているため，本稿では省いた。
3　取り上げている事例は，好感度の高さ，同じ表現方法によるシリーズ展開などで代表性を考慮した。眞木（2007）から引用したコピーについては，ユーモア（駄洒落）を多用したコピーライターが選択したということを根拠として，代表性を有していると考える。

4 テレビCMであれば，物語的な前フリを明示することができるということは理解しやすい。一方，プリント広告においては，例えば前述の「イエスの生まれた日に，ノーとは言えない。」では，雪やサンタといったクリスマスを連想させるビジュアルによって，前フリの役割を担わせることはできると考える。
5 ただし，ターゲットが子どもである場合はこの限りではなく，「いないないばあ」のように不調和型の方が優位なこともある。例えば，Shultz and Horibe（1974）では，7年生までの奇数学年の子どもたちを対象に，不調和型と不調和解決型のおもしろさの優劣を実証している。その結果，3年生以上では，解決がある場合の方がよりおもしろいと評価されたのに対して，1年生では違いが見られなかった。

〔参考文献〕

Alden, Dana, Ashesh Mukherjee and Wayne Hoyer（2000a）, 'The Effects of Incongruity, Surprise and Positive Moderators on Perceived Humor in Television Advertising,' *Journal of Advertising* 29(2), pp.1-15.

Alden, Dana, Ashesh Mukherjee and Wayne Hoyer（2000b）, 'Extending a Contrast Resolution Model of Humor in Television Advertising: The Role of Surprise,' *Humor* 13(2), pp.193-217.

Alden, Dana, Wayne Hoyer and Chol Lee（1993）, 'Identifying Global and Culture-Specific Dimensions of Humor in Advertising: A Multinational Analysis,' *Journal of Marketing* 57(2), pp.64-75.

Attardo, Salvatore（1997）, 'The Semantic Foundation of Cognitive Theories of Humor,' *Humor* 10(4), pp.395-420.

Beard, Fred（2008）, 'Advertising and Audience Offence: The Role of Intentional Humor,' *Journal of Marketing Communication* 14, pp.1-17.

Berger, Arthur（1976）, 'Anatomy of the Joke,' *Journal of Communication* 26(3), pp.113-115.

Berger, Arthur（1993）, *An Anatomy of Humor*. New Brunswick, NJ: Transaction Publishers.

Buijzen, Moniek and Patti Valkenburg（2004）, 'Developing a Typology of Humor in Audiovisual Media,' *Media Psychology* 6, pp.147-167.

Deckers, Lambert and Philip Kizer（1975）, 'Humor and the Incongruity Hypothesis,' *Journal of Psychology* 90(2), pp.215-218.

Eisend, Martin（2009）, 'A Meta-analysis of Humor in Advertising,' *Journal of the*

Academy Marketing Science 37, pp.191-203.

Flaherty, Karen, Marc Weinberger and Charles Gulas (2004), 'The Impact of Perceived Humor, Product Type, and Humor Style in Radio Advertising,' *Journal of Current Issues and Research in Advertising* 26(1), pp.25-36.

Forabosco, Giovannantonio (1992), 'Cognitive Aspects of the Humor Process: The Concept of Incongruity,' *Humor* 5(2), pp.45-68.

Hanna, Nessim, Geoffrey Gordon and Rick Ridnour (1994), 'The Use of Humor in Japanese Advertising,' *Journal of International Consumer Marketing* 7(1), pp.85-106.

Koestler, Arthur (1964), *The Act of Creation.* London: Hutchinson.

Madden, Thomas and Marc Weinberger (1984), 'Humor in Advertising: A Practitioner View,' *Journal of Advertising Research* 24(2), pp.23-29.

Martin, Rod (2007), *The Psychology of Humor an Integrative Approach*, Elsevier Inc.（野村亮太・雨宮俊彦・丸野俊一監訳『ユーモア心理学ハンドブック』北大路書房 2011年）.

Nerhardt, Göran (1970), 'Humor and Inclination to Laugh: Emotional Reactions to Stimuli of Different Divergence from a Range of Expectancy,' *Scandinavian Journal of Psychology* 11(3), pp.185-195.

Nerhardt, Göran (1976), Incongruity and Funniness: Toward a new Descriptive Model. in Antony Chapman and Hugh Foot eds., *Humor and Laughter: Theory, Research and Applications.* London: John Wiley & Sons, pp.55-62.

Rothbart, Mary (1976), Incongruity, Problem-Solving and Laughter. in Antony Chapman and Hugh Foot eds., *Humor and Laughter: Theory, Research and Applications.* London: John Wiley & Sons, pp.37-54.

Rothbart, Mary and Diana Pien (1977), Elephants and Marshmallows: A Theoretical Synthesis of Incongruity-Reaolution and Arousal Theories of Humour. in Antony Chapman and Hugh Foot eds., *It's a Funny Thing, Humor.* Oxford: Pergamon Press, pp.37-40.

Shultz, Thomas (1976), A Cognitive-Developmental Analysis of Humour. in Antony Chapman and Hugh Foot eds., *It's a Funny Thing, Humor.* Oxford: Pergamon Press, pp.11-36.

Shultz, Thomas and Frances Horibe (1974), 'Development of the Appreciation of Verbal Jokes,' *Developmental Psychology* 10(1), pp.13-20.

Speck, Paul (1991), 'The Humorous Message Taxonomy: A Framework for the Study of Humorous Ads,' *Current Issues & Research in Advertising* 13(1/2), pp.1-44.

Spotts, Harlan, Marc Weinberger and Amy Parsons (1997), 'Assessing the Use of Impact of Humor on Advertising Effectiveness: A Contingency Approach,' *Journal of*

Advertising 26(3), pp.17-32.

Suls, Jerry (1972), A Two-Stage Model for the Appreciation of Jokes and Cartoons: An Information-Processing Analysis. in Jeffrey Goldstein and Paul McGhee eds., *The Psychology of Humor: Theoretical Perspectives and Empirical Issues*. New York: Academic Press, pp.81-100.

Suls, Jerry (1977), Cognitive and Disparagement Theories of Humour: A Theoretical and Empirical Synthesis. in Antony Chapman and Hugh Foot eds., *It's a Funny Thing, Humor*. Oxford: Pergamon Press, pp.41-45.

Suls, Jerry (1983), Cognitive Processes in Humor Appreciation. in Paul McGhee and Jeffrey Goldstein eds., *Handbook of Humor Research*. Vol. 1, New York: Springer-Verlag, pp.39-57.

Sutherland, Max and Alice Sylvester (2000), *Advertising and the Mind of Consumer*. Sydney, NSW, Australia: Allen and Unwin.

Weinberger, Marc and Charles Gulas (1992), 'The Impact of Humor in Advertising: A Review,' *Journal of Advertising* 21(4), pp.35-59.

李津娥（1995）「広告におけるユーモア知覚の効果研究に関する一考察─既存研究の展望と今後の課題」『慶応義塾大学大学院社会学研究科紀要』第42号，pp.1-7．

李津娥（2002）「広告とユーモア知覚─その心理過程についての探索的研究─」『日経広告研究所報』205号，pp.78-87．

伊藤大幸（2007）「ユーモア経験に至る認知的・情動的過程に関する検討：不適合理論における２つのモデルの統合へ向けて」『認知科学』14(1)，pp.118-132．

上野行良（1992）「ユーモア現象に関する諸研究とユーモアの分類化について」『社会心理学研究』第７巻第２号，pp.112-120．

上野行良（2003）『ユーモアの心理学 人間関係とパーソナリティ』サイエンス社．

栗木契（2003）『リフレクティブ・フロー マーケティング・コミュニケーション理論の新しい可能性』白桃書房．

高橋雅延・谷口高士編著（2002）『感情と心理学─発達・生理・認知・社会・臨床の接点と新展開』北大路書房．

難波功士（2000）『「広告」への社会学』世界思想社．

畠山仁友（2012）「ユーモア広告の表現方法と効果─不調和理論と不調和解決理論からのアプローチ」『日経広告研究所報』261号，pp.30-37．

眞木準（2007）『胸からジャック。』大和書房．

安冨歩（2006）『複雑さを生きる やわらかな制御』岩波書店．

［執筆者紹介・執筆分担］（執筆順）

松村　洋平（まつむら　ようへい）	立正大学経営学部教授	第1章
永野　寛子（ながの　ひろこ）	立正大学経営学部教授	第2章
西岡　由美（にしおか　ゆみ）	立正大学経営学部准教授	第3章
工藤　紅（くどう　べに）	立正大学経営学部講師	第4章
関　孝哉（せき　たかや）	立正大学経営学部教授	第5章
高見　茂雄（たかみ　しげお）	立正大学経営学部教授	第6章
宮川　満（みやがわ　みつる）	立正大学経営学部教授	第7章
杉原　周樹（すぎはら　ちかき）	立正大学経営学部教授	第8章
嶋津　邦洋（しまづ　くにひろ）	立正大学経営学部准教授	第9章
城　冬彦（じょう　ふゆひこ）	立正大学経営学部准教授	第10章
木村　浩（きむら　ひろし）	立正大学経営学部教授	第11章
浦野　寛子（うらの　ひろこ）	立正大学経営学部准教授	第12章
畠山　仁友（はたけやま　よしとも）	立正大学経営学部講師	第13章

立正大学　経営学部

　1967年創設。

　経営学に関する深い専門領域の研究を通じて，産業，社会ひいては人類に貢献する「心豊かな産業人」を養成すること，およびそのために必要な教育研究を行うことを，人材養成に関する目的その他の教育研究上の目的として定めている。

　専門科目のカリキュラムは，戦略経営・情報システム学・会計・マーケティングの4系列より構成されており，理論教育に加え，多彩なゼミナール，実務家による授業，ビジネス・スキル演習等を通じた実践教育を行っている。

経営学研究の新展開──共創時代の企業経営

2018年3月30日　第1版第1刷発行

編　者	立正大学経営学部
発行者	山　本　　　継
発行所	㈱中央経済社
発売元	㈱中央経済グループ パブリッシング

〒101-0051　東京都千代田区神田神保町1-31-2
電話　03 (3293) 3371 (編集代表)
　　　03 (3293) 3381 (営業代表)
http://www.chuokeizai.co.jp/
印刷／三英印刷㈱
製本／誠製本㈱

Ⓒ 2018
Printed in Japan

＊頁の「欠落」や「順序違い」などがありましたらお取り替えいたしますので発売元までご送付ください。(送料小社負担)
ISBN978-4-502-25771-1　C3034

JCOPY〈出版者著作権管理機構委託出版物〉本書を無断で複写複製(コピー)することは，著作権法上の例外を除き，禁じられています。本書をコピーされる場合は事前に出版者著作権管理機構(JCOPY)の許諾を受けてください。
JCOPY〈http://www.jcopy.or.jp　eメール：info@jcopy.or.jp　電話：03-3513-6969〉